Mirjam von Felten
„... aber das ist noch lange nicht Gewalt"

Forschung
Soziologie

Band 87

Mirjam von Felten

„... aber das ist noch lange nicht Gewalt"

Empirische Studie
zur Wahrnehmung von Gewalt
bei Jugendlichen

Leske + Budrich, Opladen 2000

Gedruckt auf säurefreiem und alterungsbeständigem Papier.

Die vorliegende Arbeit wurde von der Philosophischen Fakultät I der Universität Zürich im Wintersemester 1998/1999 auf Antrag von Prof. V. Bornschier als Dissertation angenommen.

Die Deutsche Bibliothek – CIP-Einheitsaufnahme
Ein Titeldatensatz für diese Publikation ist bei Der Deutschen Bibliothek erhältlich

ISBN 3-8100-2714-6

© 2000 Leske + Budrich, Opladen

Das Werk einschließlich aller seiner Teile ist urheberrechtlich geschützt. Jede Verwertung außerhalb der engen Grenzen des Urheberrechtsgesetzes ist ohne Zustimmung des Verlages unzulässig und strafbar. Das gilt insbesondere für Vervielfältigungen, Übersetzungen, Mikroverfilmungen und die Einspeicherung und Verarbeitung in elektronischen Systemen.

Einbandgestaltung: disegno, Wuppertal
Druck: Druck Partner Rübelmann, Hemsbach
Printed in Germany

Inhaltsverzeichnis

Vorwort 9
Einleitung 11

Kapitel 1
Untersuchungsgegenstand Jugend 15
1.1 Sozialhistorischer Abriss: Genese der Jugend 16
1.2 Strukturwandel und Ausgestaltung der Jugendphase heute 25
1.3 Zum Begriff Jugend 27

Kapitel 2
Untersuchungsgegenstand Gewalt 31
2.1   Zum Begriff Gewalt 31
2.1.1 Genese des öffentlichen und wissenschaftlichen Gewaltbegriffs 31
2.1.2 Weiter versus restriktiver Gewaltbegriff 33
2.1.3 Argumente für einen weiten Gewaltbegriff 33
2.1.4 Argumente wider einen weiten und für einen restriktiven Gewaltbegriff 35
2.2   Konklusion und Begriffsbildung 37
2.3   Gewaltdiskurs in den (Sozial-)Wissenschaften 40
2.3.1 Öffentlicher und wissenschaftlicher Gewaltdiskurs 40
2.3.2 Gewaltdiskurs in der Soziologie 41
2.4   Konklusion 46

Kapitel 3
Untersuchungsgegenstand Jugend und Gewalt(-perzeption) 49
3.1 Qualitative und quantitative Aspekte der Jugendgewaltforschung .. 49
3.2 Zum Begriff (Gewalt-)Perzeption 52
3.3 Methodischer Stand der Gewaltperzeptionsforschung .. 55
3.4 Konklusion 59
3.5 Empirischer Stand der Gewaltperzeptionsforschung 60
3.6 Konklusion 69

Kapitel 4
Theoretischer Hintergrund 71
4.1 Alfred Schütz' Theorie der Lebenswelt 72
4.1.1 Ausgangsposition der Schützschen Sozialphänomenologie 74
4.1.2 Zum Begriff Lebenswelt 75
4.1.3 Perzeption und Genese von Einstellungen: Wissensvorräte,
      Erfahrungen, Typisierungen 76
4.2 Diskussion des Schützschen Lebenswelt-Konzeptes 78
4.3 Pierre Bourdieus Theorie der Distinktion 79
4.3.1 Ausgangsposition und Grundzüge der Bourdieuschen Theorie 80
4.3.2 Theorie der Distinktion 82
4.4 Diskussion der Bourdieuschen Theorie 85
4.5 Konklusion 87

Kapitel 5
Explikation der Fragestellungen 89

Kapitel 6
Methodische Angaben zur SchülerInnenbefragung 93
6.1 Erhebungsmethode: Kombination zweier Forschungstechniken 93
6.1.1 Verfassen von Texten und schriftliche Befragung 93
6.1.2 Vor- und Nachteile der Erhebungsmethode und ihrer Anwendung
      in Schulklassen 94
6.2 Konzeption des „Fragebogens" und Pretest 95
6.3 Grundgesamtheit und Stichprobe 97
6.4 Durchführung der Datenerhebung 100
6.5 Auswertungsverfahren: Qualitative Inhaltsanalyse 100
6.6 Problematiken des Textverfassens als Erhebungsmethode in
    Schulklassen 102
6.7 Gütekriterien der inhaltsanalytischen Auswertung 105
6.7.1 (Intercoder-)Reliabilität 106
6.7.2 Validität 107

Kapitel 7
Qualitative und quantitative Aspekte des
Gewaltbegriffs **Jugendlicher** 109
7.1 Charakteristiken des Gewaltbegriffs 109
7.2 Wie entwickelt sich eine Gewaltsituation? 114
7.3 Spektrum von Gewalthandlungen 116

7.4	Ethnische Gewalt	119
7.5	Erpressung/Nötigung	124
7.6	Gewalt gegen Sachen	126
7.7	Gewalt im Sport und im Zusammenhang mit Sport	127
7.8	Sexuelle Gewalt	130
7.9	Aspekte weiblicher Gewalt	134
7.10	Zusammenfassung	143

Kapitel 8
Selbstberichtete *Gewalterfahrungen* und *-ängste* der Jugendlichen auf dem Hintergrund ihrer *Perzeption* 147

8.1	Gewalterfahrungen aus der *Täter*perspektive	148
8.2	Vergleich der Tätererfahrungen zwischen Basler und Zürcher Jugendlichen	154
8.3	Gewalterfahrungen aus der *Opfer*perspektive	156
8.4	Gewalterfahrungen aus der *Täter-* und *Opfer*perspektive im Vergleich	161
8.5	Angst vor Gewalt	163
8.5.1	Personenzentrierte Angst vor Gewalt	164
8.5.2	Formenzentrierte Angst vor Gewalt	171

Kapitel 9
Zusammenfassung der Befunde zur Gewaltperzeption bei Jugendlichen 177

9.1	Ergebnis-/Thesenverzeichnis	177
9.2	Schlussbemerkungen und Ausblick	181

Bibliographie 187

Appendix I:	Variablen- und Kategorienraster	197
Appendix II:	Fragebogen	205
Appendix III:	Synopse empirischer Untersuchungen zum Thema Jugendgewalt in Deutschland und der Schweiz von 1980 bis 1995	221

Vorwort

Bei der vorliegenden Arbeit handelt es sich um ein Dissertationsprojekt am Soziologischen Institut der Universität Zürich. Die Studie befasst sich mit der Frage, wie Gewalt im Jugendalter perzipiert wird. Zu dieser Thematik wurden im Juni 1997 462 SchülerInnen der 8. Klassen in der Stadt Basel mittels einer schriftlichen Erhebung befragt.

An dieser Stelle möchte ich all jenen danken, die mir bei diesem Forschungsprojekt beigestanden sind: Mein erster Dank gilt hierbei Herrn Prof. Dr. V. Bornschier. Ohne seine großzügige Förderung und persönliche Ermunterung wäre diese Arbeit nicht zustande gekommen. Ferner danke ich Felix Keller, bis Ende 1997 Assistent am Soziologischen Institut der Universität Zürich, für seine fachliche Beratung zu Beginn des Projektes sowie im Besonderen meinem Lebenspartner Werni Brönnimann. Über all die Zeit hat er meine Arbeit unterstützt, kritisch kommentiert und korrigiert.

Dank schulde ich auch denjenigen Personen und Institutionen, die direkt oder indirekt am Zustandekommen der Untersuchung beteiligt waren: Dem Erziehungsdepartement des Kantons Basel-Stadt für sein Einverständnis zur Durchführung der Befragung sowie für sein Informationsrundschreiben und den RektorInnen der verschiedenen Oberstufentypen, die bei der Organisation der Erhebung mitgeholfen haben. Besonders erwähnen möchte ich die 462 OberstufenschülerInnen der Stadt Basel, die mit dem Ausfüllen des Fragebogens Wesentliches zu dieser Untersuchung beigetragen haben sowie ihre Lehrkräfte, welche sich bereitwillig und interessiert an der Befragung beteiligten. Ebenfalls erwähnen möchte ich die 3. Klasse der Sekundarschule Freudenstein in Brugg und die Klasse 4bP der Kantonsschule Wettingen für ihre Unterstützung beim Testen des Fragebogens.

Herzlichen Dank auch meinen Bekannten, FreundInnen und ArbeitskollegInnen für ihre vielfältige Unterstützung und Ermutigung während der Arbeit am vorliegenden Projekt.

Einleitung

Seit Beginn der neunziger Jahre hat sich eine flutartige Welle öffentlicher wie auch wissenschaftlicher Diskussion um Jugendgewalt formiert, vorab um Gewalt an Schulen. Dabei sind zwei unterschiedliche Positionen auszumachen.[1] Die eine Position beschwichtigt und bagatellisiert: Jugendgewalt liege quasi „in der Natur der Sache". Sie wird als Durchlaufphase, vor allem der männlichen Jugend bewertet, welche sich mit der Zeit verliere. Die andere Position neigt zu Skandalisierungen und pauschalen Schuldzuweisungen. Sie findet sich im massenmedialen Diskurs wieder, welcher sich durch ein spektakuläres Gewaltvokabular Gehör verschafft und zu greifbaren Lösungen aufruft, wie das folgende Beispiel einer Textüberschrift aus einer Schweizer Wochenzeitschrift verdeutlicht:

> „Tatort Pausenplatz. Vergewaltigung, Körperverletzung, Erpressung: Schulhöfe sind zu Orten roher Gewalt geworden. Die Opfer schweigen aus Angst. Eltern und Lehrer sind hilflos. Doch es gibt nur einen Weg, diesem Terror zu begegnen: darüber reden" (Windling 1997:18).

In diesem Kontext werden wissenschaftlichen Untersuchungen großes Interesse entgegengebracht. In Deutschland ist die Anzahl der inzwischen vorgelegten empirischen Untersuchungen zur Jugendgewaltthematik beträchtlich. In der Schweiz ist keine vergleichbare Datenlage vorhanden. Es sind teilweise lokal begrenzte SchülerInnenbefragungen zu Gewalt an Schulen durchgeführt worden, umfassendere empirische Studien und Studien zur Jugendgewalt allgemein sind bis jetzt noch ausstehend (Kapitel 3). Weitere Datenquellen wie die Polizei- und die Strafurteilsstatistik weisen spezifische Schwächen auf (siehe dazu Eisner 1998:15f) und sind deshalb zur Erfassung von Jugendgewalt nur bedingt verwert- beziehungsweise interpretierbar. Die Eidgenössische Kommission für Jugendfragen spricht in Bezug auf die schweizerische Datenlage zur Jugendgewalt von einem „eklatanten Mangel" (Stutz 1998:3) und fordert die Schaffung eines Fonds für Jugendforschung (Eidgenössische Kommission für Jugendfragen 1998:23).

---

[1] Heitmeyer (1996:426ff) spricht in diesem Zusammenhang von Normalisierungs- und Skandalisierungsfallen und unterscheidet weiter nach Umdeutungs-, Inflations-, Moralisierungs- und Reduktionsfallen.

Ob Gewalt unter Jugendlichen in den letzten Jahren zugenommen habe, erweist sich als die wohl meistgestellte Frage in der momentanen Gewaltforschung. Entsprechend vielfältig und kontrovers sind die Antworten darauf. Lange Zeit wurde argumentiert, dass sich die Frage mangels Längsschnittdaten nicht beantworten ließe. Heute liegen einige wenige Vergleichsuntersuchungen selbstberichteter Gewalt an Schulen vor, welche eine deutliche Zunahme aufweisen. So kann beispielsweise eine Längsschnittstudie in Nordrhein-Westfalen aufzeigen, dass sich die im Jahre 1986 relativ geringe Gewaltbelastung von GymnasiastInnen acht Jahre später deutlich erhöht und das Niveau der HauptschülerInnen erreicht hat. Mansel (1995) führt diesen Anstieg selbstberichteter Gewalthandlungen Jugendlicher nicht notwendig auf eine Veränderung der Verhaltensebene, vielmehr auf ein verändertes Antworteverhalten der Jugendlichen zurück. Die Jugendlichen sollen durch die öffentliche Gewaltdebatte sensibilisiert worden sein, in dessen Folge sie ihr eigenes gewalttätiges Verhalten vermehrt reflektieren, was dazu führt, dass sie sich bei Befragungen eher ihrer Gewalthandlungen erinnern. Ähnlich argumentiert Eisner (1998) in Bezug auf die Polizei- und Strafurteilsstatistiken. Ob der sichtbare Anstieg einer realen Zunahme der Gewalttätigkeiten Jugendlicher entspricht, oder ob er, bedingt durch die Dramatisierung in der öffentlichen Gewaltdebatte – der Autor spricht von einer „moral panic" – auf Veränderungen im Anzeigeverhalten und der polizeilichen Aktivitäten zurückzuführen ist, lässt sich nach Ansicht Eisners kaum eruieren.

In diesem Zusammenhang rückt ein Aspekt in den Mittelpunkt, der bis anhin in der (Jugend-)Gewaltforschung kaum Beachtung gefunden hat: die *Perzeption von Gewalt*. Die sozialpsychologische und soziologische Forschung geht davon aus, dass das Verhalten und das Handeln eines Individuums davon abhängt, wie es seine Umgebung perzipiert. Untersuchungen bestätigen diese Annahme mit dem Befund, dass die Einschätzung von Gewalt verhaltensrelevant ist (Kapitel 3). An dieser Stelle setzt die vorliegende Arbeit mit der zentralen Frage an, *wie Jugendliche Gewalt perzipieren* beziehungsweise *was Jugendliche unter Gewalt verstehen*.

Die marginale Beachtung der Perzeption in der deutschsprachigen[2] (Jugend-)Gewaltforschung bedingt, dass wenige Studien zu dieser Thematik vorliegen. Es werden geschlechtsspezifische Unterschiede in der Gewaltperzeption festgestellt, allesamt bleiben die Ergebnisse aber undifferenziert (Kapitel 3). Die vorliegende Untersuchung will deshalb ihren Schwerpunkt auf die *Klärung der geschlechtsspezifischen Perzeption von Gewalt* legen. Ansätze für die Annahme einer geschlechtsspezifischen Gewaltperzeption können auch in den Befunden der empirischen Forschung gesehen werden,

---

2 Es sei darauf verwiesen, dass sich die vorliegende Untersuchung zur Gewaltperzeption Jugendlicher auf den *deutschsprachigen Raum* beschränkt. Der Einbezug amerikanischer Forschungsergebnisse beispielsweise bedingte eine Kontrastierung, was in dieser Studie nicht beabsichtigt ist.

welche wiederholt bestätigen, dass Jugendgewalt vor allem von männlichen Jugendlichen ausgeübt wird.[3]

Die Vernachlässigung der Gewaltperzeptionsforschung hat weiter zur Folge, dass keine theoretischen Ansätze zur Erklärung der Perzeption von Gewalt erarbeitet wurden. Die vorliegende Untersuchung versucht auf dem Hintergrund der Schützschen Lebenswelt-Theorie sowie des Bourdieuschen Distinktions-Ansatzes ein Modell zur Erfassung der geschlechtsspezifischen Perzeption von Gewalt im Jugendalter zu bilden (Kapitel 4). Die begriffliche Bestimmung von Jugend erfolgt auf der aus konstruktivistischer Sicht dargestellten Genese der Jugend und ihrer Ausgestaltung heute (Kapitel 1).

Am Beispiel von 462 SchülerInnen der 8. Klasse der für Jugendgewalt bekannten Stadt Basel soll exploriert werden, inwiefern sich die Gewaltperzeptionen a) der weiblichen und männlichen Jugendlichen und b) der AbsolventInnen verschiedener Bildungsstufen unterscheiden (Kapitel 7).

In der Perzeptionsforschung taucht immer wieder die Frage auf nach dem Verhältnis zwischen Wahrnehmung und eigenen Erfahrungen. Anhand von Selbstberichten der Basler SchülerInnen soll untersucht werden, ob sich in den geäußerten Gewalterfahrungen und -ängsten der Jugendlichen spezifische Wahrnehmungsmuster ausmachen lassen (Kapitel 8). Im Anschluss daran folgt ein Verzeichnis der wichtigsten empirischen Befunde beziehungsweise Thesen zur Gewaltperzeption bei Jugendlichen (Kapitel 9).

Die wenigen vorhandenen Studien zur Gewaltperzeption bei Jugendlichen verwenden mit einer Ausnahme quantitative Methoden und konzentrieren ihr Augenmerk auf die Frage, wie Jugendliche Gewalt beurteilen (Kapitel 3). Dieser inhaltlich wie methodisch einseitigen Ausrichtung soll dahingehend entgegengetreten werden, dass das vorliegende explorative Projekt einerseits mit der Fragestellung „Was verstehen Jugendliche unter Gewalt?" einen weiteren Aspekt der Gewaltperzeption zu erfassen versucht, andererseits ein neues methodisches Instrumentarium qualitativer und quantitativer Art entwickelt und zur Anwendung bringt (Kapitel 6). Somit hat die Studie nicht nur zum Ziel, eindeutige Befunde hervorzubringen, sondern auch methodisch wie inhaltlich weiterführende Fragestellungen und Aspekte für die Erforschung der Gewaltperzeption Jugendlicher zu formulieren.

---

3 In der jugendsoziologischen, vor allem aber in der kriminologischen Forschung werden die geschlechtsspezifischen Ausprägungen von Gewalt zu einem großen Teil übergangen (siehe dazu Kapitel 3.1) oder als Folge einer *natürlich* gegebenen Gleichsetzung des männlichen Geschlechts mit einer größeren Neigung zur Gewalt betrachtet. Die genannten Problematiken zeigen sich nicht nur in der Gewalt-, sondern allgemein in der Kriminalitätsforschung. Kersten (1997) versucht mit seinem Ansatz „Kriminalität als Bewerkstelligung von Geschlecht" dieser einseitigen Ausrichtung entgegenzutreten (siehe dazu Kapitel 4.5).

Kapitel 1
Untersuchungsgegenstand Jugend

Die Jugendphase stellt ein historisch entstandenes und sich in seiner Ausgestaltung stets wandelndes gesellschaftliches Konstrukt dar. Ökonomische, kulturelle, politische[4] und soziale Wandlungsprozesse beeinflussen und bedingen die Veränderung der Struktur[5] dieser spezifischen Phase im menschlichen Lebensverlauf (Hurrelmann; Rosewitz & Wolf 1989:33). Dieser Umstand erschwert beziehungsweise verunmöglicht eine konkrete und dauerhafte Definierung des Phänomens Jugend. Dazu trägt auch die ambivalente Haltung bei, welche Gesellschaften ihrer Jugend gegenüber einnehmen: Durch das an der Jugend wahrgenommene Potential an Möglichkeiten und Verheißungen, aber auch Gefährdungen und Bedrohungen entwickelt sich eine Mischung aus Erwartung und Argwohn gegenüber der Jugend. In dieser Sichtweise

> „ ‚konstruieren' die Gesellschaften stets ihre Jugend als ein instabiles gesellschaftliches Faktum, nicht nur als ein starres demographisches oder juristisches Faktum, besser gesagt: als eine kulturelle Realität – besetzt mit einer Unzahl von symbolischen Werten und Gebräuchen –, nicht nur als ein direkt beobachtbares gesellschaftliches Faktum" (Levi & Schmitt 1996:12).

Sozialhistorisch betrachtet war die Jugend während vielen Epochen die Lebensphase sowohl einer sozialen Minderheit als auch nahezu ausschließlich des männlichen Geschlechts.[6] Insofern stimmt es nur bedingt, wenn Levi &

---

4 Allerbeck & Rosenmayr (1976:171) betonen, dass Jugend in ihrer Formung durch die Institutionen nicht nur vom ökonomischen, sondern auch vom politischen System und dessen Entwicklungsrichtung abhängig gesehen werden muss.

5 Im weiteren gibt es Hinweise darauf, dass die genannten Wandlungsprozesse nicht nur die Struktur der Jugendphase beeinflussen, sondern Auswirkungen auf die Ausgestaltung der körperlichen, geistigen, emotionalen und sozialen Entwicklung der Jugendlichen zeitigen (Gillis 1980).

6 Erst die neuere Geschichtsforschung thematisiert den Geschlechteraspekt: „In der Jugend erfährt der kulturelle Unterschied zwischen Mädchen und Jungen, der schon in der Sozialisation des Kindes anklingt, seine formale Institutionalisierung" (Levi & Schmitt 1996:17). Dass jedoch die Jugend des männlichen Geschlechts in der Epoche der Griechen bis zum Absolutismus gesellschaftlich im Vordergrund stand, lässt sich daraus folgern, dass in den Ausführungen der genannten Autoren die weibliche Jugend – wenn überhaupt – nur am Rande erwähnt wird.

Schmitt (1996:12) die Genese der Jugend nicht als eine Geschichte der Jugend, sondern als eine von vielen, „die von vielen Jugenden[7] und vor allem von vielen Jugendlichen handeln", darstellen.

Das folgende Kapitel skizziert die Entstehung und Entwicklung der Jugend im sozialhistorischen Kontext. Anschließend soll aus soziologischer Perspektive sowohl der Wandlungsprozess als auch die heutige Ausgestaltung der Jugendphase dargestellt werden.

1.1 Sozialhistorischer Abriss: Genese der Jugend

Jugend im archaischen, antiken und klassischen Griechenland

Ausgangspunkt dieser sozialhistorischen Ausführung zur Genese der Jugend bildet das archaische Griechenland. Zu dieser Zeit herrscht die Praxis, „junge Leute"[8] aus guter Familie bei einer angesehenen Persönlichkeit erziehen zu lassen (Schnapp 1996:41). Es handelt sich hier um eine Art „fosterage", eine aus der Ethnologie bekannte Zieh- oder Pflegekindschaft. Das berühmteste Beispiel hierzu bietet die Erziehung des Achilles, dessen Vater Peleus die Erziehung seines Sohnes dem Kentauren Chiron anvertraut. Allgemein liegt die Erziehung der Kinder in dieser historischen Epoche in den Händen der Männer. Ein Zwischenstadium Jugend ist in dieser Zeit nicht vorgesehen.

In der Epoche der *Antike* sind zum ersten Mal Bedingungen geschaffen worden, die die Entstehung der (männlichen) Jugend als Lebensphase ermöglichen. Im antiken Griechenland herrscht die „Paideia" – die Jugendbildung – eine Haltung, die nicht allein das Ziel verfolgt, den Bürger an das Gemeinwesen anzupassen, sondern sie soll helfen, vielfältige Fertigkeiten seelischer und moralischer Art durch spezifische Übungen sachkundig zu entfalten und zu entwickeln. Die klassische Beschreibung der *kretischen* Erziehung verweist auf ein Bildungssystem, in dem die Altersklassen eine entscheidende Rolle spielen. Die jungen Leute bilden eine Gruppe, die dem Befehl eines Oberhauptes (des Vaters desjenigen, der die Mitglieder der Jünglingsrotte um sich gesammelt hat) unterstellt ist. Ihr Ausbildungsplan besteht aus drei Schwerpunkten: Jagd, Lauf und Kriegsspiele (A.a.O.:28). Diese erzieherische Beziehung der Jüngeren durch die Älteren ist – zumindest bei Kretern und Spartanern – sexuellen Charakters. Bei den Kretern führt diese homosexuelle Beziehung des Jüngeren zum Älteren zu einer entscheidenden Etappe im Leben des Jünglings, zur Initiation in Form einer Entfüh-

---

7   In keiner mir bekannten Sprache lässt sich der Begriff Jugend in den Plural setzen.
8   Ob es sich hier auch um Mädchen gehandelt hat, wird aus den Ausführungen nicht deutlich. Es ist jedoch anzunehmen, dass nur Knaben von einer Weggabe betroffen waren.

rung. Diese im folgenden beschriebene Entführung – „harpage" genannt – bezieht sich auf eine kleine Zahl von Erwählten, welche dadurch einen besonderen sozialen Status erwerben (Strabo 1988, zitiert in: Schnapp 1996: 29):

> „Ihnen (...) eigenthümlich sind die Gebräuche hinsichtlich der Jünglingsliebe. Denn nicht durch Beredung gewinnen sie die Geliebten, sondern durch Raub. (...); übrigens lässt man seine Entführung freudig geschehen. Ist jener aber des Jünglings unwerth, so entreißen sie [=die Verwandten] ihn. Die Verfolgung nimmt ihr Ende, sobald der Jüngling in des Räubers Männersaal geführt ist. Liebenswürdig aber halten sie nicht den durch Schönheit, sondern durch Muth und Sittsamkeit Ausgezeichneten. [Nachdem der Liebhaber] den Jüngling [freundlich aufgenommen] und beschenkt hat, entführt er ihn an einen beliebigen Ort des Landes; ihm folgen aber Alle, welche dem Raub zugegen waren. Nachdem sie zwei Monate hindurch [denn längere Zeit den Jüngling zu behalten, ist nicht verstattet] mit Schmaus und Jagd sich ergötzt haben, kehren Alle zur Stadt zurück. Dann wird der Jüngling mit einem Kriegsrocke, einem Ochsen und einem Becher beschenkt entlassen. Diese Geschenke sind gesetzlich. (...) Den Ochsen opfert er dem Zeus, und bewirtet die, so ihn begleiteten; dann erklärt er sich über des Liebhabers Betragen, ob er dadurch erfreuet worden, oder nicht; denn dieses gestattet das Gesetz, damit, wenn ihm während des Raubes eine Gewaltthat widerfahren wäre, er sich Genugtuung verschaffen, und ihn sofort verlassen könne. Jünglinge von schöner Bildung und vornehmen Aeltern [ist es Schande], keine Liebhaber zu finden, weil sie diesen Schimpf wegen ihres Betragens zu erleiden scheinen. Aber die Heimgeführten (so nennen sie die Geraubten) haben Ehrenvorzüge; denn in Wettläufen und auf Stühlen haben sie die geehrtesten Plätze. Zur Auszeichnung vor Andern ist es ihnen verstattet, sich mit dem vom Liebhaber geschenkten Kleide zu schmücken; und nicht nur dann, sondern auch als Erwachsene tragen sie ein ausgezeichnetes Kleid, an welchem jeder *Kleinos*, d.i. ihr Geehrter, erkannt wird; (...)"

Auch in *Sparta* spielt in die Erziehung der Jugend eine Form der Päderastie hinein. Die Spartaner kennen zwar nicht die „harpage" der Kreter, aber Quellen bezeugen den entscheidenden Anteil der Älteren bei der Bildung der jungen männlichen Generation (Schnapp 1996:32). Daneben wird die Jugend von Behörden, welche über die Lebensfähigkeit der Knaben entscheidet, und der Allgemeinheit, die über das Recht des Tadels verfügt, überwacht. Ziel der Jugendphase ist die Unterwerfung der Jugendlichen innerhalb der spartanischen Kultur (Rombach 1970:336).

In der *griechischen Stadt-Staat-Kultur*, ungefähr 500 vor Christus, tritt Jugend zum ersten Mal als Lebensabschnitt der männlichen Oberschicht in Erscheinung. Der städtische Adel und das wohlhabende Bürgertum haben für die männlichen Jugendlichen eine Erziehungssituation geschaffen, die sich als „harmonische Bildung aller Kräfte" charakterisieren lässt (A.a.O.:336). Die Nachkommen sollen zu selbständigen Bürgern erzogen und auf eine spätere Führungsstellung in der Gesellschaft vorbereitet werden. Ideen von Eros, Freundschaft, Gemeinschaft, politischen Reformen und Initiative werden als Angelegenheiten der Jugend deklariert. Scharfe Altersabgrenzungen sind keine gesetzt: Wer der Philosophenschule beiwohnt, gehört zur Jugend.

„Paideia" gilt als Symbol und Begriff für Kultur. Die wichtigste Erziehungsinstitution der männlichen Jugend ist die „Ephebie", eine Institution, in der staatsbürgerlicher und politischer Unterricht erteilt wird. Später verliert diese Institution ihren politischen und militärischen Charakter: „Das Militärische wandelte sich zum sportlichen Üben: die Ephebie wird zum ‚Scheinparlament' und Debattierklub, wo gefragtes städtisch-soziales Verhalten gelernt wird" (A.a.O.:65).

Nach beendeter „Ephebie" genießt der junge Mann den Status eines vollwertigen Bürgers – er kann einen Hausstand gründen und am politischen Leben teilnehmen – bleibt jedoch der „neos" (der „Junge"), „der die Aufmerksamkeit seiner Mitbürger auf sich zieht, weil er jenen transitorischen Zustand der Reife und der leiblichen Schönheit verkörpert, der im Stadion, bei Wettkämpfen, (...) in kriegerischen Heldentaten offenbar wird" (Schnapp 1996: 40).

Jugend zur römischen Zeit

Während in Griechenland ein Erzieher in das Nahverhältnis zum Jugendlichen tritt, nimmt im *alten Rom* der Vater diese Position ein. Das Vater-Sohn-Verhältnis verdeutlicht die typisch römische Institution der „patria potestas" („Herrschaftsgewalt der Väter"). Die Väter besitzen das lebenslange Recht, über Leben und Tod der Söhne zu entscheiden[9] wie auch die Lebensphasen der Söhne zu bestimmen. Erst nach dem Tod der Väter werden die Söhne selbst „Hausväter" und reproduzieren an den eigenen Söhnen dieselben Machtmechanismen, welche sie durch ihre Väter erlitten haben. Auf diesem Hintergrund wird ein weiteres Charakteristikum der römischen Jugendphase deutlich: die relativ lange gesellschaftliche Dauer des Jugendalters. Gemäß der römischen Einteilung der Altersklassen, welche augenfällig von den biologischen Zyklen des menschlichen Lebensverlaufs abweicht, ist man bis zum Alter von fünfzehn Jahren „puer", die Zeit des Heranwachsens (adulescentia) dauert von fünfzehn bis dreißig, die Jugend (iuventus) von dreißig bis fünfundvierzig Jahre (Fraschetti 1996:82). Wie lässt sich die besagte Kluft beziehungsweise das lange Hinausziehen der Jugendphase erklären? Gemäß Fraschetti (A.a.O.:83) liefert die Existenz einer Institution wie die der „Herrschaftsgewalt der Väter" die überzeugendste Erklärung: „Es scheint, als wäre das Jugendalter künstlich ausgedehnt worden, um die anhaltende Sub-

---

9   Fraschetti (1996:92) verdeutlicht dieses Recht der Väter am Beispiel des Titus Manlius Torquatus, der, als er die Nachricht vom Duell und Sieg seines Sohnes vernimmt, keinen Augenblick zögert, diesen zum Tode zu verurteilen, weil er dem Befehl der Konsuln zuwidergehandelt und die militärische Disziplin verletzt hat: „Er wusste wohl, dass er damit ein trauriges, schmerzliches Exempel statuierte, meinte aber, es sei in Zukunft für die römische Jugend heilsam (triste exemplum sed in posterum salubre iuventuti)."

alternität der Söhne gegenüber den Vätern als tatsächlicher Inhaber jeglicher Macht zu unterstreichen."

Von einer eigentlichen weiblichen Jugendphase kann zur römischen Zeit nicht gesprochen werden, was die im Vergleich zu den männlichen Jugendlichen unterschiedlich gehandhabte Definition bei den Frauen belegt. Diese richtet sich nicht nach altersmäßigen, sondern körperlichen beziehungsweise gesellschaftlichen Kriterien: Bevor die römischen Frauen heiraten, heißen sie „virginis", danach wird zur Bezeichnung ihres neuen gesellschaftlichen Standes „uxores" verwendet und „matronae", wenn sie bereits Kinder gehabt haben. Wenn sie alt sind, wird der Begriff „anus" benutzt. Die römischen „virgines" sind nach der Pubertät dazu bestimmt, sofort Ehefrauen und Mütter zu werden. Der Übergangsritus, der sie ins Jugendalter einführt, ist die Hochzeit und entspricht ihrer gesellschaftlichen Reproduktionsfunktion (A.a.O.:89).

Als Beginn der Jugend, allerdings eingeschränkt auf die freien Bürger, bezeichnet Fraschetti (A.a.O.:84) die Initiation in Form eines formalen Aktes: das Anlegen der Männertoga. Im allgemeinen findet diese private Zeremonie und der anschließende öffentliche Geleitzug im Alter von fünfzehn bis sechzehn Jahren statt, in einem Alter, das gemäß der römischen Alterseinteilung noch nicht zur Jugend gehört. Fraschetti weist jedoch darauf hin, dass die Römer nicht nur wechselweise „iuvenis" und „adulescens" zur Bezeichnung ein und derselben Person verwendeten, sondern eine Person auch abwechselnd „iuvenis" oder „puer" nannten.

Nach dem Anlegen der Männertoga beginnt für die Jünglinge die Lehrzeit („tirocinium"), eine Art Vorbereitung auf das Erwachsenenleben. Obgleich später eine Vorbereitungszeit auf dem Forum, welche eine Unterweisung in Rhetorik und Politik beinhaltet, hinzukommt, muss es sich ursprünglich um eine militärische Lehrzeit gehandelt haben. Sie ist als besonders notwendig erachtet worden, weil Mut, Arroganz und Wildheit als typische Merkmale der „iuvenes" angesehen wurden, und die unkontrollierte Ausgelassenheit und Unerschrockenheit der jungen Männer als Gefahrenmoment und als Zeichen fehlender Unterordnung gegolten haben.

Die Jugendphase geht zu Ende, wenn der junge Römer die ersten Ämter übernimmt und dadurch in die Welt der Erwachsenen eintritt, womit ein wenigstens teilweise selbstbestimmtes Leben beginnt. Er untersteht jedoch weiterhin der strengen „Herrschaft des Vaters". Römische Frauen erlangen nie vollständige Freiheit, unterstehen sie doch Zeit ihres Lebens der Gewalt des Vaters, der Brüder oder des Ehemannes.

Während der Kaiserzeit organisieren sich die Jugendlichen. Es finden Zusammenschlüsse Jugendlicher statt, die Vereinigungscharakter besitzen. Vor allem für das zweite und dritte nachchristliche Jahrhundert sind sogenannte „collegia iuvenum" nachweisbar. Diese direkten Nachbildungen der griechischen Ephebien, eine Art Klubs, spielen auf der Gemeindeebene eine wichtige Rolle, indem sie unter anderem sportliche Wettkämpfe veranstalten, „Jugend-Spiele" („ludus iuvenum") genannt, und in die Politik eingreifen. Ähnlich der griechischen „Ephebie" verliert sich mit der Zeit der paramilitärische Charakter[10], und die „collegia iuvenum" dienen hauptsächlich der Vorbereitung für die politische oder administrative Laufbahn. Die tiefe Verwurzelung dieser Organisationen im Weströmischen Reich haben nach Fraschetti (A.a.O.:103f) ursprünglich einem doppelten Zweck gedient:

> „Zum einen sollten die Jugendlichen in die Politik der Städte (...) eingeführt werden, was insbesondere für die Jugendlichen aus dem niederen Adel und dem lokalen Bürgertum galt; zum anderen sollte über eine Altersklasse, die unter Umständen gefährlich erscheinen konnte, Kontrolle ausgeübt werden, indem ihre Energien in eigenen Organisationen kanalisiert wurden."

In den historischen Quellen der griechischen und römischen Epochen lassen sich kaum Hinweise auf Probleme mit Jugendgewalt finden. Anders sieht es im Mittelalter aus, wo von Ausschreitungen gewalttätiger männlicher Jugendlicher berichtet wird.

Jugend im Mittelalter

Im *Mittelalter* gliedert sich die Jugend, entsprechend den sozialen Strukturen dieser Epoche, nach Klassen und Schichten auf. Es entstehen drei Hauptgruppen: die ritterliche, die handwerkliche und die studentische Jugend. Für die beiden ersten Hauptgruppen bildet die „Lehre" die dominierende Sozialisationsinstitution: Der männliche Jugendliche wird – im gleichen Alter, in dem er in Rom von der Obhut der Mutter in die des Vaters überging beziehungsweise in der griechischen Stadt-Staat-Kultur aus der Obhut der Mutter entlassen wurde und in die Schule eintrat – von zu Hause weggeschickt und in eine andere Familie „in die Lehre" gegeben. Durch dienstbotenartige Teilnahme am Leben der Erwachsenen wird den Jugendlichen Wissen vermittelt und sie werden auf die Eingliederung in den Stand vorbereitet:

> „Im Handwerk und in der Ritterschaft wird ein besonderes Pathos des Dienstes entwickelt, es entstehen Vorschriften aller Art, und der Ziehvater unterliegt im Grunde der öffentlichen Kontrolle mehr als ein leiblicher Vater, in dessen Gebarung man sich kaum einmischen kann... Andererseits kann man sich kaum verhehlen, dass diese den leiblichen Müttern entrissene Jugend, die aus nüchternen Erwägungen heraus recht eigentlich verschickt wird, doch auf harte und abrupte Weise mit dem Sozialleben konfrontiert wird" (Rassem 1975, zitiert in Allerbeck & Rosenmayr 1976:177).

Die studentische Jugend wird stärker ausgegliedert und ist dadurch unabhängiger als die ritterliche und handwerkliche Jugend. Die örtliche Mobilität der

---

10 Ein im eigentlichen Sinn militärisches Eingreifen dieser „iuvenes" ist belegt, aber nur sporadisch und in schweren Krisensituationen (Fraschetti 1996:101).

Studenten als fahrende Scholaren hat diese Unabhängigkeit verstärkt, zumal bereits die im Hochmittelalter regierenden Kaiser die Studenten privilegierten. Der privilegierte Status, von den Studenten durch die Kleidung sichtbar gemacht, hat diese gegenüber dem Stadtbürgertum und dessen Jugendlichen hervorgehoben und sie dadurch ausgegrenzt. Nicht nur Distinktion, auch gewalttätiges Verhalten herrscht im studentischen Verhältnis sowohl zum Bürgertum als auch zu den Handwerksgesellen: Es gibt blutige Raufereien mit den Handwerksgesellen und bandenartig organisierte Fehden. In den Wirtshäusern – bevorzugter Ort, wo sich die studentische Jugend mit den Bürgern anlegt – kommt es zu üblen Belästigungen: „Betrunkene Studenten rempelten die Bürger an, entführten ihnen die Mädchen bei Tanzveranstaltungen und lärmten und randalierten auf den Straßen" (Feilzer 1971, zitiert in Allerbeck & Rosenmayr 1976:176).

Ein düsteres Bild der Jugend zeigt sich im mittelalterlichen Italien. Neben den Frauen[11] stellen die Jugendlichen aller Schichten, jedoch in unterschiedlicher Weise, eine Gefahr, eine Bedrohung dar. Jugend wird weniger als eine Altersklasse als vielmehr die Zeit der am häufigsten beanstandeten Verhaltensweisen beschrieben:

„Die Jugend ist die Zeit der Krawalle und der Gewalttätigkeiten. Die Reicheren werfen mit dem Geld um sich, leisten sich in Hülle und Fülle Kleider, Pferde, Frauen, Luxus und Vergnügungen. Die Ärmeren sind von diesem Fest nicht ausgeschlossen: Sie erleben es in dem zahlreichen Gefolge, das die Reichen hinter sich herziehen, oder sie organisieren auf eigene Faust bei Nacht in den Straßen ihre eigenen gewalttätigen Spiele. Alle verletzen die christlichen wie die gesellschaftlichen Regeln. Alle sind erfasst von derselben Ungeduld, derselben Verweigerung, demselben unbändigen Appetit" (Crouzet-Pavan 1996: 248).

In den letzten Jahrhunderten des Mittelalters kommt Dynamik in das finstere, gefährliche Bild der Jugend, und die Gemeinschaft antwortet mit Repression. Die Verurteilung der Werte und der Verhaltensweisen der Elite der jungen Männer (wie Freigebigkeit, Schneidigkeit, Leidenschaft und Schaugepräge) ist allmählich, in einem lange andauernden Prozess, auf alle Jugendlichen

---

11   Frauen sind, ebenso wie die Jugendlichen im mittelalterlichen Italien, dem Frieden und dem Heil einer christlichen Gesellschaft im Wege und werden für ähnliche Schwächen und Laster gescholten, wie eine Predigt zeigt: „Die eitle Frau seufzt die ganze Woche lang, dass endlich der Sonntag mit seinen Tänzen komme. Der Jugendliche beklagt sich, weil er Tag für Tag im Geschäft eingesperrt ist. Die Frau trägt Hurenkleider und will sich den ganzen Tag mit den juvenes amüsieren. Der Jugendliche verschwendet, spielt, putzt sich heraus, gibt allen seinen Begierden nach" (Crouzet-Pavan 1996:240). Im Verlaufe des 15. Jahrhunderts vollzieht sich ein Sichtwechsel. Den Frauen wird, wenngleich für die Prediger immer noch ein Problem, angesichts drohender neuer Übel wie der Sodomie, keine große Gefahr mehr zugesprochen (A.a.O.:243).

ausgeweitet worden, „weil sie scheinbar derselben Verirrung schuldig sind" (A.a.O.:264).[12]

Jugendgesellschaften und ihre Zerstreuungen sind überall verfolgt worden, sie haben indessen fortbestanden, von den städtischen Einrichtungen in unterschiedlichem Maß kontrolliert. Die Treffen der Jugendlichen, die Gesamtheit der Feste und Vergnügungen und der Status der Jugendlichen veränderten sich dahingehend, dass den Jugendlichen im 15. Jahrhundert öffentliche Rollen zeitweilig oder dauerhaft betraut wurden: „Verantwortlich für den Empfang des Fremden, für die Veranstaltung von Festen und Schauspielen, sollen die Vereinigungen „render al Populo allegrezza non mediocre [dem Volk eine erkleckliche Lustbarkeit verschaffen]" (A.a.O.:281). Nach Crouzet-Pavan waren diese Veränderungen darauf gerichtet, die Jugend mit der Autorität zu versöhnen und sie in die Gemeinschaft zu integrieren.

Jugend in der frühen Neuzeit

Das Ende der Kindheit und der Auftakt der Jugendphase lassen sich im *frühneuzeitlichen deutschsprachigen Gebiet* verhältnismäßig schwer allgemein bestimmen, was auf unterschiedliche standes- und milieuspezifische Bedingungen zurückzuführen ist. So wurden in ärmeren Schichten zur Entlastung des Haushaltes die 10- bis 12-Jährigen in den Gesindedienst gegeben und für Bauern- und Handwerkerkinder war es eine Selbstverständlichkeit, von Kindheit an im elterlichen Wirtschaftsbetrieb mitzuhelfen (Schindler 1996: 325). Da die Elementarschule mehr ein Soll als ein Muss darstellte, war die frühneuzeitliche Kind- und Jugendphase „durch vielfältige Formen des Ineinandergreifens von Schul- und Arbeitserfahrung, durch gleitende Übergänge von Lernen und Arbeiten" geprägt (A.a.O.:325). Jugend in der frühen Neuzeit stellt somit eine funktionale Übergangsphase im Sinn der „rites de passage", das heißt eines schrittweisen Hineinwachsens in die Welt der Erwachsenen dar und entbehrt diesbezüglich einer klaren numerischen Altersklassengliederung. In den gebildeten Schichten finden wir jedoch die – moderne – Vorstellung von Jugend als Moratorium; eine Vorstellung, welche von einer lange Jahre währenden, von Erwerbszwängen freigesetzten Zeit der Ausbildung ausgeht, in der Hoffnung auf künftige Karriere- und Statuschancen. Das Ende der Jugendphase ist im Gegensatz zu deren Beginn mit der Heirat und der Gründung eines von der Herkunftsfamilie unabhängigen Haushaltes eindeutig markiert. Es muss jedoch hinzugefügt werden, dass sich die Heiratsgewohnheiten der oberen und unteren Klassen stark unterscheiden. Vor allem in der Unterschicht ist die Heirat aus ökonomischen und subsistenzpolitischen Gründen immer weiter hinausgeschoben worden. Nach

---

12 Dieser Wertewandel und das damit einhergehende Verdikt gegen die Verhaltensweisen der Jugendlichen der Elite muss im Zusammenhang mit dem Niedergang des Rittertums gesehen werden.

Schindler (A.a.O.:326) hatte dies im 17. und 18. Jahrhundert zur Folge, dass sich nicht etwa die Jugendszene der oberen Schichten, sondern die Jugendkultur der ärmeren Schichten immer mehr mit Defacto-Erwachsenen im Alter von 20 bis 35 Jahren angereichert und damit an sozialem Gewicht gewonnen hat.

In dieser frühneuzeitlichen Jugendkultur der eher unteren Sozialschicht dominieren männliche Jugendgruppen, welche ihre soziale Kraft aus dem Peer-group-Prinzip beziehen, wonach man zusammenhält, weil man sich schon lange kennt. Sie markieren in ihrer Haltung deutliche Distanz zur Kindheit, indem sie im Interesse der Wahrung ihrer Privilegien die „Kleinen" necken, drastische Aufnahme- und Einweihungsriten verlangen und sie notfalls auch verprügeln. Diesen männlichen Jugendgruppen wird sowohl das Wächteramt über die unverheirateten Mädchen als auch in Erweiterung dessen gewisse allgemeine sittenpolizeiliche Ordnungsfunktionen zugestanden, welche sich nicht nur auf die Jugendlichen, sondern auch auf die Erwachsenen und deren sittlichen Verfehlungen erstrecken. Der Einsatz von Gewalt spielt in vielen Fällen eine nicht unbedeutende Rolle, vor allem unter den Jugendlichen selbst. Schindler (A.a.O.:358) spricht von einer „ausgeprägte(n) Neigung der Jugendlichen zur gewalthaften Regelung interner Rivalitäten und Konflikte". Mit großer Brutalität werden beispielsweise Abwehrkämpfe gegen die Übergriffe von Ortsfremden geführt, welche ins eigene Heiratsrevier einzudringen versuchen. Als Träger des Karnevals und dessen Ausgestaltung halten die Jugendgruppen eine weitere wichtige Rolle inne. Diese Rolle hat insofern an gesellschaftlicher Relevanz gewonnen, als der Karneval mit seinem Prinzip der Umkehrung des Gewohnten weit in die anderen Jahresfestbräuche hinein ausstrahlt und dadurch die männlichen Jugendlichen zu Festgestaltern per se erhebt. Dieselben Jugendgruppen waren auch bekannt für ihre Streiche und Eskapaden, vor allem das Erschrecken von Leuten (vorwiegend Frauen und Kinder), für Vandalismus und lautstarkes, nächtliches Geschrei. Auch Mutproben gehörten zu dieser Jugendkultur; der Gruppendruck und das Bedürfnis nach Anerkennung haben sie immer wieder hervorgetrieben. Nicht selten wurden Aktionen gegen die Kirche gerichtet.[13] In diesem Handlungsfeld zeigt sich die Paradoxie der männlichen Jugendkultur: Auf der einen Seite agierten die männlichen Jugendlichen als Wächter der (Sexual-)Moral, auf der anderen Seite stifteten sie notorisch Unruhe. In ländlichen Gebieten handelten die Jugendlichen zwar auf eigene Faust, aber offenkundig in heimlichem Einverständnis mit den Erwachsenen: „Es war stets mehr ein Gewährenlassen als ein Anstiften" (A.a.O.:355).

---

13 Im Jahre 1530 haben in Pratteln sechs Jugendliche dem Prädikanten „menschen katt in sinen garten gworffen..., ouch ein kachlen uff siner louben zworffen, deszglichen uber in verachtlicher gstalt ‚Jeckli', ‚Jeckli' geschruwen, alles nechtlicher wyl bschehen" (zitiert in Schindler 1996:344). 1532 hängten im baslerischen Riehen drei Jugendliche bei Nacht ihrem Leutepriester die Haustür aus und warfen sie in den Weiher.

In der zweiten Hälfte des 15. Jahrhunderts setzten städtische Mandate gegen die nächtlichen Umtriebe der männlichen Jugendlichen ein. Die Maßnahmen der Obrigkeit beschränkten sich jedoch auf Strafandrohungen und Appelle an die Nachtwächter und die Eltern. Das Dilemma der Regierenden bestand darin, dass sich die meisten bewusst waren, dass die männlichen Jugendlichen Freiräume brauchten, es sich aber aus politischen Gründen nicht leisten konnten, die Taten der Jugendlichen ungestraft zu lassen.

Für die weiblichen Jugendlichen lässt sich eine andere, weniger erforschte Geschichte nachzeichnen. Schindler (A.a.O.:338) führt den Umstand, dass die weiblichen Jugendlichen der frühen Neuzeit kaum in der Öffentlichkeit auftraten, auf die damalige Sittenpolitik zurück, die „diese Auftritte grundsätzlich mit dem Stigma der Amoral zu versehen und zu unterdrücken suchte". Auf dem Land blieben die Spinnstuben mit ihrer kollektiven Arbeitsgesellligkeit die einzige öffentliche Domäne der Frauen. Mit aller Hartnäckigkeit wurden sie vor allem von den geistlichen Obrigkeiten bekämpft. Den weiblichen Jugendlichen in den Städten erging es nicht anders. Versuche ihrerseits, gewisse Rechte der männlichen Jugendlichen auch für sich in Anspruch zu nehmen, führten dazu, dass sich die sittenstrenge Obrigkeit immer wieder veranlasst sah, einzugreifen.

Erst im Laufe des 18. Jahrhunderts begann sich unter dem zivilisierenden Einfluss der kirchlichen Moral das Verhältnis – Schindler (A.a.O.:362) bezeichnet es als Koalition – zwischen den Jugendlichen und den Erwachsenen zu verschlechtern. Das Wachstum der Bevölkerung, die Vertiefung der sozialen Hierarchie und die Fußfassung neuer Moralvorstellungen (auch auf dem Land) trugen das ihre dazu bei. Die Burschenschaften büßten ihren privilegierten Status als Moral- und Sittenwächter ein und gerieten mit ihren Taten unter wachsenden Legitimationsdruck. Allmählich lösten sich die Knaben- und Burschenschaften auf.

Jugend im 19. und 20. Jahrhundert

Noch bis in das *19. Jahrhundert* hinein war Jugend als spezielle Lebensphase nur in der Oberschicht, später im gehobenen Bürgertum besonders ausgeprägt. Gemäß sozialhistorischen Untersuchungen ist die Jugend im Sinn einer spezifischen und eigenständigen Phase im Lebenslauf erst in der zweiten Hälfte des 19. Jahrhunderts eindeutig zu erkennen. Ihre Entstehung ist eng mit den ökonomischen, politischen und kulturellen Veränderungen verbunden, die der Industrialisierungsprozess und die dadurch entstandene Etablierung eines allgemeinen Schulsystems mit sich gezogen haben. Der Prozess der Industrialisierung führte dazu, dass die Erwachsenen ihre sozialen Beziehungen um ihren Arbeitsplatz herum aufbauten, was eine Segregation der alltäglichen Handlungsabläufe zwischen Kindern und Erwachsenen bedingte. Die Einrichtung und Ausbreitung eines allgemeinen Schulwesens unterstützte diese Entwicklung der sozialen Trennung der Generationen. Dadurch entstanden für Kinder spezifische Lebensräume, die sich deutlich von denjenigen der Erwachsenen unterschieden. Diese spezifische Lebenswelt, die bis hin zum Freizeit- und Medienangebot griff, erstreckte sich bald auch auf die Kinder aus den sozial unterprivilegierten Arbeiterschichten. Darauf formierte sich Jugend im soziologischen Sinn – zuerst wiederum in den bürgerlichen sozialen Schichten, zu Beginn des *20. Jahrhunderts* für Knaben und zum ersten Mal auch für Mädchen breiterer Schichten: Bedingt durch die Differenzierung und Verlängerung der Ausbildung verschob sich der Übergangszeitpunkt in das Erwachsenenalter bis über die Pubertät hinaus (Hurrelmann; Rosewitz & Wolf 1989:33f).

Ausgelöst durch die Jugendbewegung der Jahrhundertwende, entfalteten sich jugendspezifische Lebens- und Ausdrucksformen. Es vollzog sich eine Distanzierung gegenüber den Erwachsenen durch Zusammenschluss Gleichaltriger in Gruppen, Bünden und Organisationen (Hille 1989). Nach Tenbruck (1965:95) erklärt „nicht das unleugbare Auseinandertreten von sexualer und sozialer Mündigkeit", sondern die Bildung von Gleichaltrigengruppen, sogenannten Peer groups, die Entstehung und Entwicklung der Jugend. Dem möchte ich hinzufügen, dass nicht nur die Bildung von Peer groups, sondern der Einbezug der weiblichen Jugendlichen sowie die Ausdehnung auf alle sozialen Schichten die Entstehung der Jugend als eigenständige Lebensphase charakterisieren.

Mit diesen Ausführungen wurde der historische Verlauf der Entstehung der Jugend und – bedingt durch die Abgrenzung der Jugendlichen von der Welt der Erwachsenen und die allmähliche Gruppenbildung – die Herausbildung einer eigenen Lebenswelt der Jugendlichen nachgezeichnet. Das folgende Kapitel soll aus soziologischer Perspektive die spezifische Ausgestaltung der Jugendphase, wie sie sich heute darstellt, beleuchten.

1.2 Strukturwandel und Ausgestaltung der Jugendphase heute

Die Jugendphase befindet sich seit einigen Jahrzehnten in einem grundlegenden Strukturwandel. Verschiedene AutorInnen sprechen von einer „Entstrukturierung" oder „Destandardisierung" (Olk 1984), andere beschreiben gar deren Auflösung (Postman 1983).

Betrachtet man die Lebenswelt der Jugendlichen, so zeigt sich, dass neben der Familie weitere Bereiche existieren, die das Leben der Jugendlichen bestimmen: einerseits der Lebensbereich Schule, andererseits die Freizeit, die vorwiegend mit Gleichaltrigen verbracht und stark durch die Medien beeinflusst wird. Auf dem Hintergrund der Lebensbereiche Familie, Schule und

Freizeit beziehungsweise „Gleichaltrige und Medien" soll die charakteristische Ausgestaltung der heutigen Jugendphase aufgezeigt werden.

„Jugendzeit ist zuallererst und zunächst einmal Schulzeit (...)" (Hurrelmann; Rosewitz & Wolf 1989:53). In den letzten Jahrzehnten ist die Bedeutung der Arbeit als „unmittelbarer" Erfahrungsbereich immer weiter zurückgedrängt worden. Eine markante Ausdehnung des institutionalisierten Bildungswesens führte dazu, dass sich Jugendliche heute insgesamt um einiges früher sowie für wesentlich längere Zeit in den verschiedenen Schul- und Ausbildungssystemen befinden.

Die Lebensumgangsformen sind sowohl innerhalb des Binnenraums der Familie als auch der Schule egalitärer geworden. Sozialhistorisch betrachtet hat sich eine Veränderung der Autoritätsstruktur vollzogen hin zu einer „Liberalisierung und Informalisierung der Beziehungen" (Krüger 1988, zitiert in Ferchhoff 1990:135). Ferchhoff (1990:135) räumt jedoch ein, dass die Erziehungsstile „insgesamt offener, liberaler, aber auch uferloser und permissiver" geworden sind.

Dieser Autoritätsverlust der Erziehenden zeigt sich auch in der Vaterrolle. Ferchhoff geht davon aus, dass durch den gesellschaftlichen Wandel die Vaterrolle als arbeits- und autoritätsprägende Kraft an Bedeutung verloren und zu einer Aufwertung sowohl der Mutterrolle als auch – dies ist von zentraler Bedeutung – der Rolle der Gleichaltrigen und der Medien geführt hat.

Bedingt durch den gesellschaftlichen Erosions-, Freisetzungs- und Individualisierungsprozess zielt die heutige Erziehung mehr auf Autonomie und Selbstbestimmung. Dies hat zur Folge, dass Jugendliche heute zunehmend mehr ihre eigene Lebensbiographie in die Hand nehmen und gestalten müssen. Bilden (1989) betrachtet diese Entwicklung als gesellschaftlich erzwungene Entscheidungsnotwendigkeit – häufig bei begrenzten individuellen Lebensbewältigungsressourcen – und hebt die damit verbundenen Risiken des Scheiterns, Entsolidarisierungsprozesse und neuen Anpassungszwänge hervor.

Immer mehr Jugendliche lösen sich in sozialkultureller Hinsicht – dies bedingt durch Medien – zu einem immer früheren Zeitpunkt vom Elternhaus ab, was zu einem Verlust der Erziehungs- und Kontrollfunktion durch das Familiensystem führt. Andererseits nimmt die Dependenz in ökonomischer Hinsicht für viele Jugendliche gegenüber der Familie zu, weil sie durch die verlängerte Ausbildungszeit auf die finanzielle Unterstützung der Eltern existentiell angewiesen sind (vgl. dazu Ferchhoff 1990:134).

Daneben haben sich die familiären Lebensformen tiefgreifend verändert: Es sind Differenzierungen und Pluralisierungen entstanden. Damit einher geht ein Wandel der Geschlechterrollen, die „Zentralität von Ehe, Familie und Mutterschaft wird im weiblichen Lebenszusammenhang in Frage gestellt" (A.a.O.:139). In der Jugendphase zeichnet sich ein genereller Trend zu einer Angleichung der Geschlechterrollen ab. Geschlechtsspezifische Separierungen treten in Bezug auf die Bildungsbeteiligung und auf die Beteiligung an Peer groups zurück und erreichen nach Mitterauer (1986:224) nahezu ein ausgeglichenes Geschlechterverhältnis. Obwohl diese Separierungen zurückgetreten sind, belegen neuere Untersuchungen zu Freundschaftsbeziehungen im Jugendalter (Kolip 1994), zur Koedukation in der Schule (Spender 1989) und zum Konsum von Medien (Grunder 1992, Kielholz 1998), dass sich die Lebenswelt[14] der weiblichen von der Lebenswelt der männlichen Jugendlichen unterscheidet.

Eine weitere charakteristische Ausgestaltung der Jugendphase betrifft vorwiegend den Lebensbereich Freizeit beziehungsweise Gleichaltrige und Medien. Kinder und Jugendliche werden heute früh aus dem Generationszusammenhang aus- und in altershomogene Gruppen eingegliedert. Diese altersspezifische Schichtung setzt sich im Schul- und Freizeitbereich fort und bleibt für eine längere Zeit bestehen. Nach Ferchhoff (1990:140) vollzieht sich die heutige Jugendphase vornehmlich in einem durch innerschulische Sozialbeziehungen geförderten außerschulischen Gruppenbezug, den sogenannten Peers. Dadurch ist die „Jugend zu ihrer eigenen Bezugsgruppe geworden".

Im Zusammenhang mit gesellschaftlichen Veränderungen hat unter anderem bis zu einem gewissen Grad eine „Enttabuisierung der Sexualität" stattgefunden. Diese veränderte Einstellung zur Sexualmoral bedingt, dass Jugendliche aller Gesellschaftsschichten heute zu einem immer früheren Zeitpunkt heterosexuelle Beziehungen – vorwiegend im Bereich der Gleichaltrigen – aufnehmen.

Des weiteren sind die Ansprüche Jugendlicher in Bezug auf ökonomische, soziale und politische Partizipation gewachsen. Sie verfügen heute über ein „selbstverständliches Jugendeinkommen", und sowohl die Kaufkraft als auch die Konsumlust unter Jugendlichen scheint in den letzten Jahren angestiegen zu sein (A.a.O.:139f). Zudem übernehmen für nicht wenige Jugendliche die über die Medien vermittelten ausdifferenzierten Lebensstile – vor allem der Musik und Mode – quasi identitätsstiftende Funktion.

1.3 Zum Begriff Jugend

Die in der Soziologie vorzufindenden Definitionen der Jugend sind zahlreich und verweisen auf die Problematik, die Jugend einheitlich zu erfassen. Es lassen sich zwei Positionen ausmachen. Die eine Position zeichnet sich durch eine *negative* Definition des Jugendalters aus. Schelsky (1957:16) beschreibt die Jugendphase als eine „nicht-mehr und noch-nicht-Position":

14　Der Begriff Lebenswelt wird in Kapitel 4.1.2 eingeführt.

„‚Jugend' im soziologischen Sinn ist die Verhaltensphase des Menschen, in der er nicht mehr die Rolle des Kindes spielt (...) und in der er noch nicht die Rolle des Erwachsenen als vollgültigen Trägers der sozialen Institutionen (...) übernommen hat."

Buchmann (1983:47) spricht von einer „diskriminierten" Altersgruppe und in Bezug auf den Lebenslauf von einem „unterprivilegierten Lebensabschnitt". Bornschier (1991:45) betrachtet die Jugendlichen als „noch nicht" zur Kernstatusgruppe gehörend.[15]

Eine andere Position versucht das Jugendalter *positiv* zu begreifen. Tenbruck (1965:18) nimmt die negative Vorstellung der Jugend als Übergangsstadium in sein Konzept auf, versucht jedoch in einem weiteren Schritt einen positiven Ansatz zu formulieren:

„Jugend als Institution – das ist die Gesamtheit der institutionalisierten oder institutionell ermöglichten Einflüsse auf die Jugend, erwogen im Hinblick auf die Kontinuität der Gesellschaft. Das entspricht der Funktion, die die Jugend tatsächlich immer und überall in der Gesellschaft hat" (A.a.O.:113).

Im weiteren kennzeichnet Tenbruck (A.a.O.:66f) die Jugend als soziale Gruppe und betont die Bedeutung der Beziehungsgruppe:

„Jugend ist wesensmäßig eine soziale Gruppe."
„Jugend (...) ist das Ergebnis einer charakteristischen Gruppenbildung."

In Bezug auf die Rolle des Jugendlichen ist Kreutz (1974:164f) eine positive Definition gelungen:

„Vor allem aber ist zur Bestimmung der Position des Jugendlichen in der Gesellschaft von Bedeutung, dass er spezialisiert ist auf rezeptive Rollen im Prozess der Akkumulation von Wissen, Fertigkeiten und psychischen Dispositionen."

Neidhardt (1970:14) geht ebenfalls von einer negativen Operationalisierung aus, versucht jedoch in einem weiteren Schritt eine positive Formulierung darzustellen. Zudem übernimmt er den entwicklungspsychologischen Faktor der biologischen Geschlechtsreife als Beginn des Jugendalters:

„In Abgrenzung gegenüber Kindern und Erwachsenen lassen sich Jugendliche (...) als diejenigen definieren, welche mit der Pubertät die biologische Geschlechtsreife erreicht haben, ohne mit Heirat und Berufsfindung in den Besitz der allgemeinen Rechte und Pflichten gekommen zu sein, welche die verantwortliche Teilnahme an wesentlichen Grundprozessen der Gesellschaft ermöglichen und erzwingen. (...) In positiver Wendung ließe sich diese Phase als jene bestimmen, in der im Hinblick auf Beruf und Ehepartner die ‚Objektwahl' zunehmend motiviert, aber noch nicht institutionell vollzogen wird."

---

15 Weitere Beispiele für negative Definitionen von Jugend sind bei Tenbruck (1965:18), Hollingshead (1949, zitiert in Flitner 1973:94) und Neidhardt (1970:14) zu finden.

Schilling (1977:25) nimmt sowohl auf Neidhardts Begriff der „Objektwahl" als auch auf Tenbrucks Überlegungen zur „Beziehungsgruppe" der Jugendlichen Bezug und charakterisiert Jugend folgendermaßen:

> „Jugend definieren wir als ein Aggregat differenzierter Gruppen mit eigenen Verhaltensordnungen, die sich als neue und wichtige Bezugsgruppe im Loslösungsprozess aus der Orientierungsfamilie versteht und in denen im Hinblick auf Beruf und Ehepartner die Objektwahl zunehmend motiviert wird."

Die zwei letztgenannten Definitionen setzen das Ende der Jugendphase mit der Aufnahme einer Berufstätigkeit fest. In der westlichen Gesellschaft ist jedoch eine Aufschiebung des Übergangs in die berufliche Erwerbstätigkeit zu verzeichnen, was zur Folge hat, dass die Jugendphase bis weit in das dritte Lebensjahrzehnt hinein ausgedehnt wird. Die Jugendsoziologie bezeichnet diese spezielle Schlussphase des Jugendalters als „junges Erwachsenenalter" und „Postadoleszenz" (Hurrelmann; Rosewitz & Wolf 1989:17).

Zusammenfassend lässt sich folgendes festhalten: Die Jugendphase ist ein gesellschaftlich konstruiertes Produkt, das im soziologischen Sinn erst zu Beginn des 20. Jahrhunderts entstanden und dem sozialen Wandel unterworfen ist, was zu Veränderungen hinsichtlich ihrer Ausgestaltung führt. Bei einer Bestimmung des Begriffs Jugend muss deshalb in Rechnung gezogen werden, dass es *die* Jugend nicht gibt.

Kapitel 2
Untersuchungsgegenstand Gewalt

2.1 Zum Begriff Gewalt

2.1.1 Genese des öffentlichen und wissenschaftlichen Gewaltbegriffs

Die wissenschaftliche Diskussion des Gewaltbegriffs ist von den öffentlichen Vorstellungen über das, was Gewalt darstellt, nicht unbeeinflusst geblieben. Andererseits ist eine Rückwirkung der wissenschaftlichen Gewalttheorien auf die Gesellschaft erkennbar. Auf dem Hintergrund dieser Interdependenz erscheint die Genese des Gewaltbegriffs für die heutige sowohl wissenschaftliche als auch öffentliche Vorstellung von Gewalt von besonderem Interesse.

Elias (1976) zeigt in seinem „Prozess der Zivilisation", dass Gewalt in der mittelalterlichen Gesellschaft andere Konnotationsfelder aufwies als heute. Das Verhältnis zur Gewalt zeichnete sich durch eine gewisse Unbekümmert- und Ungehemmtheit aus. Gewalthandlungen – genannt werden nur physische Formen – waren weit verbreitet und wurden gesellschaftlich akzeptiert:

> „Die Entladung der Effekte im Kampf war vielleicht im Mittelalter nicht mehr ganz so ungedämpft wie in der Frühzeit der Völkerwanderung. Sie war offen und ungebunden genug, verglichen mit dem Standard der neueren Zeit.(...) Die Grausamkeitsentladung schloss nicht vom gesellschaftlichen Verkehr aus. Sie war nicht gesellschaftlich verfemt. Die Freude am Quälen und Töten anderer war groß, und es war eine gesellschaftlich erlaubte Freude" (A.a.O.:265 und 268).

Die Einstellung zur Gewalt unterlag im Laufe des Zivilisationsprozesses einem Wandel. Physische Gewalt wurde zunehmend einem zivilisatorischen Selbstzwang unterworfen, führte sowohl zu einer Tabuisierung als auch negativen Besetzung des Gewaltbegriffs. Diese Entwicklung hing mit zunehmenden sozioökonomischen Dependenzen und Verflechtungen zusammen und wurde durch die Genese eines Staates, der das „Monopol legitimer physischer Gewalt" einforderte, bestimmt:

> „In dieser (neueren Zeit, die Verfasserin) werden Grausamkeit, Lust an der Zerstörung und Qual von anderen ebenso, wie die Bewährung der körperlichen Überlegenheit mehr und mehr unter eine starke, in der Staatsorganisation verankerte, gesellschaftliche Kontrolle gestellt. Alle diese Lustformen äußern sich, durch Unlustdrohungen eingeschränkt, allmählich nur noch auf Umwegen ‚verfeinert' oder, was im Ursprung das gleiche sagt, ‚raffinierter'. Und nur in Zeiten des gesellschaftlichen Umbruchs oder etwa in Kolonialgebieten, wo die gesellschaftliche Kontrolle lockerer ist, brechen sie unmittelbarer, ungedämpfter und weniger von Scham und Peinlichkeit umgeben hervor" (A.a.O.:265).

Eine Umwertung und zunehmend negative Besetzung des Gewaltbegriffs lässt sich auch in der Rechtssprache feststellen. Während im Mittelalter und bis in die frühe Neuzeit der Begriff Gewalt im Strafrecht durch eine positive Bedeutung besetzt war, drang im 18. Jahrhundert eine negative hervor (Hofmann 1985:268ff).

Die Durchsetzung des Gewalttabus zog die Tendenz zur Erweiterung des Begriffs mit sich. Nach Neidhardt (1986:125) erstreckt sich die Ausdehnung des Gewaltbegriffs auf die folgenden drei Aspekte:

- durch den Einbezug der psychischen Komponente, das heißt sowohl psychischer Angriffsmittel als auch psychischer Verletzungswirkungen,
- durch die Entpersonalisierung des Akteurs (mit Einbezug der Möglichkeit von „struktureller Gewalt"),
- durch die Aufweichung der Differenz zwischen illegalen/illegitimen und legalen/legitimen Gründen der Gewalt.

Der Autor spricht in diesem Zusammenhang von einer „Entmaterialisierung", „Vergeistigung"[16] und „Neutralisierung des Gewaltbegriffs" (A.a.O.:122ff). Diese Entwicklung hatte zur Folge, dass sich der Bedeutungsgehalt des Gewaltbegriffs verschob:

„Heute erscheint er (der Begriff Gewalt, die Verfasserin) nicht nur als Gegensatz eines von Galtung in Umlauf gebrachten utopischen Friedenskonzeptes, sondern vor allem – und sicher nachhaltiger – zum Begriff der ‚Freiheit'. Damit ist er aus eher staatsrechtlich relevanten Strukturbezügen in den strafrechtlich relevanten Bereich privater Verhältnisse gerückt. Mit dieser Verlagerung ging die Tendenz einher, mit dem Gewaltbegriff weniger ein bestimmtes Zwangsmittel als eine sich erweiternde Kollektion von Zwangsfolgen zu pönalisieren, den Akzent damit auch vom Täter auf das Opfer umzustellen. Der Gewaltbegriff rückt an den des Zwangs heran und überlagert ihn schon in starkem Maße" (A.a.O.:139).

Neidhardt sieht die Expansion des Gewaltbegriffs ebenfalls in Zusammenhang mit dem Zivilisationsprozess. Seine Hypothese lautet, dass Bestrebungen vorhanden sind, den Prozess innerer Befriedung voranzutreiben und auch die psychische Gewalt zu bannen, nachdem die Ächtung der physischen Gewalt gelungen ist (A.a.O.:128). Der Autor vermutet, dass im Zuge dieser Entwicklung der ständige Gebrauch den weit gefassten Gewaltbegriff abnützt und er dadurch harmloser wird.

In der wissenschaftlichen Diskussion existieren Argumente, die für und wider einen weiten beziehungsweise restriktiven Gewaltbegriff sprechen. Die Auseinandersetzung bezieht sich dabei fast ausschließlich auf das erweiterte

---

16 Die Begriffe „Entmaterialisierung" und „Vergeistigung" übernimmt Neidhardt von Schönke & Schröder-Eser (1983) und Schulte (1983), vgl. Neidhardt (1986:118).

Gewaltkonzept von Galtung. Dieses Für und Wider soll in den folgenden Kapiteln ausführlicher behandelt werden.

2.1.2 Weiter versus restriktiver Gewaltbegriff

In der folgenden Diskussion um die Fassung des Gewaltbegriffs verwende ich Argumente von Neidhardt (1986), der für einen restriktiven Gewaltbegriff eintritt, und Argumente von Galtung (1975), Narr (1980) und Möller (1989), die für eine Weitfassung plädieren.

2.1.3 Argumente für einen weiten Gewaltbegriff

Galtung (1975) bemüht sich in seinem Beitrag zur interdisziplinären Friedens- und Konfliktforschung um eine Typologie des Gewaltbegriffs. Er betrachtet Gewalt im Zusammenhang mit Frieden[17] (Gewalt als negativer Frieden) und plädiert für eine Weitfassung:

> „Ein erweiterter Begriff von Gewalt führt zu einem erweiterten Begriff von Frieden: Frieden definiert als Abwesenheit von personaler Gewalt und Abwesenheit von struktureller Gewalt" (A.a.O.:32).

Der Autor lehnt einen eng gefassten Gewaltbegriff – als Angriff auf Leib und Leben – ab, weil in der Gesellschaft Gewaltstrukturen existieren, die unabhängig von Personen Gewalt beinhalten. Die Begriffserweiterung stellt nach Ansicht Galtungs eine logische Erweiterung dar und „nicht nur eine Liste unerwünschter Dinge" (A.a.O.:9). Sie erfolgt anhand der Frage „Wieso es für etwas, das als Gewalt definiert werden soll, einen identifizierbaren Täter geben muss – Gewalt kann dem menschlichen Körper auch auf eine andere Weise angetan werden" und der Frage „ob diese Gewalt unbedingt dem menschlichen Körper zugefügt werden muss, um als Gewalt charakterisiert zu werden. – Warum sollte man Gewalt, die dem menschlichen Geist, der Psyche (...) zugefügt wird, nicht dazurechnen?" (A.a.O.:14f). Diese beiden Fragen führen Galtung sowohl zur strukturellen[18] als auch zur personalen und psychischen Gewalt und lassen ihn die folgende Gewaltdefinition formulieren: „Gewalt liegt dann vor, wenn Menschen so beeinflusst werden, dass ihre aktuelle somatische und geistige Verwirklichung geringer ist als ihre potentielle Verwirklichung" (A.a.O.:9).

Der Autor versucht seinen weit gefassten Gewaltbegriff theoretisch zu begründen. Er stellt sich die Frage, ob es von Nutzen ist, wenn ein Teil der

---

17 Vgl. dazu Galtung (1975:33).
18 Galtung (1975:12f) bezeichnet die strukturelle Gewalt synonym als „soziale Ungerechtigkeit", als „Gewalt ohne einen Akteur". Strukturelle Gewalt ist „geräuschlos, sie zeigt sich nicht – sie ist im Grunde statisch, sie ist das stille Wasser".

Gewalttheorie (vorwiegend) durch den Einbezug der verschiedenen Gewalttypen formuliert werden kann. Galtung sieht den Vorteil seiner Gewalttypologie nicht in der Erzeugung eines analytischen Gewinns, sondern beabsichtigt damit „dem alten Sprichwort ‚Gewalt erzeugt Gewalt' eine tiefere Bedeutung und eine größere Anwendungsbreite zu verleihen" (A.a.O.:25).[19]

Obwohl sich Narr (1980) der Gefahr einer Nivellierung bewusst ist, die ein erweiterter Gewaltbegriff mit sich zieht, schließt er sich der Weitfassung von Galtung an und sieht seine Aufgabe darin, die *Unterschiede* der verschiedenen Gewaltformen darzulegen. Sie sind zu unterscheiden, weil sich die einzelnen Formen in ihrer Eigenart voneinander abheben:

> „So sehr die Warnung zu beherzigen ist, den Gewaltbegriff nicht vorschnell einzuengen, weil man sich sonst den Blick für die proteushaften Gestaltwandlungen und die chamäleonartigen Farbtäuschungen verstellt, so sehr muss man sich vor einem Überschwang der Entdeckerfreude in Acht nehmen, da man sonst der Krankheit schneeblinder Hühner anheimfällt, die vor lauter Schnee nichts mehr sehen. Deswegen streut man für letztere möglichst schwarze Asche. M.a.W., es gilt, die Unterschiede in den gewaltförmigen Verhältnissen herauszuarbeiten" (A.a.O.:545f).

Gemäß Narr hängen die verschiedenen Gewaltarten untereinander zusammen und bilden unter Einbezug des historisch-gesellschaftlichen Kontextes ein hierarchisches Kontinuum. Dieses Kontinuum darf nicht als horizontales Arrangement verstanden werden, vielmehr ist die „Einflusshierarchie von der physischen Gewalt ‚abwärts'" (A.a.O.:568) eindeutig.

Die Kritik, welche an dieser nicht klar bestimmten Gewalttypologie ausgeübt wird, besteht darin, dass hinter der Hierarchie normative Theorien gesehen werden, die die Akzeptanz dieser Definition zu einer Glaubensfrage machen (Neidhardt 1986:131).

Möller (1989) nimmt die Argumente für eine enge Fassung des Gewaltbegriffs ebenfalls ernst, findet es aber trotzdem sinnvoll, im sozialwissenschaftlichen Feld einen weit gefassten Gewaltbegriff – im Hinblick auf eine positive Bestimmung von Gewaltfreiheit – zu verfolgen. Der Autor begründet seine Haltung damit, dass die mit dem Begriff der strukturellen Gewalt gekennzeichneten Sachverhalte gesellschaftlich zu wichtig sind, um sie zu ignorieren, und fügt hinzu, dass „gewalthaltige Beschneidungen durch solche Mechanismen mittels des Einsatzes moderner Technologien, gerade heute immer subkutaner und sublimer, unsichtbarer und indirekter von sich gehen" (A.a.O.:280). Eine positive und erweiterte Bestimmung von Gewaltfreiheit soll dazu dienen, den Prozess der tendenziellen Universalisierung des Gewalttabus, die mit der gesellschaftlichen Verbreitung der Ächtung von physischer Gewalt einsetzte, voranzutreiben.

---

[19] Vgl. dazu auch Neidhardt (1986:130), der an dieser Stelle das Galtungsche Gewaltkonzept kritisiert. Auf diese Kritik wird im nächsten Kapitel näher eingegangen.

Diesen Plädoyers für einen weit gefassten Gewaltbegriff, die sich vorwiegend auf der inhaltlichen Ebene bewegen, folgen Gegenargumente auf der inhaltlichen und methodologischen Ebene.

2.1.4 Argumente wider einen weiten und für einen restriktiven Gewaltbegriff

AutorInnen wie Neidhardt (1986) und Nardin (1973) stellen die Frage nach dem analytischen Gewinn eines weit gefassten Gewaltbegriffs. Nardin (1973: 107) – in Bezugnahme auf das Galtungsche Konzept der strukturellen Gewalt – geht davon aus, dass ein Gewaltbegriff, der fast jede vorstellbare Art von Schmerz beinhaltet, neue Verfahren bedingt, um „unterscheiden zu können, zwischen verschiedenen Arten von Schmerzen und den in der Gesellschaft verfügbaren Mitteln, Schmerz zu erzeugen". Aus der analytischen Perspektive ist es deshalb nicht von Nutzen, einen weit gefassten Begriff zu verwenden. Derselben Meinung ist Neidhardt (1986:130), der die Sprache der Wissenschaft nicht zu neuen Bedeutungen zwingen möchte, ohne daraus analytischen Gewinn ziehen zu können.

Neben dieser analytischen „Nutzlosigkeit", die ein weit gefasster Gewaltbegriff mit sich ziehe, werden praktische Operationalisierungsprobleme angemeldet. Die Kriterien, welche einen erweiterten Begriff bestimmen, sind nach Ansicht Neidhardts nicht ausreichend und zu uneindeutig, um den Bedeutungsinhalt des Gewaltbegriffs gültig zu operationalisieren. Daraus ergeben sich für die Analyse erhebliche Validitätsprobleme. Das heißt, es stellt sich die Frage, ob wirklich das erhoben worden ist, was erhoben werden wollte. VertreterInnen eines weit gefassten Gewaltbegriffs, insbesondere BefürworterInnen des Begriffs der strukturellen Gewalt, argumentieren jedoch, dass sich eine Weitfassung sehr wohl operationalisieren ließe. Sie verweisen auf die Ausführungen Galtungs (1975:9), in denen der Autor den Begriff der strukturellen Gewalt auf der Makroebene zu operationalisieren versucht. Anhand der Lebenserwartung erhält der Gewaltbegriff größere Präzision und wird dadurch empirisch gehaltvoller, das heißt er lässt sich quantifizieren. War in der Steinzeit eine Lebenserwartung von dreißig Jahren kein Ausdruck von Gewalt – so Galtung –, ist dieselbe Lebenserwartung, verursacht durch Krieg, soziale Ungerechtigkeit oder durch beides, heute als Indikator für strukturelle Gewalt zu betrachten.

Ein weiteres Argument, das gegen einen weit gefassten Begriff spricht, zeigt sich in der Befürchtung, dass ein solcher im Dauereinsatz inflationär und zu einer Relativierung physischer Gewaltformen führen könnte (Neidhardt 1986:130).

Welche Gründe lassen sich nun für einen restriktiven Gewaltbegriff finden? Neidhardt führt zwei Argumente auf, die im folgenden dargestellt werden sollen.

Der Autor knüpft an die Ausführungen Luhmanns über die Besonderheit physischer Gewalt. Nach Luhmann ist die physische Gewalt eine Universalsprache, weil es in der physisch bestimmten Kommunikation keiner symbolischen Vermittlung bedarf. Ein Angriff wirkt direkt und unerbittlich, er ist kulturell voraussetzungslos wirksam und muss nicht erst verstanden werden. Dazu kommt, dass physische Gewalt „den weiteren Vorteil einer hohen und voraussehbaren Erfolgssicherheit" besitzt (Luhmann 1972:262, zitiert in Neidhardt 1986:134). Ihr Einsatz zeitigt sicherer, unbedingter und allgemeiner als andere Zwangsmittel Wirkung und ist im Ernstfall ein allen anderen überlegenes soziales Kontrollwerkzeug und politisches Machtinstrument. Aus diesen Besonderheiten physischer Gewalt (Voraussetzungslosigkeit, Allgemeinheit und Erfolgssicherheit ihrer Wirkung) folgert Neidhardt, dass ein „außerordentliches öffentliches Interesse" an ihrer Kontrolle vorhanden sein muss. Es erstaunt deshalb nicht – so die Ausführungen des Autors –, dass mit der Genese des modernen Staates der Anspruchs auf „das Monopol legitimen physischen Zwanges" eingelöst wurde und sich darauf beschränkte. Anhand dieser Überlegungen gelangt Neidhardt zu einem ersten, wenn auch nicht sehr überzeugenden Argument für eine eingeschränkte Gewaltdefinition:

> „Ist im Begriff des staatlichen Gewaltmonopols die Einschränkung auf physische Zwangsmittel nicht nur historisch überliefert, sondern auch mit guten Gründen festgehalten, so kann man daraus ein Argument für restriktive Gewaltdefinitionen folgern" (A.a.O.:135).

Das zweite Argument, das nach Ansicht des Autors für einen eng gefassten Gewaltbegriff spricht, knüpft an neuere Erkenntnisse Luhmanns an. Nach Luhmann (1974, zitiert in Neidhardt 1986) sind die Funktionsbereiche Politik, Wirtschaft, Familie und Wissenschaft dadurch zu den wichtigsten und erfolgreichsten geworden, weil ihnen über „symbiotische Mechanismen"[20] eine Verbindung zu bestimmten physischen Bedürfnissen und Antriebspotentialen des Menschen, oder allgemeiner ausgedrückt, zu den Körperlichkeiten des Menschen gelang. Betrachten wir beispielsweise den Funktionsbereich Wirtschaft, zeigt es sich, dass dem einflussreichsten „generalisierten Kommunikationsmedium" Geld, über das die Funktionsbesonderheiten des Subsystems Wirtschaft geregelt und gesichert werden, ein symbiotischer Mechanismus entspricht: der Konsum. Der direkte Zugriff auf diesen symbiotischen Mechanismus Konsum macht das Subsystem Wirtschaft relativ autonom gegen-

---

20 Luhmann versteht unter symbiotischen Mechanismen „Einrichtungen des sozialen Systems, die es diesem ermöglichen, organische Ressourcen zu aktivieren und zu dirigieren sowie Störungen aus dem organischen Bereich in sozial behandelbare Formen zu bringen" (Luhmann 1974:110, zitiert in Neidhardt 1986:136).

über anderen. Der symbiotische Mechanismus des Konsums bewirkt auch, dass der Bezug der organischen Sphäre nicht der Vermittlung durch andere Funktionssysteme bedarf. Das Subsystem Familie mit dem Kommunikationsmedium Liebe und dem symbiotischen Mechanismus Sexualität illustriert Luhmann folgendermaßen: „Insoweit, als Sexualität das Sentiment stützt, braucht die Liebe nicht durch den Magen zu gehen" (Luhmann 1974:120, zitiert in Neidhardt 1986:136). Diese Überlegungen lassen folgern, dass sich die Funktionsbereiche Politik, Wirtschaft, Familie und Wissenschaft nur dadurch sicher institutionalisieren ließen, weil sie einen eigenen Bezug zur Körperlichkeit des Menschen hinsichtlich der physischen Bedürfnisse und Antriebspotentiale durchsetzen konnten. Wie lässt sich nun aus diesen Erkenntnissen ein Argument für einen restriktiven Gewaltbegriff formulieren? Zur Festhaltung und Verwertung dieser Erkenntnisse Luhmanns ist es nach Neidhardt unerlässlich, einen Gewaltbegriff zu verwenden, der auf physische Zwangsvorgänge beschränkt bleibt, da ein erweiterter Gewaltbegriff diesem analytischen Verwendungszusammenhang nicht unmittelbar entsprechen würde. In Bezug auf die Ausführungen Luhmanns mag dieses Argument überzeugen. Nach meinem Dafürhalten sind diese Erkenntnisse zu spezifisch und reichen dadurch nicht aus, um allgemein einen restriktiven Gewaltbegriff zu fordern. Neidhardts Gedankenkette endet mit der ebenfalls nicht als Argument überzeugenden Feststellung: „Andere definitorische Setzungen wären sprachlich aufwendiger (man müsste zwei Worte statt eines gebrauchen – nämlich ‚physische Gewalt' statt ‚Gewalt' sagen), und die Rede würde immer dann uneindeutig, wenn einer den Aufwand scheut" (A.a.O.:136).

2.2 Konklusion und Begriffsbildung

In diesem Kapitel wurden die in den Sozialwissenschaften stattfindenden Diskussionen und Kontroversen um einen allgemeingültigen Gewaltbegriff aufgezeigt. Die meisten Argumente für als auch wider einen restriktiven beziehungsweise weiten Gewaltbegriff überzeugen gesamthaft nicht. Einzig der Einwand, eine Weitfassung des Gewaltphänomens ziehe analytische Schwierigkeiten und Operationalisierungsprobleme mit sich, scheint für eine eher enge Verortung zu sprechen. Je weiter ein Begriff gefasst wird, desto schwieriger wird sowohl die Abgrenzung als auch seine Kommunizierbarkeit.

Es stellt sich die Frage, warum es den Sozialwissenschaften Schwierigkeiten bereitet, das Phänomen Gewalt begrifflich zu verorten. Nach Saner (1982:73) ist der Gewaltbegriff deshalb schwer zu fassen, weil es sich nicht um eine Sache oder um eine menschliche Eigenschaft handelt, sondern um eine komplexe Relation, für die es keine überzeugende Definition gibt.

Welche Konsequenzen können diesbezüglich in der sozialwissenschaftlichen Gewaltforschung gezogen werden? Da nicht von einem allgemeingültigen Begriff ausgegangen werden kann, ist es in Bezug auf die Kommunizierbarkeit unerlässlich, den in einer wissenschaftlichen Auseinandersetzung verwendeten Gewaltbegriff genau zu definieren und die analytischen und erklärenden Konzepte, mit denen operiert wird, eindeutig festzusetzen. Zudem hängt die Verwendung des Gewaltbegriffs vom Interesse und Ziel der Forschung ab. Je nachdem, was erforscht werden soll, drängt sich ein weiter oder eher restriktiver Gewaltbegriff auf.

Butterwegge (1994) vermutet, dass die Wissenschaft die Begriffsproblematik dahingehend zu lösen versucht, dass sie wieder zum Ausgangspunkt der Diskussion – zur Orientierung am Alltagssprachgebrauch – zurückkehrt.

Die interpretative konstruktivistische Perspektive betrachtet Gewalt als eine soziale Konstruktion, die der Interpretation durch Täter, Opfer und mehr oder weniger unbeteiligter Dritter unterliegt (Frindte 1993:19). Die vorliegende Arbeit orientiert sich an dieser theoretischen Ausrichtung und untersucht die Gewaltperzeption beziehungsweise das Gewaltverständnis der Jugendlichen, die sowohl die Position der Täter, Opfer als auch diejenige unbeteiligter Dritter einnehmen. Aufgrund dieser Forschungsabsicht drängt es sich auf, einen eher weiten Gewaltbegriff zu verwenden, um die Gewaltperzeption der Jugendlichen in ihrer ganzen Bandbreite erfassen zu können und nicht im vornherein den Blick auf gewisse – möglicherweise sozial relevante – Erscheinungen zu verschließen.

Wie soll dieser Gewaltbegriff präzisiert werden? In der dargestellten wissenschaftlichen Kontroverse sind zwei polarisierende Positionen zu erkennen: Einerseits die Haltung, den Gewaltbegriff weit zu fassen und sowohl strukturelle als auch psychische Gewalt mit einzubeziehen, andererseits das Plädoyer für einen engen Begriff, der sich auf physische Formen beschränkt. Im Hinblick auf das Forschungsziel (Gewaltperzeption) und -objekt (Jugendliche) drängt es sich auf, weder die eine noch die andere Position zu übernehmen. Diese Haltung erhält folgende Begründungen: Wie vorhin erwähnt wurde, ist es bei der Erfassung des Gewaltbegriffs der Jugendlichen sinnvoll, von einer Weitfassung auszugehen, um die gesamte Gewaltperzeptionsdimension zu erfassen. Allerdings ergibt es wenig Sinn, strukturelle Gewalt mit einzubeziehen, da diese Form bei Jugendlichen – wenn überhaupt – höchstens unbewusst vorhanden ist. Neben diesem Argument für eine Einschränkung des Gewaltbegriffs kann auch eingewandt werden, dass es sich bei der strukturellen Gewalt um ein spezifisches Verhältnis handelt, das mit dem Begriff der (sozialen) Ungleichheit besser erfasst werden könnte.

Diejenige Position, welche sich für einen restriktiven Begriff ausspricht, beschränkt sich ausschließlich auf physische Formen.[21] Neuere Daten zu Ge-

---

21 Vgl. dazu beispielsweise Eisner (1998:14), der Jugendgewalt auf die strafrechtlich relevante physische Gewaltausübung reduziert. Diese Einschränkung ist meines Erachtens

walt an Schulen zeigen hingegen, dass psychische, vor allem verbale Formen von Gewalt verbreiteter sind als physische.[22] Ein eng gefasster, auf physische Gewalt ausgelegter Gewaltbegriff würde den Blick auf diesen Sachverhalt verschließen. Ein weiteres Argument für den Einbezug psychischer Gewalt liegt darin, dass beide Formen, die physische und psychische, eng miteinander verbunden und zum Teil nicht voneinander zu trennen sind. Diese Verknüpfung zeigt sich besonders beim Delikt „Drohung", wo sowohl die physische als auch die psychische Komponente in Erscheinung treten.

Ein weiterer Diskussionspunkt um einen weit gefassten beziehungsweise restriktiven Gewaltbegriff betrifft den Aspekt „Gewalt gegen Sachen". Die von der Deutschen Bundesregierung eingesetzte Gewaltkommission kritisiert beispielsweise in ihrem 1990 erschienenen Bericht den inflationären Gebrauch des Gewaltbegriffs, zieht jedoch neben Gewalttätigkeiten gegen Personen auch solche gegen Sachen mit in ihre Definition ein (Schwind; Baumann et al. 1990:38).[23]

Ein Argument, Sachbeschädigungen nicht im Gewaltbegriff zu verorten, besteht in der Annahme, dass es sich beim Gewaltphänomen um ein Interaktionsprodukt handelt. Ein anderes Argument bietet Eisner (1993), der den analytischen Nutzen anzweifelt und vorschlägt, für diesen Sachverhalt die Begriffe Beschädigung und Zerstörung einzusetzen. Beide Argumente sind meines Erachtens nicht ausreichend, Beschädigungen materieller Objekte nicht dem Gewaltbegriff zuzuordnen. Zudem ist – wie erwähnt wurde – die Begriffsfassung von der jeweiligen Fragestellung der Studie abhängig. Da im vorliegenden Fall die Gewaltperzeption der Jugendlichen untersucht wird, interessiert, ob Beschädigungen von Sachen in den Gewaltperzeptionsmustern der befragten SchülerInnen enthalten sind. Aufgrund dieser Forschungsvoraussetzung drängt es sich auf, Sachbeschädigung als Gewalt gegen Sachen zu definieren.

---

fragwürdig, da die Begriffsbestimmung von Gewalt nicht inhaltlich, sondern aufgrund der verfügbaren empirischen Datenlage erfolgt, mit der Begründung, die Einschränkung definiere „aber eine hinreichend genaue Zielgröße, deren Repräsentation in verfügbaren empirischen Daten wissenschaftlich diskutiert werden" könne.

22 Siehe dazu beispielsweise Fuchs; Lamnck & Luedtke (1996:96).
23 Eine ausführliche Kritik dieses Berichtes der Gewaltkommission findet sich in Albrecht & Backes (1990:7ff).

2.3 Gewaltdiskurs in den (Sozial-)Wissenschaften

2.3.1 Öffentlicher und wissenschaftlicher Gewaltdiskurs

Sowohl der öffentliche wie auch der wissenschaftliche Gewaltdiskurs haben in den letzten zwanzig Jahren zunehmend an Bedeutung gewonnen. Es lassen sich fünf Schwerpunkte erkennen, die wiederholt thematisiert werden:

Der erste Schwerpunkt betrifft die Thematisierung von Krieg innerhalb und zwischen Staaten und die Abschreckung durch Massenvernichtungstechnologien. Dieser Diskurs kulminierte in der Auseinandersetzung um die Nachrüstung der NATO zu Beginn der achtziger Jahre und wurde während der Golfkrise in den neunziger Jahren weitergeführt.

Abbildung 1: Fünf Schwerpunkte des Gewaltdiskurses

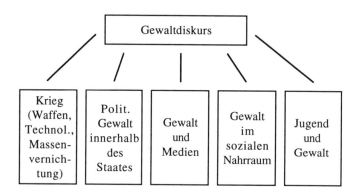

Quelle: Eckert & Willems (1993).

Der zweite Diskurs kristallisiert sich um Gewalttaten mit politischem Hintergrund innerhalb einzelner Staaten. Dabei sind unterschiedliche Protestbewegungen zu nennen: Terrorismus (vor allem in den siebziger Jahren), ökologische Bewegungen und gegenwärtig die Welle fremdenfeindlicher Gewalt.

Ein weiterer Schwerpunkt des Gewaltdiskurses betrifft die Frage nach dem Einfluss der Medien auf die Gewaltbereitschaft. Diese Frage hat an Intensität zugenommen, seit Reportagen über reale Gewalt und die Darstellung fiktiver Gewalt in den Medien Erweiterung erfahren haben und auch jüngeren Gesellschaftsmitgliedern zugänglich gemacht wurden.

Der vierte Gewaltdiskurs betrifft den sozialen Nahraum: Gewalt gegen Frauen, Gewalt in der Familie und gegenüber Kindern, sexuelle Gewalt von Erwachsenen gegenüber Kindern. Auslöser dieses Diskurses ist die Frauenbewegung, welche die Beziehung der Geschlechter zu thematisieren begann.

Als letzter Schwerpunkt kann der Problemkreis Gewalt von und unter Jugendlichen genannt werden. Dieser Problemkreis ist nicht neu, werden doch Probleme mit der Jugend seit der Antike, als die Jugendphase erstmals „geschaffen" wurde, im gesellschaftlichen Kontext artikuliert (vgl. Kapitel 1.1). Gegenwärtig findet eine Auseinandersetzung um die Gewalt in der Schule, bei Sportveranstaltungen (Hooliganismus) und die fremdenfeindliche Gewalt jugendlicher Subkulturen statt.

Zwischen den einzelnen Schwerpunkten lassen sich Überschneidungen und Querverbindungen herstellen, insbesondere bei der Diskussion um die Ursachen. Im wissenschaftlichen sowie im öffentlichen Gewaltdiskurs sind eine Vielfalt einander konkurrierender Erklärungsansätze unterschiedlicher Reichweite und teilweise ungeklärter Evidenz entstanden (Eckert & Willems 1993:28f). Dieser Zustand weist darauf hin, dass das Gewaltphänomen eine vielschichtige Komplexität aufweist, das weiterer wissenschaftlicher Auseinandersetzung bedarf. In der Soziologie ist in den letzten Jahren eine Kontroverse entbrannt. Sie soll im anschließenden Kapitel ausführlich diskutiert werden.

2.3.2 Gewaltdiskurs in der Soziologie

Im gegenwärtigen soziologischen Gewaltdiskurs ist eine Kontroverse um die konkreten Inhalte einer Soziologie der Gewalt entstanden. Federführend in diesem Diskurs sind von Trotha, welcher sich der „neueren" Gewaltforschung zurechnet und Nedelmann, die sich an der „neueren" Gewaltforschung von Trothas orientiert, in einigen Aspekten jedoch eigene Wege einzuschlagen versucht. Ihre – teilweise polemische – Kritik richtet sich gegen die von ihnen als „Mainstreamgewaltforschung" bezeichnete Soziologie der Ursachen, während sie ihre Richtung als Soziologie der Gewalt verstehen.

Die Gewaltsoziologie (der Ursachen) ist verglichen mit anderen soziologischen Teildisziplinen ein relativ junges Forschungsgebiet. Der Zugang zur Erforschung von Gewalt ist vielfältig: Neben der Politischen Soziologie und der Jugendsoziologie setzt sich auch die Soziologie abweichenden Verhaltens, die Entwicklungssoziologie, die Soziologie sozialer Probleme und die Geschlechtersoziologie mit Gewalt auseinander. Zwischen den einzelnen Forschungsrichtungen bestehen kaum Vernetzungen; ihnen gemeinsam wird aber unterstellt, sie würden sich sowohl in ihrer Problemsicht als auch in ihrer politischen Grundhaltung durch staatliche AuftraggeberInnen oder formalpolitischer Entscheidungsstrukturen relativ stark beeinflussen lassen (Nedelmann 1997).

Seit Beginn der neunziger Jahre hat sich eine Forschungsrichtung herausgebildet, welche eine kritische Gegenposition zur „Mainstreamgewaltforschung" innehält: die „neuere" Gewaltforschung. Im Gegensatz zur „Mainstreamforschung" sind diese ForscherInnen, Nedelmann (1997:60) nennt sie die „Innovateure" der Gewaltforschung, relativ stark miteinander vernetzt, bezeichnen sich als unabhängig von AuftraggeberInnen und sind bemüht, die Gewaltforschung als autonomes sozialwissenschaftliches Feld zu etablieren. Nedelmann unterstützt die Haltung der „neueren" Gewaltforschung, welche die „Mainstreamforschung" als untauglich bezeichnet, versucht jedoch zwischen den zwei Positionen einen neuen Weg einzuschlagen.

Im folgenden sollen Gemeinsamkeit und Unterschiede zwischen den beiden Forschungsrichtungen, wie sie sich aus der Sicht der „neueren" Gewaltforschung zeigen, dargestellt und die Position Nedelmanns skizziert werden.

1) Zwischen den beiden Forschungsrichtungen lässt sich eine nicht unbedeutende Gemeinsamkeit ausmachen: Sowohl die „Mainstream-" als auch die „neuere" Gewaltforschung gehen mehrheitlich von einer Einschränkung des Begriffs auf *physische* Gewalt aus:

„Es hat sich in der Soziologie weitgehend durchgesetzt, den Gewaltbegriff auf das Merkmal der körperlichen Verletzung zu beziehen. Damit hat sich die Gewaltsoziologie gegen die ‚Vergeistigung' oder ‚Entmaterialisierung' des Gewaltbegriffs entschieden, obwohl derartige ‚vergeistigte' Auslegungstendenzen (...) die Diskussion eine Zeitlang beeinflusst haben" (Nedelmann 1997:61).[24]

2) Ein Unterschied zwischen der „Mainstream-" und der „neueren" Gewaltforschung betrifft den Umgang mit der Körperlichkeit. Die „neuere" Gewaltforschung kritisiert an der traditionellen Ausrichtung die *Ignoranz der Körperlichkeit:* Sie berücksichtige zwar in der Begriffsbildung das Merkmal der „Körperlichkeit" und der „körperlichen Verletzung", vernachlässige aber diesen Aspekt in den konkreten Analysen. Da durch die Prämisse des staatlichen Gewaltmonopols die Gewaltanwendung durch nicht-staatliche Akteure in erster Linie als staatliches Ordnungsproblem verstanden wird, verlagert sich das analytische Interesse der „Mainstreamforschung" von der Gewalttat selbst auf die ihr *vorgelagerten Ursachen*. Diese Ursachenforschung – so von Trotha – bringe keinen Erkenntnisgewinn, da sie letztendlich immer wieder den Zusammenhang zwischen ökonomischen Faktoren beziehungsweise sozialer Unterprivilegierung und Gewalt herstelle. – Die „neuere" Gewaltforschung hingegen konzentriert sich auf die Körperlichkeit: Im Zentrum des Interesses steht die Analyse der Art und Weise der Gewalthandlung, welche Rückschlüsse auf die Dynamik von Gewalt ermöglicht (Nedelmann 1997:63).

---

24   Entgegen der Meinung einiger GewaltforscherInnen (zum Beispiel Nedelmann) ist der soziologische Diskurs um die Begriffsbildung von Gewalt noch nicht abgeschlossen (vgl. dazu Kapitel 2.1/2). Von Trotha (1997:20) geht davon aus, das Problem der Gewaltdefinition sei „gelöst – zumindest vorübergehend".

Von Trotha (1997:20) plädiert anstelle der herkömmlichen Ursachenforschung für eine Analyse der *Modalitäten* von Gewalt:

> „Ein Begreifen der Gewalt ist nicht in irgendwelchen ‚Ursachen' jenseits der Gewalt zu finden. Der Schlüssel zur Gewalt ist in den Formen der Gewalt selbst zu finden. Das ist der erste und wichtigste Grundsatz einer genuinen Gewaltanalyse."

Nedelmann richtet ihr Augenmerk ebenfalls auf die Analyse der Gewalthandlung beziehungsweise auf den Einbezug der Körperlichkeit, fordert aber von der Gewaltforschung insbesondere eine soziologische Weiterentwicklung der Merkmale Körperverletzung sowie körperlicher Schmerz. Eine wichtige theoretische Erfordernis, welche eine solche Weiterentwicklung erfüllen müsste, ist die Berücksichtigung des organisatorischen, institutionellen und situativen Kontextes, in dem Gewalt praktiziert wird. Denn:

> „Die Handlungskontexte, in denen sich Individuen alltäglich aufhalten oder aufhalten müssen, sind mit einer unterschiedlich großen Gewaltwahrscheinlichkeit ausgestattet. Die darin agierenden Akteure sind als Positionsträger mit unterschiedlich großer Gewaltfähigkeit und unterschiedlich großen Schmerzerduldungszumutungen ausgestattet" (Nedelmann 1997:73).

3) Ein weiterer Unterschied zwischen den beiden Forschungsrichtungen liegt im *Sinn* der Gewalt. Ausgehend von der Annahme, dass der Täter einen „subjektiv gemeinten Sinn" mit seiner Gewalttat verbindet, konzentriert sich die „Mainstreamforschung" auf die Suche nach Motiven. Damit verlässt sie wiederum die Analyse der Gewalttat selber und bezieht diejenige der Einstellung zu Gewalt. Die „neuere" Gewaltforschung hingegen vertritt die Auffassung, dass Gewalttaten „sinnlos" beziehungsweise jeden „Sinns" entleert seien (A.a.O.:64).

Nedelmann distanziert sich von dieser Position, nimmt den Standpunkt ein, dass die Gewaltsoziologie ohne den Einbezug der Kategorie des Sinns nicht auskomme und plädiert für die Analyse reziproker Sinnvorgänge:

> „Gewalt als im Prinzip ‚sinnlos' zu erklären, verstellt den Blick für die Erfassung solcher Fälle, in denen sich der ursprünglich mit der Gewalthandlung verbundene Sinn zugunsten eines anderen verschiebt, in einen anderen verkehrt oder gänzlich an Bedeutung verliert."

Und weiter:

> „Die dynamische Energie entfesselter Gewalt kann erst dann erklärt werden, wenn gezeigt werden kann, wie sich Täter von ihren ursprünglichen Rechtfertigungen lösen, sich anderen zuwenden und dann auch diese aufgeben, um schließlich in der Anwendung von Gewalt selbst den einzigen ‚Sinn' zu sehen" (A.a.O.:78).

4) Unterschiedliche Betrachtungsweisen der beiden Forschungsrichtungen sind auch in der *Dynamik* der Gewalt auszumachen. Die traditionelle Gewaltforschung zeichnet sich durch ein kausal-finales Denken aus, das sich darum bemüht, eine Vielfalt von Motiven außerhalb der Gewalthandlung zu suchen.

Dieser Fremddynamik von Gewalt stellt die „neuere" Gewaltposition eine Eigendynamik von Gewalt entgegen. Sie fordert wiederum, die Analyse der Gewalthandlung ins Zentrum zu rücken:

> „Für Gewalt sei es typisch, dass die – wie immer gelagerten – Anfangsmotive, Zwecke, Ziele, Triebe usw. im Prozess der Gewalthandlung selbst konsumiert, entstellt oder sonstwie pervertiert würden; daher ließen sie sich nicht mehr kausal für den Prozess und die weitere Dynamik der Gewalt verantwortlich machen. Ebenso wie Gewalt den Sinn in sich selbst trage, habe sie auch die Ursachen ihrer Dynamik in sich selbst, sie sei eigendynamisch" (A.a.O.:65).

5) Während die „Mainstreamanalyse" ihren analytischen Schwerpunkt auf den *Täter* legt und einseitig die Perspektive der Aktivität betont,[25] vernachlässigt sie gemäß der „neueren" Gewaltforschung die Perspektive der Passivität beziehungsweise des Leidens. Die „neuere" Gewaltforschung hingegen legt ihren analytischen Schwerpunkt auf die *„Figuration"* der Gewalt. In Anlehnung an Simmels Dreierkonstellationsanalysen wurde ein Konzept entwickelt, welches neben Täter und Opfer auch Dritte (wie etwa ZuschauerInnen) in die Analyse mit einbezieht. Die triadischen Konstellationsanalysen „könnten der Tatsache systematischer Rechnung tragen, dass in Gewaltinteraktionen Täter-, Opfer- und Zuschauerrollen typischerweise ineinander verschwimmen, miteinander ausgewechselt oder vollkommen unkenntlich werden können" (A.a.O.:65).

6) Unterschiede zwischen der „Mainstreamgewaltforschung" und der „neueren" Gewaltforschung betreffen auch die *Grenzen* der Gewalt. Die „Mainstreamforschung" geht von einer Begrenzung der Gewalt aus und vermittelt dadurch ein optimistisches Bild von einer prinzipiellen Beherrschbarkeit von Gewalt (*Begrenzungsthese*). Die „neuere" Gewaltforschung vertritt umgekehrt die These, dass Gewalt prinzipiell die Tendenz zur Entgrenzung in sich trage (*Entgrenzungsthese*). Während die traditionelle Gewaltforschung mit der Kritik einer „praxisorientierten Einseitigkeit" konfrontiert wird, wird den VertreterInnen der „neueren" Gewaltforschung „anthropologischer Reduktionismus" vorgeworfen (A.a.O.:67).

7) Die „Mainstreamgewaltforschung" unterscheidet sich dadurch von der „neueren" Gewaltforschung, dass sie Gewalt als *eindeutig* betrachtet und der Schattenseite des sozialen Zusammenlebens zuordnet. Die „neuere" Gewaltforschung hingegen widmet sich ausdrücklich der *Ambivalenz* von Gewalt und richtet ihr Augenmerk auch auf solche Prozesse, in denen sich „Gewalt und Leidenschaft" mischen (Sofsky 1996, in Nedelmann 1997:70). Angesichts der Gewaltambivalenz könnten „Rationalität und Affektivität, Habitualisierung und Kreativität, Verstand und Leidenschaft, Kälte der Berech-

---

25 Vgl. beispielsweise die Kritik von Nunner-Winkler (1996:416f) an Heitmeyers Erklärungsmodell, wonach die Ursachen von Gewalt nur im Aktor lokalisiert gesehen werden.

nung und Blutrausch in ein und dieselbe Tat eingehen" (Nedelmann 1997: 70).

Nedelmanns Kritik richtet sich sowohl an die „Mainstreamgewaltforschung" als auch an die „neuere" Gewaltforschung:

„Während der einäugige moralische Blick den ‚Mainstreamern' die Einsicht in die Tatsache der Gewaltambivalenz verschließt, öffnen sich umgekehrt die Gewaltforschungsinnovateure der Ambivalenz von Gewalt, jedoch um den Preis, (...) zu ästhetisierenden Gewaltvoyeuristen zu werden" (A.a.O.:70).

8) Differenzen sind auch in der *Forschungsrechtfertigung* auszumachen. Während ein großer Teil der „Mainstreamgewaltforschung" gemäß der „neueren" Gewaltforschung keine Problemformulierungen vornimmt, sondern sich durch die Lieferung von Daten und Empfehlungen der Auftragsforschung verschreibt, Nedelmann spricht von „kameralistischer" Forschung, widmet sich die „neuere" Gewaltforschung der Rekonstruktion und der sprachlichen Aufbereitung von Gewalthandlungen, um ein affektiv-rationales Verstehen zu ermöglichen und Betroffenheit zu erzeugen. Gemäß der Autorin greift die Betroffenheitserzeugung als Forschungsrechtfertigung der „neueren" Gewaltforschung zu weit beziehungsweise wecke unrealistische Erwartungen, welche mit den professionellen Mitteln der institutionalisierten Soziologie kaum zu erfüllen seien. Statt dessen schlägt Nedelmann die Entwicklung einer Theorie der „Konstitution sozialer Subjektivität" vor (A.a.O.: 82), welche sich insbesondere um die Konstitutionsbedingungen der Körperlichkeit der sozialen Subjektivität kümmere. Empirische Untersuchungen von Gewalttätigkeiten sollen dazu beitragen,

„die Beschädigungen und sonstigen Entwicklungen zu ermitteln, die Menschen im Zuge der Zufügung, des Erleidens und des Beobachtens von Körperverletzungen in der Konstitutionierung ihrer sozialen Subjektiviät erfahren" (A.a.O.:83).

Eine solche Gewaltsoziologie könnte in Aussicht stellen, die Bedingungen zu präzisieren, unter denen „Subjektivitätsgeschädigte" rehabilitiert werden könnten.

9) Beide Forschungsrichtungen zeichnen sich durch unterschiedliche *Methoden* aus. Die „Mainstreamforschung" bedient sich vorwiegend herkömmlicher Methoden (standardisierte Befragung, Einstellungsmessung und Gruppengespräche). Die „neuere" Gewaltforschung vetritt die Meinung, die standardisierte Befragung sei für die Analyse des Phänomens Gewalt nicht geeignet und plädiert für die Methode der „dichten Beschreibung", ein von Geertz entwickeltes, theoretisch-methodologisches Konzept einer „mikroskopischen" Beschreibung. Mit einigen begrifflichen Abweichungen und eigenen Akzentuierungen charakterisiert von Trotha (1997:20) die Methode der „dichten Beschreibung" folgendermaßen:

"Sie ist anschauungsgesättigt und antireduktionistisch. Sie ist Prozessanalyse, beruht auf ‚konzeptionellem Codieren'[26] und ist einer Ethik der begrifflichen Strenge, der Genauigkeit unterworfen."

Ziel der Analyse ist weder eine reine Deskription von Gewalt noch die von den Handelnden interpretierte Wirklichkeit. Ziel der Analyse ist eine „theoretische Ethnografie" in Form von Begriffen, Typologien und theoretischen Zusammenhängen, welche Erklärungen darstellen, die ein Verstehen und Begreifen der beobachteten Wirklichkeit ermöglichen. Nedelmann unterstellt sowohl der „Mainstreamgewaltforschung" als auch der „neueren" Gewaltforschung eine dogmatische Verengung in der Wahl der Methode und plädiert für Methodenpluralismus:

„Da es zahlreiche Problemstellungen gibt, die sinnvollerweise mit dem Phänomen Gewalt verknüpft werden können, wird man auch zahlreiche Methoden und Methodenkombinationen zulassen müssen, um diese Probleme zu behandeln. (...) Zwischen standardisierter ‚Befragung' und ‚dichter Beschreibung' bietet sich eine Fülle alternativer und einander sinnvoll ergänzender methodischer Vorgehensweisen an, die die künftige Gewaltforschung erproben sollte" (A.a.O.:81).

Mit dieser Gegenüberstellung wurde versucht, die Positionen des aktuellen Gewaltdiskurses in der Soziologie nachzuzeichnen. Zusammenfassend lässt sich sagen, dass der Gewaltdiskurs einseitig von den „neueren" GewaltforscherInnen bestritten wird, von denen einige apodiktische Forderungen an die Gewaltforschung stellen.[27] Teilweise nimmt der Diskurs ein polemisches Ausmaß an. Die von Nedelmann eingeleitete Position lehnt sich eng an die „neuere" Gewaltforschung. Es bleibt jedoch oft unklar, wo sie sich von ihr abgrenzt, beziehungsweise welche Positionen sie übernimmt. Insgesamt kann deshalb nicht, wie von der Forscherin vorgegeben, von einem dritten Weg in der Gewaltforschung gesprochen werden.

2.4 Konklusion

Aus dem meines Erachtens fruchtbaren Gewaltdiskurs lassen sich einige Konsequenzen ziehen. Für die vorliegende Arbeit betrifft dies die folgenden vier Aspekte:

---

26 Von Trotha (1997:23) versteht unter diesem Begriff eine Abwandlung aus der „grounded theory" von Strauss, welche eine phänomenologisch-ethnographische Analyse induktiver Art beinhaltet, „die auf die Entdeckung und Benennung soziologischer Grundbegriffe, d.h. auf Begriffe gerichtet ist, die einen hohen Allgemeinheitsgrad (bei gleichzeitig großer Trennschärfe) zu verwirklichen suchen."
27 Beispielsweise von Trotha mit seiner Methode der „dichten Beschreibung", vgl. dazu Nedelmann (1997:81).

1) *Verschiebung des Untersuchungsgegendstandes von den Ursachen zur Gewalthandlung* – oder wie von Trotha (1997:20) es nennt – von der „Warum"-Frage zu den „Was"- und „Wie"-Fragen: Die „neuere" Gewaltforschung bringt mit der Analyse von Gewalthandlungen neue Impulse in die Forschung. So hat sich die bisherige Jugendgewaltforschung zu einseitig auf die Erklärung der Ursachen sowie auf die Erfassung von Täter- und Opfererfahrungen konzentriert und sich kaum der Frage gewidmet, was Betroffene unter Gewalt verstehen. Dies zeigt sich darin, dass, wie später aufgezeigt werden soll, die Gewaltperzeptionsforschung, welche mehrheitlich dem Gewaltbegriff nachspürt, in der Jugendgewaltforschung eine marginale Stellung einnimmt. Dennoch teile ich die Meinung von Trothas nicht, die zukünftige Gewaltforschung müsse das Gebiet der Ursachenforschung verlassen und sich ausschließlich einer Phänomenologie der Gewalt zuwenden,[28] zumal sich auch Ursachen wandeln.

2) *Berücksichtigung des situativen Kontextes von Gewalthandlungen:* Die Forderung Nedelmanns, Gewalthandlungen im situativen Kontext, in dem sie praktiziert werden, zu untersuchen, erachte ich als einen wichtigen Aspekt der Gewaltforschung. Befunde aus der Jugendgewaltforschung bestätigen diese Forderung. Killias (1995:194) kann in seiner Untersuchung zur selbstberichteten Jugenddelinquenz in der Schweiz eine situative Bedingtheit dahingehend nachweisen, dass Gewalthandlungen zu einem großen Teil von äußerlichen, materiellen und/oder physischen Voraussetzungen beeinflusst werden. Gemäß dieser Untersuchung besteht zwischen der physischen Konstitution und dem Ausführen von Gewalt ein Zusammenhang, der sich allerdings auf männliche Jugendliche beschränkt: Männliche Jugendliche mit einer robust-athletischen Konstitution neigen eher zu Gewalthandlungen als Jugendliche mit einer schwächlichen/gewichtigen Konstitution.

Auch Kuhnke (1995:168) kommt in seiner Längsschnittstudie zur Gewalttätigkeit Jugendlicher zum Schluss, dass Gewalt keine konstante persönlichkeitsgebundene, sondern eher eine situativ bedingte Handlungsweise darstellt: „Der Anteil Jugendlicher mit habitualisiertem Gewaltverhalten unter den aktuell Gewalttätigen ist (...) eher gering. Dies unterstreicht (...) die große Bedeutung situativer Faktoren für reale Gewalthandlungen."

3) *Betrachtung von Gewalt als triadische Konstellation*: Einen wichtigen Impuls für die Jugend- und spezifisch die Gewaltperzeptionsforschung liefert die „neuere" Gewaltforschung in der Erweiterung der Täter-Opfer-Dicho-

---

28 Derselben Einseitigkeit wie von Trotha (1997) unterliegt die Eidgenössische Kommission für Jugendfragen (1998) – allerdings in entgegengesetzter Richtung – mit der Forderung, sich vermehrt mit den Ursachen der Jugendgewalt zu befassen als verschiedene Erscheinungsformen zu analysieren.

tomie durch den Einbezug Dritter, beispielsweise von ZuschauerInnen.[29] Gewalt ist heute in vielen Fällen ein triadisches Verhältnis. Es entsteht beispielsweise da, wo zwei kämpfende Jugendliche von ihren KameradInnen umringt und angefeuert werden. Die Betrachtung von Gewalt als (mögliche) triadische Konstellation wird aus dieser Perspektive dem Gewaltphänomen gerechter.

4) *Verwendung verschiedener Methoden*: Eine große Mehrheit der JugendgewaltforscherInnen, welche sich der Ursachenforschung widmet, verwendet standardisierte Befragungen.[30] „Neuere" GewaltforscherInnen plädieren für die Methode der „dichten Beschreibung". Beide Positionen scheinen mir zu einseitig, beziehungsweise der Komplexität des Gewaltphänomens nicht angemessen. Ich gehe mit Nedelmann einig, wonach sich die Wahl der Methode nach der Problemstellung richten sollte. Diese nach dem Mertonschen Lehrsatz ausgerichtete Ansicht bedeutet, dass je nach Problemdefinition unterschiedliche Methoden zur Analyse von Gewalt herangezogen werden müssen.

Ziel dieser ersten Ausführungen war eine Annäherung und definitorische Bestimmung der beiden Untersuchungsgegenstände Jugend und Gewalt. Das folgende Kapitel untersucht den Stellenwert von Jugendgewalt in der sozialwissenschaftlichen Forschung und diskutiert die empirischen und methodischen Ergebnisse, welche zur Gewaltperzeptionsthematik vorliegen.

---

29 Keppler (1997) untersucht Formen der medialen Gewaltwahrnehmung und stellt fest, dass Gewalt nicht selten ein dreistelliges Verhältnis darstellt, dessen Charakteristiken sich ändern, je nachdem, ob es sich um „reale" oder „fiktive", „spontane" oder „inszenierte" Gewalt handelt.
30 Siehe dazu Kapitel 3.1.

Kapitel 3
Untersuchungsgegenstand Jugend und Gewalt(-perzeption)

3.1 Qualitative und quantitative Aspekte der Jugendgewaltforschung

Im folgenden sollen qualitative und quantitative Aspekte der Jugendgewaltforschung anhand einer von der Verfasserin zusammengestellten Synopse empirischer Untersuchungen zum Themenbereich Jugendgewalt ins Auge gefasst werden. Obwohl es sich um ein Sample handelt, das keinen Anspruch auf Vollständigkeit erhebt – es liegen 59 vorwiegend universitäre Forschungsprojekte vor[31] –, lassen sich einige aufschlussreiche Aussagen in Bezug auf das Gewaltphänomen machen (Tabelle 1).

Neben allgemeiner Jugendgewalt wird Jugendgewalt in Zusammenhang mit fremdenfeindlicher Gewalt/Rechtsextremismus sowie Gewalt an Schulen untersucht. Auffallend ist, dass sich die Hälfte aller Projekte (30 von 59) auf den Faktor Schulgewalt konzentrieren. Während die Jugendforschung der siebziger und achtziger Jahre ein breites Verhaltensspektrum untersuchte, nämlich abweichendes SchülerInnenverhalten und dessen Bedeutung für die Entwicklung krimineller Karrieren Jugendlicher (Krüger 1988:263f), fokussierte sich diese Forschungsrichtung in den neunziger Jahren ausschließlich auf gewalttätiges SchülerInnenverhalten. Diese einseitige Ausrichtung auf den Aspekt Gewalt bedingte, dass andere abweichende SchülerInnenverhalten wie beispielsweise Schulschwänzen aus dem Blickfeld gerieten. Zudem suggeriert die ebenfalls einseitige Ausrichtung von Gewalt auf diesen Lebensbereich, dass Gewalt unter Jugendlichen vorwiegend in der Schule stattfindet.

Zwei weitere Auffälligkeiten der Synopse betreffen den geographischen Raum, in dem die Datenerhebungen stattfanden. Einerseits wird deutlich, dass ein großer Teil der Untersuchungen ausschließlich in Großstädten durchgeführt worden sind, einige befassen sich spezifisch mit städtischer Jugendgewalt. Untersuchungen zu Gewalt an Schulen sind mehrheitlich in Groß- und mittleren Städten durchgeführt worden.

---

31 Siehe dazu Appendix III: Synopse empirischer Untersuchungen zum Thema Jugendgewalt.

Tabelle 1: In Deutschland und der Schweiz zwischen 1980 und 1995 durchgeführte empirische Untersuchungen zum Thema Jugend und Gewalt, Angaben absolut

Themenfelder	Studien Total	davon CH-Studien
Jugendgewalt		
• Studien zur Jugendgewalt	10	1
• Studien zur fremdenfeindlichen Gewalt/Rechtsextremismus bei Jugendlichen	12	2[1)]
• Studien mit Jugendgewalt als Teilaspekt	7	2
Gewalt an Schulen		
• Studien zur Gewalt an Schulen	22	2[1)]
• Studien zur fremdenfeindlichen Gewalt/Rechtsextremismus an Schulen	1	0
• Studien mit Gewalt an Schulen als Teilaspekt	7	1
Total	59	8

Quelle: Dieses Sample entstand aufgrund eigener Recherchen, den Zusammenstellungen von in der Zeit von 1985 bis 1992 in Deutschland durchgeführten Forschungsprojekten zum Thema Jugendgewalt (Oberwittler 1993), einer Synopse von seit 1990 bis 1993 in Deutschland durchgeführten Projekten zu fremdenfeindlicher Gewalt Jugendlicher (Schnabel 1993) sowie der Dokumentationen des Zentralarchivs für Empirische Sozialforschung der Universität Köln von 1988, 1993, 1994, 1995 (Kühnel & Rohlinger 1988, 1993, 1994, 1995).

1) Eine Studie wurde parallel zu einer deutschen Untersuchung durchgeführt.

Die Akzentuierung auf den städtischen Aspekt lässt vermuten, dass Jugendgewalt in Zusammenhang mit der Urbanisierung steht. Um diese Vermutung zu überprüfen, bedarf es jedoch Untersuchungen, welche den Stadt-Land-Faktor beinhalten.[32] Andererseits können 90 Prozent aller in den beiden deutschsprachigen Ländern durchgeführten Studien in Deutschland verortet werden[33]. In Bezug auf Deutschland kann vermutet werden, dass mit der Wiedervereinigung eine erhöhte Sensibilität für Gewaltfragen aufgekommen

---

[32] Heitmeyer (1996:126) berücksichtigt in seiner groß angelegten Untersuchung den Stadt-Land-Faktor. Neben zwei ost- und westdeutschen Metropolen (Frankfurt a. Main und Leipzig) wurden auch je zwei mittlere Städte (Osnabrück und Cottbus) sowie je zwei Kreise mit ländlichem Gebiet (Höxter und Strausberg) einbezogen, der Stadt-Land-Faktor wurde jedoch bei der Bildung „sozialer Milieus" weitgehend verwischt.

[33] Hierbei wurden zwei Projekte nicht mitgerechnet, welche neben Deutschland auch parallel in der Schweiz durchgeführt wurden.

ist. Ein großer Teil der Untersuchungen der neunziger Jahre wurden in Ostdeutschland durchgeführt oder enthalten Ost-West-Kontrastierungen. Hinsichtlich der wenigen Projekte in der Schweiz[34] fällt auf, dass eine Mehrheit Gewalt im kleinstädtischen Umfeld[35] untersuchte und keine gesamtschweizerische Untersuchung spezifisch zu Jugendgewalt vorhanden ist. Es lassen sich die folgenden Vermutungen anbringen: Jugendgewalt stellt in der Schweiz ein weniger schwerwiegendes Problem dar als in Deutschland oder wird als weniger schwerwiegend perzipiert. Da Gewalt unter Jugendlichen oft auch als ein urbanes Problem angesehen wird, spielt der Umstand, dass die Schweiz keine Metropolen besitzt, wie es in Deutschland der Fall ist, auch eine Rolle. Weiter kann vermutet werden, dass in der Schweiz weniger sozialwissenschaftliche Forschungsgelder vorhanden sind und die stärkere föderalistische Ausprägung Großprojekten eher entgegensteht.

Werfen wir noch einen Blick auf die Geschlechterfrage in der Jugendgewaltforschung. Auffällig wenige Studien, insgesamt vier, befassen sich mit weiblicher Gewalt. Sie widmen sich allesamt der weiblichen rechtsextremistischen Gewalt[36] und sind teilweise in ein größeres Projekt integriert. Zudem handelt es sich um Untersuchungen mit relativ kleinen Stichproben und qualitativen Methoden (vgl. dazu Appendix III). Interessieren wir uns dafür, wer sich für diese Studien verantwortlich zeichnet, wird deutlich, dass sie durchgehend von Wissenschaftlerinnen in Angriff genommen worden sind.[37] Bei keinem der übrigen Projekte steht der Geschlechteraspekt im Vordergrund. Wenn überhaupt, wird er in den meisten Fällen nur am Rande erwähnt. Ist die Geschlechterfrage hinsichtlich der Jugendgewalt nicht relevant oder gehen die AutorInnen im vornherein von einer männlich geprägten Jugendgewalt aus?

---

34 Wie bereits in der Einleitung erwähnt, spricht die Eidgenössische Kommission für Jugendfragen (1998) von einem „eklatanten Mangel" an Daten und Materialien zum Thema Jugendgewalt in der Schweiz.

35 Als Erhebungsorte sind zu nennen: Brugg, Bezirk Horgen, Köniz, Kriens, Sierre, Sion, Solothurn und Kanton St. Gallen.

36 Rechtsextremistische Gewalt bei Mädchen ist ein Untersuchungsgegenstand, der wissenschaftlich kaum Beachtung findet. Ob diese Vernachlässigung berechtigt beziehungsweise ob die weibliche Lebenswelt bezüglich Rechtsextremismus gewaltfrei ist, wird von Engel & Menke (1995) untersucht.

37 In Bezug auf die Themenwahl in der Gewaltforschung stößt Oberwittler (1993:16) auf ein ähnliches Ergebnis. Demzufolge wird die Untersuchung familiärer Gewalt (das heißt Gewalt in Partnerschaft, Ehe und Familie) sowie der Gewalt gegen Frauen, Kinder und Alte vorwiegend von Wissenschaftlerinnen betrieben (59 Prozent beziehungsweise 68 Prozent). Bedeutend weniger Interesse (mit einem Anteil von unter 20 Prozent) zeigen Wissenschaftlerinnen an der Forschung von staatlicher und politischer Gewalt und von Gewalt und Kriminalität. Dieses besondere Interesse von Wissenschaftlerinnen an bestimmten („weiblichen") Aspekten der Gewaltforschung wird uns in Kapitel 7.9 noch einmal begegnen.

Betrachtet man den methodischen Zuschnitt dieser Forschungsprojekte, fällt auf, dass eine überwiegende Mehrheit (47 Projekte mit einem Anteil von 80 Prozent) aller Untersuchungen ausschließlich oder unter anderem eine schriftliche Befragung mittels standardisiertem Fragebogen präferieren. Werden weitere Methoden verwendet, dienen diese vorwiegend der Exploration in der ersten Phase der Untersuchung. Es sind deshalb wenige Projekte vorzufinden, welche qualitative Methoden wie Gruppendiskussionen, unstandardisierte Interviews, teilnehmende Beobachtung oder die Analyse von Textmaterial anwenden.

3.2 Zum Begriff (Gewalt-)Perzeption

Das Verhalten beziehungsweise das Agieren eines Individuums hängt größtenteils davon ab, wie die Umwelt perzipiert wird: „(…) an individual's behaviour is in large part shaped by the manner in which he perceives, diagnoses and evaluates his physical and social environment" (Axelrod 1976:19).

Die Psychologie unterscheidet zwischen Perzeption, Apperzeption und Apprehension. Während erstere die bloße Reizaufnahme meint, versteht sich Apperzeption als „verstehende Wahrnehmung", die sich zur Apprehension als „individuell gedeutetem Umwelterleben" steigert (Benisch 1993:475).

Die soziologische Begriffsbestimmung unterscheidet sich durch die Reduzierung auf den Begriff der Perzeption deutlich von der psychologischen. Perzeptionen werden als Wahrnehmungen in einem aktiven, vom Individuum gesteuerten Prozess verstanden, durch den über die Sinnesorgane Informationen über die Umwelt und den eigenen Zustand des Individuums produziert werden:

> „Dabei werden Wahrnehmungen nicht nur als Reize empfangen und verarbeitet, sondern diese Informationen werden in bereits bestehende Vorstellungsstrukturen eingefügt und unter Berücksichtigung bereits vorhandener Einstellungen, Motive und von Vorurteilen selektiert. (...) Individuelle Wahrnehmung ist notwendigerweise selektiv, da aus der Vielzahl der Objekte und Situationen stets bestimmte, den Bedürfnissen und Erfahrungen des Individuums entsprechende ausgewählt werden" (Reinhold 1991:647).

Soziologische Untersuchungen, meist zur sozialen Wahrnehmung, betonen die Abhängigkeit individueller Vorstellungen von gesellschaftlichen Gegebenheiten. Dabei bestimmen Faktoren wie die soziale Lage, Schicht- und Klassenzugehörigkeit oder die Stellung im Kommunikationssystem ebenso die Perzeption wie auch mehr oder weniger starre Denkschemata, beispielsweise Traditionen oder Ideologien.

Interessant ist die Frage, ob die subjektive Perzeption der Realität mit der objektiven Wirklichkeit zusammenfällt. In Bezug auf die Gewaltproblematik ist zu fragen, ob Jugendliche eine Gewaltzunahme perzipieren und ob ihre Feststellung mit derjenigen Realität, wie sie beispielsweise mit der Kriminalstatistik erfasst werden kann, übereinstimmt. Eine Gegenüberstellung der subjektiven Perzeption der Wirklichkeit mit der objektiven Realität wirft jedoch einige methodische Probleme auf, denn um Kontrastierungen vornehmen zu können, müssen beide Untersuchungen dasselbe messen.

In den meisten Fällen stimmt die subjektive Perzeption der Realität nicht mit der objektiven Realität überein. Befindet sich ein Individuum in einer Situation, in der nur teilweise oder gar keine Informationen erhältlich sind, versucht es diesen Mangel mit Hilfe von Annahmen und Vorurteilen zu kompensieren, was zu falschen Interpretationen führen kann. Von Dosenrode (1993: 125) fügt dazu bei: „Selbst wenn das Individuum zu allen in einer bestimmten Situation nötigen Informationen Zugang hat, ist dies keine Garantie dafür, dass objektive und subjektive Realität zu 100% zusammenfallen."

Abbildung 2 zeigt den Vorgang auf, der sich bei der Perzeption von Gewalt abspielt. Die Perzeption von Gewalt ist ein höchst komplexer, wechselseitiger Prozess, dessen Folgen darin bestehen, dass Konzepte nicht ein für allemal feststehen, sondern einem stetigen Modifikations- beziehungsweise Verstärkungsprozess unterliegen. Dadurch stellt sich die Frage, wie Gewaltperzeption empirisch erhoben werden kann. Soll das Augenmerk auf den Beginn des Prozesses, bevor die Selektion durch die individuellen Einstellungs- und Erfahrungsfaktoren stattfindet, gerichtet werden oder auf den Moment nach der Selektion, wo das Gewaltkonzept modifiziert oder verstärkt wird. Ich tendiere auf letztere Perspektive, da ich davon ausgehe, dass sich Perzeptionen ohne den Einfluss von Wert- und Normhaltungen, wie sie durch die beschriebene Selektion geschehen, nicht erfassen lassen.

Abbildung 2: Prozess der Perzeption von Gewalt

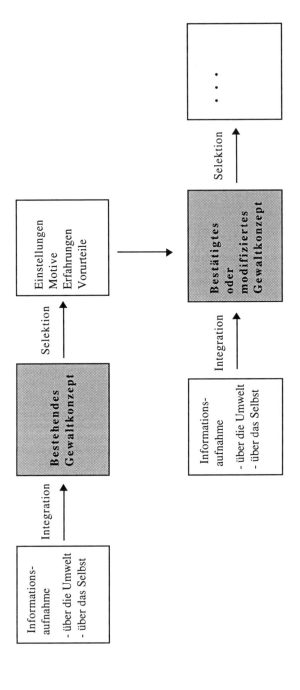

Quelle: Reinhold (1991:647).

3.3 Methodischer Stand der Gewaltperzeptionsforschung

Die Perzeption von Gewalt stellt einen Aspekt der Jugendgewaltforschung dar, der bis anhin kaum untersucht worden ist. Es liegen deshalb nur wenige empirische Studien[38] vor. Im folgenden sollen die methodischen Ergebnisse dieser und der eigenen Forschung diskutiert werden.

Pilzer (1995) versuchte in der Nürnberger Schüler-Studie 1994 anhand eines Semantischen Differentials (SD) den Gewaltbegriff, konkret die Vorstellungen über Eigenschaften von Gewalt der befragten Jugendlichen, zu erfassen. Dieses Instrument hat bisher im Rahmen der Jugendgewaltforschung keine Anwendung gefunden. Die Befragung wurde mittels eines standardisierten Fragebogens durchgeführt, welcher auch Fragen zu Täter- und Opfererlebnissen von Gewalt in der Schule enthielt.

Die SchülerInnen wurden aufgefordert, ihre Vorstellung von Gewalt anhand von 17 Adjektiv-Gegensatzpaaren (beispielsweise wirksam/unwirksam, sanft/brutal oder gut/schlecht) auf einer Intensitätsskala (von -7 bis +7) zu lokalisieren. Ein solches Vorgehen hat den Vorteil, dass unterschiedliche Assoziationen, welche der Begriff Gewalt hervorruft, erfasst werden können. Allerdings handelt es sich hier um gebundene Assoziationen, das heißt, die Eigenschaften werden vorgegeben. Dies bedingt, dass sich die Charakterisierung von Gewalt auf die aufgeführten Adjektive beschränkt und keine Typisierungen der Befragten selbst erfasst werden. Ein weiterer Nachteil dieses standardisierten Verfahrens besteht darin, dass der Begriff Gewalt durch die Vorgabe von Adjektiven und losgelöst vom situationsspezifischen Kontext abstrakt bleibt, was eine Einschätzung erschwert. Ferner ist davon auszugehen, dass aufgrund der gesellschaftlich negativen Beurteilung von Gewalt bei direkten Fragen, wie sie in dieser Untersuchung aufgeführt worden sind, die soziale Erwünschbarkeit die Antworten bestimmt.[39] Es müsste deshalb eine Methode gefunden werden, welche *indirekt* versucht, den Gewaltbegriff zu erfassen.

Eine solche Methode haben Plate & Schneider (1989) in ihrer Untersuchung zur Schwereeinschätzung von Gewalt angewandt. Mittels eines stan-

---

38 Die Aussage bezieht sich auf den deutschsprachigen Raum und betrifft Studien, die sich schwerpunktmäßig mit der Perzeption von Gewalt auseinandersetzen oder bei denen dieser Aspekt eine wichtige Rolle einnimmt (siehe dazu Appendix III: Synopse empirischer Untersuchungen).

39 Die Vermutung, dass bei direkten Fragen zu Gewalt die soziale Erwünschbarkeit die Antworten beeinflusst, kann durch den Vergleich zweier Fragekategorien (direkte und indirekte Fragen zu Gewalt) in der SchülerInnenuntersuchung der Verfasserin unterstützt werden: In den Antworten der direkten Fragen zeichnete sich eine deutlich ausgeprägte, negativere Haltung gegenüber Gewalt ab als in den Antworten, welche den Gewaltaspekt indirekt ansprachen.

dardisierten Fragebogens wurden die Befragten[40] gebeten, unterschiedliche Gewalthandlungen auf einer Intensitätsskala (mit den Werten –7= ganz besonders schlimm, 0= weder gut noch schlimm und +7= ganz besonders gut) zu bewerten. Diese Methode hat den Vorteil, dass durch die situations- und kontextspezifische Darstellung verschiedener Gewalthandlungen der Einfluss unterschiedlicher Vorstellungen, wie er bei einer schlagwortartigen Nennung von Gewalthandlungen zu erwarten ist, vermindert werden kann. Nachteilig an dieser Methode ist wiederum die Vorgabe einer beschränkten Anzahl von Gewalthandlungen beziehungsweise der Vorstellung, wie sich Gewalt manifestiert.

Nur am Rande streift die Untersuchung von Kraak (1996) den Aspekt der Gewaltperzeption. Mittels eines standarisierten Fragebogens wurde die Einstellung Jugendlicher zu Gewalt erfasst.[41] Die Jugendlichen wurden gefragt, inwieweit die folgenden Aussagen für sie zuträfen: „Für meine Ziele setze ich mich auch mit Gewalt ein" – „Manchmal macht mir Gewalt Spaß" – „Ich gebrauche die Fäuste, wenn mir einer querkommt" – „Manchmal weiß ich keinen anderen Weg als Gewalt" – „Ich bin gegen Gewalt" – „Gewalt löst keine Probleme" und „Gewalt ist nur als Notwehr berechtigt". In dieser Untersuchung ist wiederum der Gewaltaspekt direkt angesprochen worden, was wie erwähnt die Antworten auf dem Hintergrund der sozialen Erwünschbarkeit beeinflusst.

Einen methodisch anderen Zugang zur empirischen Erfassung der Gewaltperzeption Jugendlicher haben Roski; Starke & Winkler (1994) gewählt.[42] Sie versuchten mit Hilfe von SchülerInnenaufsätzen den Gewaltbegriff der Jugendlichen zu erfassen. Den SchülerInnen wurden die folgenden vier Fragen gestellt: 1. Was fällt Dir zum Begriff Gewalt ein? 2. Hast Du schon einmal Gewalt gesehen? 3. Hast Du schon einmal selbst Gewalt erlebt? und 4. Hast Du schon einmal Gewalt ausgeübt? Für die Gewaltperzeptionsforschung ist die erste Frage nach den Assoziationen zu Gewalt von Bedeutung. Diese Methode hat durch die Vorgabe einer offenen Frage den Vorteil, den Gewaltbegriff aus der Perspektive der Jugendlichen selbst zu erfassen. Zudem evoziert die offene Ausrichtung der Frage, dass neben Gewaltformen weitere Vorstellungen von Gewalt wie beispielsweise die Täter-Opfer-Beziehung oder der Ort der Gewalthandlung assoziiert werden. Allerdings zeigte sich, dass nicht die Vorstellungen darüber, was für Jugendliche Gewalt

---

40 Die Erhebung zur Schwereeinschätzung von Gewalthandlungen erfolgte im Rahmen zweier repräsentativer Bevölkerungsbefragungen (Mehrthemenumfrage, Stichprobe je 3 000 Personen) in den Jahren 1985 und 1988 und wurde vom Bundeskriminalamt in Wiesbaden ausgewertet. Da es sich um Bevölkerungsbefragungen handelt, wurden sowohl Jugendliche als auch Erwachsene befragt.

41 Die Untersuchung wurde bei 1 400 Jugendlichen einer ostdeutschen Großstadt (keine weiteren Angaben) durchgeführt und gilt für diesen Ort als repräsentativ (Kraak 1996:76).

42 Die Untersuchung wurde bei 572 SchülerInnen der 5. bis 12. Klasse der ostdeutschen Stadt Leipzig durchgeführt.

bedeutet, als vielmehr moralische Haltungen gegenüber der Gewaltfrage in den Aufsätzen dominierten.[43] Ferner ist die allgemein bei offenen Fragen vorherrschende Problematik des Sich-Erinnerns zu erwähnen. So ist anzunehmen, dass die befragten Jugendlichen in ihren Assoziationen sich bestimmter Aspekte von Gewalt erinnerten, womit ihre Vorstellung von Gewalt nicht erschöpfend erfasst wurde.

Im Juni 1993 führte die Verfasserin im Rahmen eines studentischen Forschungsprojektes eine Untersuchung an den 3. Oberstufenklassen der Stadt Brugg AG (N=152) zum Thema Gewaltperzeption im Jugendalter durch. Als Erhebungsinstrument wurde eine schriftliche Befragung mittels eines standardisierten Fragebogens gewählt. Neben dem *Gewaltbegriff* (Wie schwer schätzen Jugendliche unterschiedliche Formen von Gewalt ein) wurden weitere Dimensionen der Gewaltperzeption wie *Reaktionsbereitschaftsmuster auf Gewalthandlungen* (Wie würden Jugendliche in gewissen Situationen, in denen sie mit Gewalt konfrontiert werden, reagieren), *Gewaltlegitimationsmuster* (Welche Gewalthandlungen werden als legitim betrachtet, welche nicht) und *Bestrafungsbereitschaftsmuster von Gewalthandlungen* (Wie würden Jugendliche gewisse Gewalthandlungen bestrafen) untersucht.

Methodisch wurden dem Begriff Gewalt 33 Handlungen aus den Lebensbereichen Familie, Schule und Freizeit zugeordnet, welche von den befragten SchülerInnen bezüglich ihres Schweregrades beurteilt werden sollten.[44] Zur Auswahl standen die drei Antwortkategorien „sehr schlimm", „schlimm" und „nicht schlimm". Mit Hilfe der Schwereeinschätzung gewaltimmanenter Handlungsweisen sollte die Beschreibung des Gewaltbegriffs der Jugendlichen empirisch erfasst werden. Um den Blick auf die für die Jugendlichen relevanten Formen von Gewalt nicht zu verengen, entstammten die vorgelegten Handlungen einem erweiterten Gewaltbegriff, welcher sowohl psychische Formen (wie Kommunikationsverweigerung) als auch Gewalt gegen Sachen einschließt.

An diesem methodischen Verfahren lässt sich die schlagwortartige, allgemein formulierte Nennung von Gewalthandlungen kritisieren. Eine solche Nennung evoziert unterschiedliche Vorstellungen. So beurteilt beispielsweise ein Jugendlicher die Handlung „Jemanden bedrohen, damit eine andere Person das tut, was er/sie will" als harmlos, weil er die Situation vor Augen hat, in der ein Jugendlicher seinen dreijährigen Bruder unter Androhung von Ge-

---

43 Betrachtet man die Ergebnisse dieser Untersuchung, fällt auf, dass Wertungen und Stellungnahmen gegenüber Gewalt in den Äußerungen der Jugendlichen tendenziell einen wichtigen Platz einnehmen und dadurch Vorstellungen, wie sich Gewalt manifestiert, in den Hintergrund gedrängt wurden (siehe etwa Roski; Starke & Winkler 1994:45).

44 Dieses Verfahren wird seit 1964 in der Kriminologie angewendet, erstmals von Sellin & Wolfgang (siehe dazu Plate & Schneider 1989). Ziel dieser Forschungsart ist die Herstellung eines Kriminalitätsindexes, welcher Rückschlüsse auf gesellschaftliche Probleme ermöglichen und Beiträge zur Lösung kriminalpolitisch relevanter Fragen leisten soll.

walt dazu zu veranlassen versucht, nach der Benutzung der Toilette auch die Toilettenspülung zu betätigen.[45]

Neben der Beurteilung von Handlungen bezüglich ihres Schweregrades wurden vier Gewaltsituationen aus der Lebenswelt der Jugendlichen konstruiert, welche den SchülerInnen als Fallbeispiele zur Beurteilung vorgelegt wurden.[46] Im Anschluss an die Darstellung eines Fallbeispiels folgten jeweils die Fragen a) ob sie auch so reagieren würden wie die jeweiligen Jugendlichen, b) ob sie die jeweilige Reaktion des/der Jugendlichen in Ordnung fänden und c) wie sie den/die Täter/in bestrafen würden. Damit ließen sich weitere Dimensionen der Gewaltperzeption wie Gewaltreaktions-, Legitimations- und Bestrafungsbereitschaft eruieren. Durch die Berücksichtigung des situativen Kontextes und der Darstellung einer konkreten Gewalthandlung konnte der Einfluss unterschiedlicher Vorstellungen vermindert werden. Damit stellt sich allerdings die Frage, inwieweit die Gewalthandlungen verallgemeinert werden können. Lässt sich beispielsweise Fallbeispiel D (Jugendliche zwingen einen anderen Jugendlichen unter Androhung von Gewalt, seine Lederjacke nicht mehr zu tragen) allgemein als Nötigung deklarieren? Die Frage müsste genauer untersucht werden, inwiefern eine geschilderte Situation generalisiert werden kann.

Ebenfalls erwähnt worden ist, dass mit indirekten Fragemethoden, wie sie im Anschluss an die Fallbeispiele erfolgten, „wahrheitsgetreuere" Antworten[47] eruiert werden als bei Fragestellungen, die den Gewaltaspekt direkt ansprechen wie beispielsweise „Jetzt wollen wir noch wissen, was du denkst, wenn Du den Begriff ‚Gewalt' liest".[48] Neben der sozialen Erwünschbarkeit spielt meines Erachtens ein weiterer Aspekt eine wichtige Rolle: Aus der Didaktik stammt die Erkenntnis, dass anschauliche und kontextbezogene Situationen besser erfasst und zu differenzierteren Äußerungen führen als abstrakte, generelle Fragen. Zudem sollen Jugendliche beziehungsweise SchülerInnen „dort abgeholt werden, wo sie sind"[49], nämlich in ihrer spezifischen Lebenswelt[50].

---

45   Dieses Beispiel wurde in einem ähnlichen Kontext bei Mansel (1995:107f) erwähnt.
46   Die vier Fallbeispiele wurden in den Fragebogen der vorliegenden Untersuchung aufgenommen. Siehe dazu Appendix II: Fragebogen. Situationen 1 bis 4.
47   Vgl. dazu Kapitel 3.3, insbesondere Fußnote 39.
48   Diese Frage stammt aus der Nürnberger Schüler-Studie 1994. Zur Beantwortung wurde den SchülerInnen eine Merkmalliste mit verschiedenen Adjektivpaaren vorgelegt (vgl. dazu Pilzer 1995:80 sowie Kapitel 3.3).
49   In der Didaktik wird davon ausgegangen, dass die zu vermittelnden Inhalte an die Vorkenntnisse der Lernenden anknüpfen sollen. Dies betrifft sowohl den wissens- als auch den kognitionsspezifischen Aspekt.
50   Der Begriff Lebenswelt wird in Kapitel 4.1 ausführlich diskutiert.

3.4 Konklusion

Welche Folgerungen lassen sich aus dem soziologischen Gewaltdiskurs sowie aus der methodischen Diskussion der Gewaltperzeptionsforschung ziehen?

Die vorgestellten Studien zur Gewaltperzeption widmen sich mehrheitlich der Frage, wie Jugendliche Gewalt beurteilen. Durch die Anwendung der standardisierten, quantitativen Methode werden die Antworten vorgegeben und die Jugendlichen erhalten keine Möglichkeit, ihre eigenen Vorstellungen von Gewalt einzubringen. Diese Methode bedingt auch, dass nur Teilaspekte von Gewalt erfasst werden können. Was sich die Jugendlichen selbst unter dem Begriff Gewalt vorstellen, ist in der Gewaltperzeptionsforschung bis anhin kaum untersucht worden.

Die Untersuchung von Roski; Starke & Winkler (1994)[51] hat ihr Interesse auf diesen Aspekt der Gewaltforschung gerichtet. Mit der Verwendung einer offenen Frage, welche die befragten SchülerInnen mit (Kurz-)Aufsätzen beantworteten, konnte dem jugendspezifischen Gewaltverständnis nachgespürt werden. Das Hauptproblem dieses Vorgehens liegt meines Erachtens darin, dass sich die Frage („Was fällt Dir zum Begriff Gewalt ein?") auf einer zu allgemeinen Ebene bewegt. Eine Modifikation könnte darin gesehen werden, dass eine konkretere Frageformulierung gefunden werden müsste, welche die folgenden Forderungen zu erfüllen vermag: In Anlehnung an die „neuere" Gewaltforschung sollte es sich um eine *indirekte* Frage handeln, welche die Darstellung einer *Gewalthandlung* im *situativen* Kontext verlangt.

Die Verwendung dieses qualitativen Verfahrens birgt die Gefahr der Einseitigkeit mit sich. Um das Gewaltverständnis der Jugendlichen, empirisch erfassbar durch das Schreiben von Aufsätzen, in einem erweiterten Kontext zu betrachten, bedarf es zusätzlicher, ergänzender Informationen (beispielsweise soziodemographischer Art), welche durch die Anwendung weiterer Verfahren herbeigeführt werden können. Damit erfüllt sich das von der „neueren" Gewaltforschung formulierte Postulat, in der Gewaltforschung auf mehrere Methoden zurückzugreifen.

Mit der Erstellung eines „Fragebogens", welcher neben quantitativen Fragen (unter anderem in Form von Fallbeispielen) die Aufgabe enthält, aufsatzartig je eine Situation aus den Lebensbereichen Familie, Schule, und Freizeit zu schildern, in der sich nach der Vorstellung der Befragten Gewalt ereigne, konnte eine kombinierte Methode gefunden werden, welche die diskutierten Probleme beseitigt und die aufgestellten Forderungen erfüllt.

---

51 Vgl. dazu Kapitel 3.3 sowie Kapitel 3.5.

3.5 Empirischer Stand der Gewaltperzeptionsforschung

Im Zentrum dieses Kapitels steht die Darstellung empirischer Ergebnisse der im vorangehenden Kapitel erwähnten Untersuchungen. Die Studien unterscheiden sich hinsichtlich ihrer Fragestellung weitgehend, wodurch sich kaum eine Möglichkeit bietet, die nachfolgend referierten Ergebnisse zu vergleichen.

Die Befunde zur Erfassung der Charakteristiken des jugendlichen Gewaltbegriffs von Pilzer (1995) zeigen, dass Gewalt von den befragten Jugendlichen (N=1445) insgesamt negativ eingestuft wird.[52] Ein Blick auf die einzelnen Adjektivpaare lässt differenzierte Ergebnisse erkennen: Gewalt wird als sehr gefährlich, schmerzhaft, brutal und schlecht bezeichnet. Ziemlich heterogen fallen die Antworten in Bezug auf die Frage aus, ob Gewalt freiwillig oder erzwungen, normal oder außergewöhnlich, spontan oder geplant und aufregend oder langweilig sei. Dass Gewaltanwendung nicht erlaubt ist, wird von den meisten Jugendlichen anerkannt (insgesamt 68,8 Prozent), es sind aber 15,7 Prozent der Befragten der Ansicht, dass es tendenziell erlaubt sei, Gewalt auszuüben. Nicht wenige denken auch, Gewalt sei wirksam (19,8 Prozent), befriedigend (18,2 Prozent), nötig (12,3 Prozent), wichtig (12,2 Prozent), cool (11,9 Prozent), problemlösend (11,4 Prozent), sinnvoll (8,5 Prozent) und schön (7,4 Prozent).

Mit Ausnahme einiger Adjektivpaare (freiwillig/erzwungen, erlaubt/verboten, normal/außergewöhnlich, spontan/geplant) lässt sich ein signifikanter Unterschied zwischen den Geschlechtern nachweisen: Weibliche Jugendliche beurteilen Gewalt negativer als männliche Jugendliche.[53]

---

52 Die Profilhöhe beträgt 5,41 und liegt eindeutig rechts vom Skalenmittelpunkt [linke Skalenseite: Adjektive positiver Ausprägung (Werte 1–4), rechte Skalenseite: Adjektive negativer Ausprägung (Werte 4–6)].
53 Profilhöhe der *weiblichen* Jugendlichen: 5,67; der *männlichen* Jugendlichen: 5,17, p<0,1.

Abbildung 3: Semantisches Differential: Gewaltbegriff von Jugendlichen differenziert nach Geschlecht

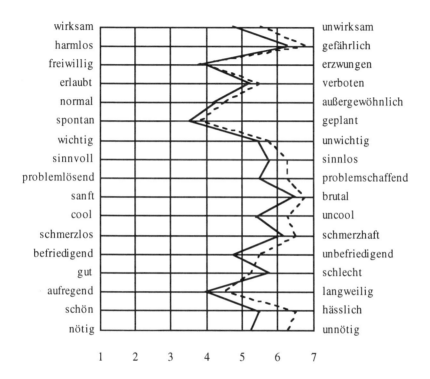

N=1445.

Quelle: Pilzer (1995), Abbildung 3.2.

Bezüglich der Schultypen stellt Pilzer (1995) – nicht erwartungsgemäß – kaum signifikante Unterschiede fest, außer, dass HauptschülerInnen Gewalt als sinnvoller, problemlösender, „cooler" und aufregender bezeichnen als die AbsolventInnen höherer Bildungsstufen.[54] Ebenfalls kaum signifikante Un-

---

54 Profilhöhe der *HauptschülerInnen*: 5,24; der *RealschülerInnen*: 5,55; der *GymnasiastInnen*: 5,53; nicht signifikant.

terschiede zeigen sich zwischen den Jahrgangsstufen: SchülerInnen der 9. Klasse bezeichnen Gewalt eher als unwirksam, unbefriedigend und langweilig, auf der andern Seite aber auch als problemlösender als die SchülerInnen der 7. und 8. Klassen.[55] Hinsichtlich der Nationalität sind keine signifikanten Unterschiede in der Einschätzung von Gewalt zwischen deutschen und ausländischen SchülerInnen erkennbar.[56]

Für die vorliegende Arbeit ist von Bedeutung, dass zwischen der Beurteilung von Gewalt und der Gewaltbilligung, -bereitschaft und -tätigkeit durchwegs ein signifikanter Zusammenhang festgestellt wird. Diesbezüglich erweist sich die Einschätzung von Gewalt als verhaltensrelevant.

Plate & Schneider (1989:53ff) haben Gewalt hinsichtlich ihrer Schwereeinschätzung untersucht. Die Ergebnisse zeigen, dass sexuelle Gewalt als schlimmste Gewalthandlung bewertet wird: An erster Stelle wird sexueller Missbrauch genannt, gefolgt von überfallartiger Vergewaltigung. Deutlich weniger schlimm werden Raubüberfälle (Handtaschenraub einer älteren Frau und Zechanschlussraub) sowie Vergewaltigung in der Ehe beurteilt. Am Ende der Bewertungsskala finden sich Auseinandersetzungen innerhalb der Familie und einfache Fälle der Körperverletzung (beispielsweise Popfan ohrfeigt Popfan). Ebenfalls als nicht schlimm eingeschätzt werden Gewalthandlungen, welche in Notwehr begangen werden. Da mehr als drei Viertel der vorgegebenen Fälle physische Gewalthandlungen beinhalten, lassen sich bezüglich der Schwereeinschätzung von Gewalt keine Aussagen über das Verhältnis von physischer Gewalt zu anderen Gewaltformen (wie psychischer Gewalt oder Gewalt gegen Sachen) machen.[57]

Hinsichtlich der geschlechtsspezifischen Einschätzung von Gewalt sind Plate & Schneider (1989:55ff) auf ein ähnliches Ergebnis wie Pilzer (1995) gestoßen. Die AutorInnen können nachweisen, dass Frauen Gewalt allgemein schlimmer einstufen als Männer. Dieselben Unterschiede zeichnen sich auch zwischen weiblichen und männlichen Jugendlichen ab. In einigen Fällen (beispielsweise: Zwei Betrunkene werden in einem Wirtshaus nach einer Auseinandersetzung von einem Polizeibeamten geschlagen) wird der geschlechtsspezifische Unterschied mit der Vermutung erklärt, dass ein häufigeres Erleben zu einer weniger schwerwiegenderen Einschätzung führe. Diese spezifische Hypothese lässt sich meines Erachtens in allgemeiner Form nicht formulieren. Es müsste differenzierter untersucht werden, wie sich unterschiedliche Erfahrungen hinsichtlich der Art (aktiv, passiv, Beobachterperspektive),

---

55 Es werden keine Profilhöhenangaben gemacht.
56 Profilhöhe der *ausländischen* SchülerInnen: 5,28; der *deutschen* SchülerInnen: 5,45.
57 Von 27 dargestellten Fällen der Bevölkerungsbefragung von 1985 betreffen 23 Fälle physische und nur 4 psychische/verbale Gewalt. Zudem werden Gewalt gegen Sachen sowie spezielle Gewaltformen wie Sitzblockaden erst in der Bevölkerungsbefragung von 1988 erfasst.

der Häufigkeit und der Intensität verschiedener Gewalthandlungen auf die Schwereeinschätzung auswirken.

Ferner zeichnet sich eine Angleichung der Geschlechter ab.[58] Diese Annäherung in der Schwereeinschätzung beruht auf Veränderungen beider Geschlechter: Bei den weiblichen Befragten ist eine niedrigere und bei den männlichen Befragten eine höhere Einschätzung festzustellen. Die niedrigere Bewertung bei den Frauen lässt sich vorwiegend auf die Jugendlichen im Alter von 14 bis 17 Jahren zurückführen.

Im weiteren schätzen Jugendliche Gewalthandlungen weniger schlimm ein als Erwachsene. Generell zeigt sich, dass mit zunehmendem Alter Gewalthandlungen als gravierender eingestuft werden. Die AutorInnen stellen fest, dass der Lebensbereich einen Einfluss auf die Schwereeinschätzung ausübt. So werden Gewalthandlungen, welche dem Lebensbereich der Jugendlichen nahe kommen (beispielsweise Auseinandersetzungen zwischen Eltern und Kindern), mit zunehmendem Alter leichter bewertet.[59]

Im Gegensatz zu den Erwachsenen zeigt sich bei den Jugendlichen – in der Altersgruppe der 14–17-Jährigen – ein Trend hin zu einer höheren Toleranzschwelle gegenüber Gewalt: Die befragten Jugendlichen bewerteten Gewalthandlungen Ende der achtziger Jahre auffällig weniger schlimm als Mitte der achtziger Jahre.[60] Ob sich dieser Trend auch in den neunziger Jahren durchgesetzt hat, lässt sich mangels weiterer Vergleichsuntersuchungen nicht eruieren.

Roski; Starke & Winkler (1994) untersuchten das Gewaltverständnis der Jugendlichen mittels SchülerInnenaufsätzen. Auf die Frage, was ihnen zum Begriff Gewalt einfalle, nennen die Jugendlichen erwartungsgemäß am häufigsten *physische* Gewalt.[61] Erstaunlicherweise rangieren *staatliche* und *politische* Gewalt bereits an zweiter und dritter Stelle, also noch vor der *psychischen* Gewalt, welche den vierten Rangplatz einnimmt. Dieses Ergebnis dürfte vermutlich darauf zurückzuführen sein, dass es sich bei dieser Umfrage um ostdeutsche Jugendliche handelt, welche die gesellschaftliche Umbruchphase Ende der achtziger Jahre und damit einhergehend ein erhöhtes Vorkommen staatlicher und politischer Gewalt unmittelbar miterlebt haben.

Ob sich geschlechtsspezifische Unterschiede in der Rangreihenfolge ergeben, wird nicht untersucht. Studien zur medialen Gewaltperzeption (Theunert 1992) verweisen auf geschlechtsspezifische Differenzen dahingehend,

---

58 Da eine relativ kurze Zeitspanne (3 Jahre) untersucht wurde, ist das Ergebnis meines Erachtens lediglich als Hinweis auf eine Veränderung zu betrachten und sollte nicht überbewertet werden.
59 Dieser spezifische Zusammenhang zwischen Lebensbereich und Perzeption von Gewalt wird im theoretischen Teil der Untersuchung (Kapitel 4) näher erläutert.
60 Siehe Fußnote 58.
61 Eine weitere Aufschlüsselung der physischen Gewalt nach einzelnen Formen wird nicht vorgenommen. Es liegen deshalb keine Erkenntnisse vor, welche physischen Handlungen Jugendliche mit Gewalt assoziieren.

dass männliche Jugendliche den Gewaltbegriff erheblich enger fassen als weibliche Jugendliche: Sie lassen nur harte, existentielle Formen physischer Gewalt gelten, während für die Mehrzahl der weiblichen Jugendlichen bereits Prügeln Gewalt bedeutet.[62] Bereits erwähnt wurde, dass weibliche Jugendliche Gewalt durchwegs negativer beurteilen als männliche Jugendliche.

Tabelle 2: Assoziationen Jugendlicher zum Begriff Gewalt, Rangreihenfolge nach Häufigkeit (Mehrfachnennungen)

Gewaltassoziationen

1. physische Gewalt
2. staatliche Gewalt (Machtausübung, Politik, Kriege, Polizeieinsätze)
3. politisch motivierte Gewalt (Gewalt gegen Rechte, gegen Linke, Attentate, Terrorakte, ausländerfeindliche Aktionen)
4. psychische Gewalt
5. kriminelle Gewaltakte
6. Sachbeschädigungen
7. Fußballrandale
8. verschiedene Gruppen (Hools, Faschos)
9. Gewalt gegen Tiere
10. Drogenszene
11. Gewalt gegenüber Natur
12. Waffen (Messer, Baseballschläger, Pistolen)

Quelle: Roski; Starke & Winkler (1994:45).
Es werden keine Werte, wie oft die Befragten die einzelnen Assoziationen nennen, genannt. Einzig bei den kriminellen Gewaltakten erfahren wir, dass 30 Prozent der SchülerInnen Gewalt in diesem Sinn assoziiert.

Im weiteren soll auf eine Gewaltstudie näher eingegangen werden, welche die Selbst- und Weltbilder gewaltbejahender Jugendlicher[63] einer ostdeutschen Großstadt untersuchte und dabei feststellte, dass es sich nur bei einer Minderheit (ungefähr einem Drittel) um benachteiligte, frustrierte Jugendliche ohne Zukunftsperspektive handelt, die Defizite ihrer persönlichen Situation zu kompensieren haben. Die Mehrheit der gewaltbefürwortenden Jugendlichen zeigt sich anders, obwohl die strukturellen Merkmale – es handelt sich zu einem größeren Teil um männliche Jugendliche unterer Bildungsstufen – eher auf Benachteiligung verweisen. Auffallend ist, dass sich gewalt-

---

62 In dieser Untersuchung ist der quantitative Aspekt ebenfalls vernachlässigt worden.
63 Etwa 9 Prozent der befragten Jugendlichen zeigen gewaltbefürwortende Einstellungen. Davon sind 87 Prozent männlichen Geschlechts und nur 9 Prozent besuchen ein Gymnasium (Kraak 1996:76).

bejahende Jugendliche in ihrem Selbstbild und der Beurteilung ihrer Lebenssituation nicht von gewaltablehnenden Jugendlichen unterscheiden. Unterschiede zeigen sich jedoch dahingehend, dass sich die Gewaltbefürworter stark auf Gruppen ausrichten. Diese Gruppen werden nicht näher umschrieben; einzig, dass solche präferiert werden, welche sich gegen außen abschließen. Die deutlichsten Unterschiede zwischen den gewaltbefürwortenden und -ablehnenden Jugendlichen sind in der Einstellung gegenüber ausländischen Kindern und Jugendlichen zu finden: Gewaltbefürworter zeichnen sich durch extrem negative Beziehungen zu ausländischen Kindern und Jugendlichen aus und erklären sich nicht bereit, sie zu akzeptieren. Es dürfte sich lohnen, das Hauptergebnis der Studie, wonach sich die Mehrheit der gewaltbefürwortenden Jugendlichen durch ein positives Selbstbild und Zufriedenheit mit der Lebenssituation auszeichnet, weiterzuverfolgen, zumal in diesem Fall auch Heitmeyers Erklärungsfaktoren „Desintegration" und „Verunsicherung" nicht greifen.

Im folgenden sollen die wichtigsten Ergebnisse der eigenen Gewaltperzeptionsforschung dargestellt werden (siehe dazu Kapitel 3.3).[64] In einem ersten Schritt wurde der Gewaltbegriff der Jugendlichen hinsichtlich der Schwereeinschätzung untersucht. In Bezug auf die vorgegebenen Handlungen fallen sie recht unterschiedlich aus, was auf ein differenziertes Gewaltbild der Jugendlichen hindeutet. Erwartungsgemäß stufen die meisten SchülerInnen physische Gewalt als am schlimmsten ein: „Schläge der Eltern" im Lebensbereich Familie, „Geld- oder Kleiderraub" im Lebensbereich Schule und „Bandenraub" im Lebensbereich Freizeit. Allerdings folgen mit kurzem Abstand in allen drei Lebensbereichen psychische Gewaltformen: „Kommunikationsverweigerung der Eltern", „Ausgestoßen werden von MitschülerInnen" sowie „Erpressung" in der Freizeit. Auffällig ist, dass Drohungen sowohl der Eltern als auch der Lehrkraft von den meisten SchülerInnen als nicht schlimm bewertet werden.

In der Beurteilung von Gewalthandlungen zeigt sich eine schwach ausgeprägte Differenz zwischen den Geschlechtern darin, dass die vorgegebenen Handlungen von den weiblichen Jugendlichen tendenziell schlimmer beurteilt werden als von den männlichen. Fokussiert man den Blick auf die einzelnen Gewalthandlungen, erscheinen ausgeprägte Geschlechterdifferenzen.

---

64 Eine ausführliche Darstellung und Diskussion der Ergebnisse findet sich in von Felten (1995:94ff) sowie von Felten (1998:102ff).

Tabelle 3: Geschlechtsspezifische Schwereeinschätzung von Gewalt, Mittelwerte und Signifikanztest, nach Schweregrad geordnet

a) Von *weiblichen* Jugendlichen als schwerwiegender perzipierte Handlungen

Gewalthandlungen	Mittelwert[1] weibl. J.	männl. J.	t-Wert	Sig. [2]
Familie				
• Strafe „Hausarrest"	2,09	2,37	-2,35	*
• Rauferei unter Geschwistern	2,15	2,46	-2,65	**
Schule				
• Schlägereien	1,85	2,09	-2,12	*
• Beschimpfungen, Beleidigungen durch MitschülerInnen	1,85	2,10	-2,12	*
• Sexuelle Belästigung	1,20	1,62	-3,78 [3]	***
• Stöße, Schläge v. MitschülerInnen	1,70	2,16	-3,86	***
Freizeit				
• Schlägereien	1,43	1,78	-3,20	**
• Beschimpfungen, Beleidigungen durch Jugendliche	1,86	2,16	-2,69	**
• Beschimpfungen, Beleidigungen durch Erwachsene	1,75	2,00	-2,05	*
• Stöße, Schläge v. Jugendlichen	1,58	2,06	-4,77	***
• Stöße, Schläge v. Erwachsenen	1,33	1,56	-2,31	*

b) Von *männlichen* Jugendlichen als schwerwiegender perzipierte Handlungen

Gewalthandlungen	Mittelwert[1] weibl. J.	männl. J.	t-Wert	Sig. [2]
Familie				
• Strafe „TV-Verbot"	2,73	2,41	3,03	**
• Strafe „Ohne Znacht ins Bett"	2,46	1,95	3,81	***
Schule				
• Strafaufgaben	2,51	2,18	3,03	**
• Sachbeschädigung	1,66	1,42	2,15	*

N zwischen 149 und 138 (N wJ zwischen 81 und 76; N mJ zwischen 68 und 62).
1) Codierung der Antwortkategorien: „sehr schlimm" = 1, „schlimm" = 2, „nicht schlimm" = 3.
2) *** p<0,001; ** p<0,01; * p<0,05.
3) Da diese extrem schief verteilte Variable nicht normalverteilt ist, wurde der Mann-Withney U-Test durchgeführt. Es wird deshalb der z-Wert aufgeführt.

Quantitativ betrachtet sind es genau ein Drittel aller Gewalthandlungen (11 von insgesamt 33), welche von den weiblichen Jugendlichen signifikant schlimmer beurteilt werden als von den männlichen.[65]

Bezüglich den psychischen Gewaltformen ist ein auffallendes Muster erkennbar. Es sind ausschließlich Gewalthandlungen verbaler Art, welche von den weiblichen Jugendlichen als schlimmer beurteilt werden als von den männlichen. Verbale Gewalt wird demzufolge von den weiblichen Jugendlichen auf einem höheren Schweregrad eingestuft als von den männlichen.

Bei den männlichen Jugendlichen zeigt sich ein anderes Perzeptionsmuster: Es handelt sich mehrheitlich um Strafen – sowohl der Eltern als auch der Lehrkräfte – und Sachbeschädigung in der Schule, welche männliche Jugendliche schlimmer finden als weibliche.

Obwohl zwischen den Geschlechtern statistisch signifikante Unterschiede in den Perzeptionsmustern auszumachen sind, kann zusammengefasst gesagt werden, dass diese Unterschiede keine sozialwissenschaftliche Relevanz in dem Sinn erlangen, dass die Beurteilung von Gewalt durch einen ausgeprägten Dissens zwischen den weiblichen und den männlichen Jugendlichen gekennzeichnet wäre.[66]

Neben der Schwereeinschätzung von Gewalthandlungen wurden anhand von Fallbeispielen die Reaktions-, Legitimations- und Bestrafungsbereitschaft *von* beziehungsweise *auf* Gewalthandlungen untersucht. Auch in diesem Bereich der Gewaltperzeption zeigen sich geschlechtsspezifische Unterschiede.

Die Reaktionsbereitschaft der weiblichen und der männlichen Jugendlichen unterscheidet sich in denjenigen Fällen, wo mit physischer Gewalt reagiert wird: Es sind deutlich mehr männliche als weibliche Jugendliche bereit, sowohl auf Sachbeschädigung als auch auf verbale Gewalt mit physischer Gewalt zu reagieren. Damit zeigt sich eine stärkere Affinität der männlichen Jugendlichen zu physischer Gewalt. Neben den männlichen Jugendlichen weisen auch die AbsolventInnen statustiefer Bildungsgänge in ihrer Reaktionsbereitschaft eine stärkere Affinität zu physischer Gewalt auf.

Geschlechtsspezifische Muster lassen sich auch bei der Legitimationsbereitschaft erkennen. Allerdings sind die Unterschiede nur in einem von vier Fällen signifikant: Es sind deutlich mehr männliche als weibliche Jugendliche der Meinung, Prügel als Reaktion auf eine Beschädigung des eigenen Fahrra-

---

65 Diese Tendenz findet sich auch außerhalb des statistisch signifikanten Bereichs. Ein weiteres Drittel der vorgegebenen Handlungen (9 von insgesamt 33) zeichnet sich durch eine im Vergleich zu den männlichen Jugendlichen höhere Schwereeinschätzung der weiblichen Jugendlichen ab. Es sind dies: „Beleidigungen unter Geschwistern", „Schläge der Eltern", „Kommunikationsverweigerung der Eltern", „Beleidigung der Eltern", „Strafe" (vor die Tür geschickt), „Angeschrien werden von der Lehrkraft", „Verleumdung" und „Erpressung von Jugendlichen".

66 Zur Unterscheidung von statistisch beziehungsweise mathematisch signifikant und sozialwissenschaftlich relevant vgl. Atteslander (1985:310) und Plate & Schneider (1989:96).

des seien in Ordnung. Die bereits festgestellte stärkere Affinität der männlichen Jugendlichen manifestiert sich auch in den Legitimationsmustern. Allerdings besteht – statistisch nicht signifikant – auch bei den anderen Fallbeispielen die Tendenz, dass die männlichen Jugendlichen die vorgegebenen Handlungen – seien sie gewalttätig oder nicht – eher als legitim betrachten als die weiblichen Jugendlichen. Diese durchgehende Tendenz einer stärkeren Legitimation sowohl gewalttätiger wie auch gewaltloser Reaktionen könnte darauf hinweisen, dass sich die männlichen Jugendlichen stärker mit den betroffenen Jugendlichen in den Fallbeispielen identifizieren als die weiblichen.

Hinsichtlich der Bereitschaft, Gewalthandlungen zu sanktionieren, zeigen die Ergebnisse, dass männliche Jugendliche punitivere Einstellungen aufweisen als weibliche (Tabelle 4). Diese ausgeprägtere Punitivität manifestiert sich darin, dass männliche Jugendliche eine Gewalthandlung tendenziell eher bestrafen würden als weibliche. Zieht man den erwähnten geschlechtsspezifischen Unterschied in der Beurteilung von Strafen hinzu, lässt sich der folgende Zusammenhang feststellen: Während männliche Jugendliche Strafen als schwerwiegender einschätzen als weibliche, sind sie auch eher bereit, Strafen auszusprechen.

Unterscheidet man zwischen Gewalt gegen Sachen und Gewalt gegen Personen, lässt sich ein interessantes Ergebnis ausmachen: Während eine überwiegende Mehrheit der befragten Jugendlichen beider Geschlechter Sachbeschädigung bestrafen würde, nimmt der Anteil bei Gewalt gegen Personen in Form sowohl von Erpressung als auch von Nötigung beträchtlich ab. Sachbeschädigung nimmt demzufolge in der Perzeption der Jugendlichen einen höheren Stellenwert ein als Erpressung, Erpressung einen höheren Stellenwert als Nötigung.[67] Ein möglicher Hinweis zur Erklärung dieses Sachverhaltes könnte darin gefunden werden, dass in unserer westlichen Gesellschaft das Materielle in Form eigenen Besitzes relativ hoch bewertet wird.

---

67 Auf ein ähnliches Resultat stoßen Lamprecht; Ruschetti & Stamm (1991: 133) hinsichtlich der Gewalt in Sportveranstaltungen. Die Autoren stellen fest, dass Sachbeschädigungen als schwerwiegender eingeschätzt werden als Gewalt gegen Personen. So werden Sachbeschädigung außerhalb (64,2 Prozent) und innerhalb der Stadien (61,3 Prozent) sowie Flaschenwürfe auf das Spielfeld (62 Prozent), also Sachgewalt, von den befragten jungen Männern als schwerwiegendere Probleme bewertet als Gewalt gegen Personen in Form von Tätlichkeiten gegen Spieler (40,3 Prozent) oder gegen den Schiedsrichter (39,7 Prozent). Dieser Befund wird als Hinweis dafür gesehen, dass „im heutigen stark durch materielle Aspekte dominierten Alltag soziale und gemeinschaftliche Werte zusehends in den Hintergrund treten."

Tabelle 4: Antworten auf die Frage „Wie würdest du ... bestrafen?",
differenziert nach Geschlecht, Häufigkeiten in Prozent

Strafen	Fall A Beschädig. v. Sachen wJ	mJ	Fall B Erpressung wJ	mJ	Fall C körperl. Stoß wJ	mJ	Fall D Nötigung wJ	mJ
keine Strafe[1]	9,8	3,0	34,1	24,3	(59,8)[2]	(62,9)[2]	60,5	46,6
Strafe selber ausführend:								
- verbale Gewalt	34,1	28,0	9,8	7,1	22,0	25,7	8,6	18,8
- physische Gewalt	1,2	11,8	0,0	7,1	0,0	2,9	3,7	20,3
Strafe delegiert[3]	30,5	29,4	40,2	47,1	- - -	- - -	3,7	4,3
anderes	24,4	27,8	15,9	14,4	18,3	8,6	23,5	10,1
Total	100	100	100	100	100	100	100	100

N zwischen 152 und 150 (N wJ=82; N mJ zwischen 70 und 68).

1) Bei Fall A sind die Anzahl Zellen mit einer exp. Freq.<5 zu hoch, weshalb kein Signifikanztest durchgeführt werden kann. Bei Fall D sind die Geschlechterunterschiede auf einem Niveau von p<0,001 signifikant, bei Fall B können keine statistisch signifikanten Unterschiede ausgemacht werden. Fall C fällt wegen einer anderen Antwortvorgabe (siehe Anmerkung 2) außer Betracht.
2) Bei diesem Fallbeispiel wurde anstatt „keine Strafe" die Antwort „anständig zurechtweisen" vorgegeben.
3) Kategorien „Anzeige", „Geldbuße" und „Gefängnis"

3.6 Konklusion

Es lassen sich in der Jugendgewaltperzeptionsforschung folgende Defizite ausmachen:

a) *Fokussierung auf den Gewaltbegriff und dessen Reduktion auf die Formen von Gewalt.* Dieser Aspekt ist bereits bei der methodischen Diskussion angesprochen worden. Da die empirischen Ergebnisse dieses Defizit der Gewaltperzeptionsforschung besonders verdeutlichen, soll noch einmal darauf hingewiesen werden. So beschränkt sich die überwiegende Mehrzahl der Untersuchungen auf die Untersuchung des Gewaltbegriffs beziehungsweise auf die Formen von Gewalt. Das folgende Ergebnis von Roski; Starke & Winkler (1994:46) liefert einen vagen Hinweis auf die Perzeption der Modalitäten von Gewalt: „Gewalt richtet sich aus ihrer Sicht (aus der Sicht der befragten Jugendlichen, die Verfasserin) in aller Regel gegen die Schwächeren. Sie wird auch delegiert – jeder sucht sich einen, der schwächer ist als er."

b) *Undifferenzierte Ergebnisse bezüglich der Frage nach Unterschieden zwischen den Geschlechtern.* Die meisten der dargelegten Untersuchungen stellen sich die Frage nach geschlechtsspezifischen Unterschieden in der Perzeption von Gewalt. Die Antworten beschränken sich allerdings auf ein Ergebnis: Weibliche Jugendliche beurteilen Gewalt negativer/schlimmer als männliche Jugendliche (Plate & Schneider 1989, Pilzer 1995). Die Befunde der eigenen Gewaltforschung lassen differenzierte geschlechtsspezifische Perzeptionsmuster ausmachen, gerade auch in Bezug auf Reaktions- und Bestrafungsmuster. Erinnert sei etwa das Ergebnis, wonach männliche Jugendliche punitivere Einstellungen aufweisen als weibliche. Es empfiehlt sich deshalb, den geschlechtsspezifischen Aspekt auf einem differenzierten Hintergrund – wie beispielsweise demjenigen der Gewaltmodalitäten – weiterzuverfolgen.

c) *Fehlende theoretische Einbettung der Gewaltperzeption Jugendlicher.* Der größte Teil der Untersuchungen richtet seine Aufmerksamkeit auf die empirische Erfassung spezifischer Gewaltperzeptionsmuster. Die Auswahl dieser Muster erscheint oft willkürlich, zumal keine theoretischen Voraussetzungen getroffen werden. Die empirischen Befunde werden selten theoretisch zu erklären versucht. Aus diesen Gründen drängt es sich auf, ein Modell zu konstruieren, welches die Gewaltperzeption Jugendlicher zu erklären vermag.

Kapitel 4
Theoretischer Hintergrund

Die Wahl der WissenschaftlerInnen zwischen konkurrierenden Theorien beruhen auf Faktoren, die sowohl im wissenschaftlichen als auch im außerwissenschaftlichen Feld zu suchen sind. Im letzteren sind einerseits individuelle Faktoren, die von der Lebenserfahrung und Persönlichkeit des einzelnen Forschers abhängen (Kuhn 1977:426ff), andererseits auch gesellschaftliche Umstände für die wissenschaftliche Theorienwahl bestimmend. So machte beispielsweise die englische Gesellschaftstheorie des 19. Jahrhunderts den Darwinschen Begriff des Kampfes ums Dasein präsent und akzeptabel.

Im wissenschaftlichen Bereich spielen Paradigmen[68] für die Wahl einer Theorie eine wichtige Rolle. Kuhn beschreibt in „Die Struktur wissenschaftlicher Revolutionen" anhand eines Stufenschemas seine Paradigmentheorie: Nach einer „präparadigmatischen Phase", in der eine Vielzahl rivalisierender Denkschulen existieren und die Problemlage unklar ist, folgt die „Normalwissenschaft". Auf dieser Stufe steht ein Paradigma in Monopolstellung. Da ein Paradigma jedoch nicht in der Lage ist, Probleme vollständig zu lösen, ist die charakteristische Tätigkeit auf dieser Stufe das Rätsellösen. Mangelnder Erfolg beim Rätsellösen erschüttert die Glaubwürdigkeit des Paradigmas und führt zu einer Krisen- beziehungsweise Revolutionsphase: Die Merkmale einer solchen Periode sind nach Kuhn unter anderem in einem Neuaufbau einer Disziplin, einer Auflösung der vorhandenen Probleme und einer Variantenvielfalt zu sehen. Diese Phase kann als das Ergebnis eines Wettstreits zwischen rivalisierenden Theorien angesehen werden. Nach Friedrichs (1985:61) scheint gerade in der Soziologie die Tendenz zu bestehen, ständig das zu treiben, was Kuhn (1973) „wissenschaftliche Revolution" nennt, ehe noch eines der vorgeschlagenen Paradigmen überhaupt hinreichend geprüft wurde. Wissenschaftlicher Fortschritt wird jedoch – dies die Ansicht des Autors – erst durch die Auseinandersetzung mit bestehenden Theorien möglich. Ich schließe mich dieser Argumentation an.

Die Sozialphänomenologie wird als ein Lösungsansatz des interpretativen Paradigmas betrachtet. Schütz, der Begründer dieser theoretischen Rich-

---

68 Kuhn (1973) bezeichnet mit Paradigma einen allgemeinen theoretischen, als Vorbild benutzten Rahmen, der sich in einzelnen Lösungsansätzen (Paradigmenversionen) konkretisiert.

tung, gilt als Klassiker der Soziologie. Soziologische Klassiker sind dazu bestimmt worden, weil sie Fragen gestellt haben, die allgemeingültig und überdauernd sind. Da es sich beim Schützschen Konzept der Lebenswelt um ein ahistorisches und universell gültiges Modell handelt, ist seine Gegenwärtigkeit unbestritten. Es stellt sich jedoch die Frage, was das Modell hinsichtlich Tatsachenkonformität, Widerspruchsfreiheit, Reichweite, Einfachheit und Fruchtbarkeit zu leisten vermag. Eine Antwort in Bezug auf die Leistungsfähigkeit des Lebenswelt-Konzeptes kann aber erst nach eingehender theoretischer wie empirischer Prüfung gegeben werden.

4.1 Alfred Schütz' Theorie der Lebenswelt

Neben der Sozialphänomenologie und die aus ihr weiterentwickelten Ethnomethodologie gehört der Symbolische Interaktionismus zu den bedeutendsten Versionen des interpretativen Paradigmas. Dieses setzt sich aus einer Reihe von Strömungen der modernen Soziologie zusammen, welche von phänomenologischen, handlungstheoretischen und ethnologischen Ansätzen ausgehen und durch die folgenden gemeinsamen Züge gekennzeichnet sind: Die konstitutiven Merkmale der sozialen Ordnung werden dem *Sinn* und den *Bedeutungen*, welche die Akteure in ihren Interaktionen produzieren, zugeschrieben. In den täglichen Interaktionen finden wechselseitige interpretative Prozesse statt, Sinn wird von den an der Interaktion beteiligten interpretativ konstruiert. Interaktionen widerspiegeln somit keine abbildbaren festen soziale Strukturen, sondern sind der permanenten Deutung unterworfen. Das interpretative Paradigma wendet sich gegen objektivierte Beschreibung und deduktive Erklärung (antinaturalistische Haltung). Das Augenmerk wird auf die Frage, wie Sinn im Alltagsleben der Akteure produziert wird, gerichtet. Denn im sozialen Leben hängt das Wesen einer Handlung davon ab, welche Bedeutung ihr die Akteure geben, und die kausalen Ursachen sowohl für ihr Auftreten als auch für den Ablauf und den Folgen variieren mit den Bedeutungen. Da diese Bedeutungen in symbolischen Begriffen definiert werden, ist es die Aufgabe der Soziologie, auch diese symbolischen Begriffe zu kennen. Dies setzt voraus, dass sie in Beziehung zum gesamten sozialen und kulturellen Kontext gesetzt werden, was somit ein Verstehen ermöglicht (Garfinkel 1967).

Diesen Richtungen des interpretativen Paradigmas ist im weiteren eine konstruktivistische Position[69] gemeinsam: Diese geht davon aus, dass die Interpretation der Realität konstruktiven Charakter aufweist. Die Perzeption der

---

69   Unter dem Stichwort Konstruktivismus ist eine metasoziologische Position zu verstehen, die von verschiedenen Richtungen der Soziologie eingenommen wird.

Welt ist nicht willkürlich, sie wird durch drei Faktoren mitbestimmt: a) durch den Wahrnehmungsapparat, b) durch die Kultur in Form des „konstruierten" Denkstils und den darin enthaltenen Deutungsmustern und c) durch den Gegenstand. Die folgende Abbildung soll die Perzeption aus der konstruktivistischen Sicht veranschaulichen.

Abbildung 4: Perzeption der Realität aus der Sicht des Konstruktivismus

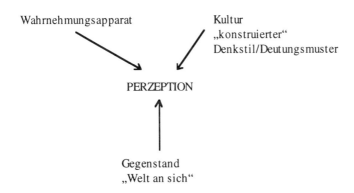

Quelle: Heintz (1992).

Der Wahrnehmungsapparat ist von universaler Gültigkeit. Der Gegenstand oder die „Welt an sich" bleiben unverändert. Variabel sind nur der „konstruierte" Denkstil und die darin enthaltenen Deutungsmuster. Die Perzeption der Welt liegt dadurch im Denkstil, unabhängig davon, wie die Welt an sich beschaffen ist. Ein Wandel des Denkstils führt unweigerlich zu einem Wandel in der Perzeption.

Gemäß der konstruktivistischen Perspektive stellt die Wissenschaft ebenfalls ein Konstrukt und keine adäquate Abbildung der Wirklichkeit dar. Ein Paradigmenwechsel in der Wissenschaft führt zu einer veränderten Perzeption des Wissenschaftlers. Diesen Vorgang führt uns Kuhn mit folgender Aussage vor Augen: „Obwohl sich die Welt nach einem Paradigmenwechsel nicht ändert, arbeitet der Wissenschaftler in einer anderen Welt" (Kuhn, zitiert von Heintz 1992).

Ob außerhalb der gedeuteten eine Realität existiert, hängt von der Radikalität der konstruktivistischen Ansätze ab. Innerhalb des Konstruktivismus sind zwei verschiedene Auffassungen entstanden: der ontologische Sozialkonstruktivismus und der kognitionstheoretische Konstruktivismus. Während der Sozialkonstruktivismus nach der Konstruiertheit von sozialen Wirklichkeiten fragt und dadurch ontologisch argumentiert, wird die konstruktivistische Perspektive bei der kognitionstheoretischen Variante auf den Aussagen den selbst gerichtet und gefragt, wie die Wirklichkeit kognitiv erzeugt wird (Knorr-Cetina 1989:86ff). Bei der ersten Variante wird die natürliche Welt faktisch vernachlässigt, bei der zweiten ist neben der sozialen auch die natürliche Welt Gegenstand der Betrachtungen.

Die konstruktivistische Sicht der Dinge und Ordnungen wird in den folgenden Ausführungen eine wichtige Rolle spielen.

4.1.1 Ausgangsposition der Schützschen Sozialphänomenologie

Die Sozialphänomenologie[70] geht von einer besonderen Struktur der sozialen Wirklichkeit aus. Die Besonderheit besteht darin, dass die soziale Realität einen „sinnhaften Aufbau" aufweist, dessen Rekonstruktion die Aufgabe der Sozialwissenschaften darstellt (Preglau 1989:64).

Alfred Schütz, Begründer dieser Theorierichtung der Soziologie, knüpft sowohl an Husserls Lebenswelt-Begriff an[71] als auch an die Webersche Auffassung der subjektiven Qualität allen menschlichen Handelns. Diese beiden Einflüsse lassen sich in der folgenden Wissenschaftsdefinition deutlich erkennen:

> „Die Wissenschaften, die menschliches Handeln und Denken deuten und erklären wollen, müssen mit einer Beschreibung der Grundstrukturen der vorwissenschaftlichen, für den – in natürlicher Einstellung verharrenden – Menschen selbstverständlichen Wirklichkeit beginnen. Diese Wirklichkeit ist die alltägliche Lebenswelt" (Schütz & Luckmann 1991a:25).

---

70 Sie ist auch unter den Termini Phänomenologische Soziologie oder Soziologische Phänomenologie bekannt. Luckmann (1979:205) betrachtet ersteren als begrifflichen Widerspruch. Die Phänomenologie sei keine wissenschaftliche, sondern eine philosophische Beschäftigung. Ihre Perspektive sei egologisch, die Methode „reflexiv", nicht „induktiv". Weiter konstituiere sie die invarianten Strukturen des Alltagslebens, was Luckmann eine Proto-Soziologie nennt. Und: „Eine Proto-Soziologie ist keine Soziologie, noch nicht und nicht mehr".

71 Der Lebenswelt-Begriff Husserls trat in viele Positionen der soziologischen Argumentation ein und erfuhr eine steile Karriere. Es existieren jedoch verschiedene Bedeutungsvarianten, die sich in einer Vielfältigkeit der Rezeptionen widerspiegeln und damit die soziologische Diskussion erschweren. Bergmann (1981:50ff) vermutet, dass diese Mehrdeutigkeiten ihren Ausgang gerade von Husserls Lebenswelt-Begriff genommen haben und unterstellt dem Begründer eine unklare Begriffsbestimmung.

4.1.2 Zum Begriff Lebenswelt

Die unklare Bestimmung des Begriffs Lebenswelt geht auf Husserl zurück, setzt sich bei Schütz fort und erschwert dadurch eine Auseinandersetzung mit dem Lebenswelt-Konzept.[72]

In erster Linie meint Schütz mit dem Begriff Lebenswelt die für den in der natürlichen Einstellung verharrenden Menschen selbstverständliche Wirklichkeit. Die natürliche Einstellung, ein Husserlscher Begriff, ist für Schütz die gewohnte Abfolge unproblematischer Erfahrungen. Die Lebenswelt stellt ein Wirklichkeitsbereich dar, „an der der Mensch in unausweichlicher, regelmäßiger Wiederkehr teilnimmt", und in den er eingreifen und verändern kann (Schütz & Luckmann 1991a:25). Seine Handlungsmöglichkeiten hingegen werden durch Gegenständlichkeiten, Ereignisse und das Handeln und Handelsergebnisse der Mitmenschen eingeschränkt.

Weiter ist die Lebenswelt, von Schütz auch als „alltägliche Lebenswelt" oder „Welt des Alltags" bezeichnet, jener Wirklichkeitsbereich, „den der wache und normale Erwachsene in der Einstellung des gesunden Menschenverstandes als schlicht gegeben vorfindet". Mit „schlicht" meint der Autor, dass die Welt „fraglos und selbstverständlich ‚wirklich' ist".

Schütz greift – wie Husserl – den Gedanken der Intersubjektivität auf. Die Lebenswelt ist eine intersubjektive und dadurch soziale Welt, zu der sowohl die Natur (der Bereich der Außenweltdinge) als auch die Sozialbeziehungsweise Kulturwelt gehört: „So ist meine Lebenswelt von Anfang an nicht meine Privatwelt, sondern intersubjektiv; die Grundstruktur ihrer Wirklichkeit ist uns gemeinsam" (A.a.O.:26). Die Lebenswelt besteht nicht nur aus materiellen Gegenständen und Ereignissen, sondern betrifft auch „alle Sinnschichten, welche Naturdinge in Kulturobjekte, menschliche Körper in Mitmenschen und der Mitmenschen Bewegungen in Handlungen, Gesten und Mitteilungen verwandeln" (A.a.O.:27). Sie gilt als Schauplatz und Zielgebiet des eigenen und wechselseitigen Handelns und als eine Wirklichkeit, die einerseits durch Handlungen modifiziert wird, andererseits selbst Handlungen modifiziert: „Unsere leiblichen Bewegungen greifen in die Lebenswelt ein und verändern ihre Gegenstände und deren wechselseitige Beziehungen. Zugleich leisten diese Gegenstände unseren Handlungen Widerstand, den wir entweder überwinden oder dem wir weichen müssen" (A.a.O.:28). Erst dadurch, dass der Mensch vergangene Ereignisse auslegt, findet er sich in der Lebenswelt zurecht und erfährt dadurch Sinn.

Mit welchen Mitteln die Strukturen der Lebenswelt ausgelegt werden, soll im nächsten Kapitel erläutert werden.

---

72 Welter (1986:170) spricht die Abgrenzungsproblematik an und bemängelt, dass sich bei den Schützschen Ausführungen die „Lebenswelt" nicht eindeutig von anderen Wirklichkeitsbereichen abhebe. Der Autor analysiert fünf mögliche Bedeutungen von „Lebenswelt" bei Schütz.

4.1.3 Perzeption und Genese von Einstellungen: Wissensvorräte, Erfahrungen, Typisierungen

Im Hinblick auf die Analyse von Gewaltperzeptionen interessiert die Art und Weise, wie das Individuum in „natürlicher Einstellung" seine Erfahrungswelt perzipiert beziehungsweise interpretiert und Einstellungen gewinnt.

Nach Schütz umfassen die konkreten Tatsachen der alltäglichen Perzeption Abstraktionen höchst komplizierter Natur. In jede Perzeption fließt unser Vorwissen über die Welt als Bezugsrahmen ein: „Genau genommen gibt es nirgends so etwas wie reine und einfache Tatsachen. Alle Tatsachen sind immer schon (...) interpretierte Tatsachen" (Schütz 1971:5).

Die Perzeption ist Element eines kontinuierlichen Bewusstseinsstroms und Resultat „eines komplizierten Interpretationsprozesses, in welchem die gegenwärtigen Wahrnehmungen mit früheren Wahrnehmungen (...) verbunden werden" (A.a.O.:123f).

Schütz zufolge bauen alle Interpretationen auf Wissensvorräten auf, die dem handelnden Individuum in seiner biographisch bestimmten Situation verfügbar sind: „Und schließlich wird jede Situation mit Hilfe des Wissensvorrats definiert und bewältigt" (Schütz & Luckmann 1991a:133).

Zunächst wählt das Individuum Aspekte seiner Umgebung aus und erkennt diese als Ausschnitt der Wirklichkeit. Dieser Prozess ereignet sich sowohl auf dem Hintergrund seiner Biographie als auch seinem System von Plänen bestimmte Interesse. Dabei greift das Individuum auf seinen Wissensvorrat beziehungsweise auf die für die Bestimmung der interessierenden Aspekte relevanten Teile des Wissensvorrates zurück. Schütz weist darauf hin, dass „die Begrenztheit der Situation und die räumliche, zeitliche und soziale Gliederung der subjektiven Erfahrung von der Lebenswelt zu den Grundelementen des Wissensvorrats gehören" (A.a.O.).

Die Wissensvorräte sind nur zu einem Teil das Ergebnis der Sedimentierung subjektiver, ehemals aktueller und situationsgebundener Erfahrungen (A.a.O.:158). Der größte Teil des Wissensvorrates ist „sozial abgeleitet", das heisst von FreundInnen, Eltern und Lehrkräften auf das Individuum übertragen:

> „Nur ein Bruchteil des Wissensvorrats ist in subjektiven Auslegungsprozessen erworben. Sozial vermitteltes Wissen wird jedoch nur zum geringen Teil in Auslegungsprozessen subjektiv ‚nachgeprüft'. Zum größten Teil besteht solches Wissen aus monothetischen Sinngebilden, deren polythetischen Aufbau man als fraglos hinnimmt, in ‚Rezepten', Denk- und Handlungsanweisungen etc., die man ‚gelernt' hat" (A.a.O.:202).

Hinsichtlich der Perzeption von Gewalt lässt sich schließen, dass Jugendliche ihr Wissen und ihre Vorstellungen über Gewalt nicht primär über den eigenen Erfahrungsbereich, vielmehr über Einstellungen und Deutungen aus ihrem Beziehungskreis bilden. Dabei muss eine weitere „Sozialisationsquelle" hinzugefügt werden, welche bei Schütz unerwähnt bleibt, in Bezug auf die Perzeption von Gewalt aber eine wichtige Rolle spielt: die Medien.

Der Wissensvorrat, Bezugsrahmen des Denkens, Handelns und Verstehens, variiert in Abhängigkeit vom Alter des Individuums:

> „Die Jungen besitzen hingegen nur einen Teil des Bestands an solchen Wissenselementen. Dieser Teil ist ebenfalls gesellschaftlich festgelegt. Zugleich wissen aber die Jungen, dass sie im Verlauf ihrer Biografie die ihnen noch fehlenden allgemein relevanten Wissenselemente erwerben werden (...)" (A.a.O.:369).

Auf dem Hintergrund einer altersspezifischen Verteilung des Wissens kann gefolgert werden, dass sich die Gewaltkonzepte der Jugendlichen von jenen der Erwachsenen unterscheiden.

Schütz stellt ebenfalls eine unterschiedliche Verteilung des gesellschaftlichen Wissens in Bezug auf die Relevanz zwischen den Geschlechtern fest, ohne jedoch näher auf den (gesellschaftlichen) Hintergrund dieser Relevanz einzugehen. So soll die Ausprägung differenzierter sozialer Relevanzstrukturen zwischen Männern und Frauen auf „vorsoziale Differenzierungen irgendwelcher Art" fundiert sein (A.a.O.:368). Hinsichtlich der Perzeption von Gewalt lässt dieser geschlechtsspezifische Umstand auf unterschiedliche Gewaltkonzepte zwischen weiblichen und männlichen Jugendlichen schließen.

Neben den Wissensvorräten und Erfahrungen existiert ein weiteres Verfahren, das Schütz zur Perzeption beziehungsweise Interpretation der Welt anführt: Typisierungen. Der Autor beschreibt sie als eine im Wissensvorrat abgelegte „Form von Vertrautheit, in der Gegenstände Personen, Eigenschaften, Ereignisse zwar nicht als ‚gleich', aber als ‚ähnlich' bestimmten früher erfahrenen Gegenständen, Personen, Eigenschaften oder Ereignissen erfasst werden (...)" (Schütz & Luckmann 1991a:277).

Typisierungen werden als integrierende Elemente der Lebenswelt betrachtet, weil sie als gesichert und gesellschaftlich bewährt erlebt werden. Sie formieren die Wahrnehmung für zukünftig auftretende Situationen und führen dazu, dass die Wahrnehmung selektiv wird. Zudem haben sie ihren Bezug zur Entstehungssituation verloren und sind zu einer Faktizität geworden, die dem Individuum nicht mehr bewusst ist.

Nach Schütz greifen Einstellungen auf den Wissensvorrat, Erfahrungen und Typisierungen zurück. Sie bestehen „aus der Bereitschaft, unter bestimmten, im System der Typik des subjektiven Wissensvorrats abrufbaren Umständen (...) bestimmte Ziele anzusteuern und dazu bestimmte Verhaltensweisen in Gang zu setzen" (Schütz & Luckmann 1991b:36).

Einstellungen sind nicht motiviert und dem Handelnden, wenn überhaupt, nur teilweise klar:

> „Man entwirft ja seine Einstellungen nicht: man plant handeln, aber nicht seine Neigungen zum Handeln. Man entschließt sich nicht, Furcht vor Schlangen zu ha-

77

ben; vielmehr ist diese Furcht aus spezifischen Erlebnissen ableitbar, z.B. aus einem Kindheitstrauma" (A.a.O.:35).

Mit Unklarheit meint Schütz, dass Einstellungen oft unbewusst sind und deshalb nicht explizit als solche geäußert werden können. Für die empirische Gewaltforschung bedeutet dies, Perzeptionen mit indirekten Fragemethoden zu erheben (vgl. dazu Kapitel 3.3).

Für die Gewaltperzeptionsforschung ist es unumgänglich, den von Schütz verwendeten Begriff der Einstellungen zu differenzieren beziehungsweise durch den Begriff Stereotyp zu ergänzen. Stereotype sind auf Typisierungen beruhende, starre Vorstellungsmuster. Als Beispiel sei das häufig geäußerte negative Stereotyp, gewisse Ausländergruppen seien gewalttätig, zu erwähnen.

4.2 Diskussion des Schützschen Lebenswelt-Konzeptes

Im folgenden sollen Vor- und Nachteile der vorgestellten Theorie in Bezug auf die Darstellung der Lebenswelt der Jugendlichen diskutiert werden. Im Schützschen sozialphänomenologischen Lebenswelt-Konzept werden universelle und invariante Strukturen der alltäglichen Lebenswelt beschrieben, die sich in allen kulturell bestimmten Alltagswelten wiederholen. Zur Erfassung dieser Lebensweltstrukturen erstellt Schütz ein allgemeines Raster, auf das sich auch die Untersuchung der alltäglichen Lebenswelt der Jugendlichen stützen kann.

Gemäß der Schützschen Theorie werden Jugendliche als aktiv und kreativ handelnde Individuen aufgefasst, die über einen modifizierbaren Wissensvorrat verfügen, den sie reflexiv und situationsbezogen zu gebrauchen wissen. Das ahistorische und universell gültige Konzept der Lebenswelt eignet sich zur Erfassung dieses Wissensbestandes. Derselbe spielt bei der Untersuchung der Gewaltperzeption Jugendlicher dahingehend eine Rolle, als er zur Konstruktion des individuellen Gewaltkonzeptes benötigt wird.

Im weiteren soll auf einige Kritikpunkte der Schützschen sozialphilosophischen Lebenswelt-Theorie in Bezug auf die Erfassung der Gewaltperzeption Jugendlicher eingegangen werden.

Ein erster Punkt betrifft die empirische Forschung. Diese nimmt in der Lebenswelt-Theorie keinen Stellenwert ein. In den „Strukturen der Lebenswelt" verweist Schütz auf die empirische Wissenssoziologie, um die Frage, wie die im gesellschaftlichen Wissensvorrat objektivierten Elemente innerhalb einer Gesellschaft verteilt sind, beantworten zu können (Schütz & Luckmann 1991a:364). Obwohl sich Schütz in seinen Ausführungen zur Methodologie der Sozialwissenschaften mit ihrer allgemeinen wissenschaftstheoretischen Problematik befasst hat, geht er nicht konkret auf eine spezifische Methode ein, sondern verweist auf Webers Methoden der verstehenden Soziologie. Schütz wird angelastet, er erläutere noch kritisiere er diese Methoden Webers (Victor Weber 1983:64).

Ein zweiter Kritikpunkt betrifft die Tatsachenkonformität einer Theorie (vgl. dazu Kuhn 1977). Ist das Schützsche Lebenswelt-Konzept fähig, vorauszusagen oder zu erklären, was unter bestimmten Umständen geschehen wird? Diese Frage muss verneint werden. Die sozialphänomenologische Theorie in ihrer interpretativen Ausrichtung ist keine Theorie der Veränderungen und dadurch nicht in der Lage, Voraussagen zu machen, die unter bestimmten Umständen eintreten. Diese Kritik hat für die vorliegende Untersuchung jedoch keine Bedeutung, da sie keiner Frage nach möglichen Veränderungen in den Gewaltperzeptionen der Jugendlichen nachgeht.

Eine weitere Kritik am Lebenswelt-Konzept wurde bereits angeschnitten und betrifft die Frage nach der gesellschaftlich unterschiedlichen Verteilung von Wissen, Relevanzen, Einstellungen und so weiter. Schütz geht in seinen Ausführungen von ungleichen Verteilungen aus, er spricht von unterschiedlichen Relevanzstrukturen zwischen den Geschlechtern, von sozialen Kategorien und Schichten, ohne jedoch auf diese spezifischen Mechanismen und ihre Differenzierungen einzugehen. Die Schützsche Theorie erlaubt durch ihre subjektivistische Perspektive das Erfassen von Meinungen, Einstellungen, Erlebnissen und so weiter.

Die Soziologie darf nicht beim Festhalten von Äußerungen stehenbleiben, sondern jene Faktoren herausarbeiten und mit einbeziehen, welche die Unterschiede erzeugen (Janning 1991:25) Gerade in Bezug auf das heterogene Bild der Jugend ist die Frage nach unterschiedlichen Ausprägungen der Gewaltwahrnehmung von besonderem Interesse.

Es drängt sich auf, nach einer Theorie Ausschau zu halten, die in ergänzender Weise in der Lage ist, jene Faktoren herauszuarbeiten, die unterschiedliche Gewaltperzeptionsmuster erzeugen. Damit ist der weitere Fortgang der Arbeit vorgezeichnet.

4.3 Pierre Bourdieus Theorie der Distinktion

„Leute von einigem Stande werden sich immer in kalter Entfernung vom gemeinen Volke halten, als glaubten sie durch Annäherung zu verlieren, und dann gibt's Flüchtlinge und üble Spaßvögel, die sich herabzulassen scheinen, um ihren Übermut dem armen Volke desto empfindlicher zu machen."

J. W. von Goethe: Die Leiden des jungen Werther

4.3.1 Ausgangsposition und Grundzüge der Bourdieuschen Theorie

Pierre Bourdieus Theorie grenzt sich sowohl vom Strukturalismus als auch von der Sozialphänomenologie ab. In erster Linie wirft Bourdieu dem strukturalistischen Ansatz vor, unreflektiert den eigenen konstruierten wissenschaftlichen Apparat auf die praktische Logik der Analyseobjekte zu übertragen und sie sich reduktiv unter dem Anspruch der Objektivität anzueignen. Weiter hält er eine ausschließlich objektivistische Perspektive, welche Strukturen in Form statistischer Regelmäßigkeiten erfasst, für unzureichend. Nach Ansicht des Autors ist eine objektivistische Soziologie, die soziales Handeln als fast zu vernachlässigendes Anhängsel von übergeordneten Strukturen begreift, Produkt einer sich nicht selbst reflektierenden Objektivierungsanstrengung, die auf einem intellektualistischen Standpunkt verharrt (Janning 1991).

Eine zweite Tradition in der Soziologie und Philosophie, von der Bourdieu sich distanziert, ist die Sozialphänomenologie. Für ihn sind diese Ansätze unzureichend, da sie zu sehr von politischen und philosophischen Voreingenommenheiten bestimmt sind. Weiter kritisiert Bourdieu, dass eine Soziologie, die sich nur auf Konstruktionen zweiten Grades, auf idealtypische Muster des Alltagsbewusstseins verlässt, verkennt, dass das, was die Handelnden im sozialen Raum vollziehen, viel mehr Sinn aufweist, als sie es selbst wissen und als die Sozialphänomenologie zu messen fähig ist. Die Handlungen der Akteure verweisen auf einen tiefliegenden, ihnen unbewussten, objektiven Sinn, nämlich auf das relationale Wirkungsverhältnis von sozialen Positionen, die sie sowohl in beliebigen Situationen, aber auch in der Gesamtgesellschaft einnehmen. Demzufolge ist eine Soziologie, welche die subjektive Perspektive der Individuen unhintergehbar zugrunde legt, nicht mehr fähig, die objektiven Relationen, die auch unterschiedliche Wirklichkeitsperzeptionen zur Folge haben, nämlich Herrschaftsstrukturen und deren Reproduktionsmechanismen, zu durchschauen. Der Autor betont, dass die Errungenschaften des strukturalistischen Objektivismus und des sozialphänomenologischen Subjektivismus durchaus zu nutzen sind, es soll jedoch stets die dialektische Beziehung beider Richtungen berücksichtigt werden. Zugleich soll sich die Soziologie nicht nur auf die Rekonstruktion objektiver Beziehungen und subjektiver Erfahrungen und Orientierungen der Akteure beziehen, sondern auch jene Faktoren, die Unterschiede zwischen den Individuen erzeugen, berücksichtigen. Bourdieu versucht deshalb die Errungenschaften des soziologischen Theoriengeflechts, die sich um die Pole Objektivismus und Subjektivismus angelagert haben, auf einer dritten Stufe, diese alten Dichotomien hinter sich lassend, weiterzuführen. Damit ist für die vorliegende Arbeit eine Theorie gefunden worden, die das sozialphänomenologische Konzept der Lebenswelt zu erweitern vermag.

Das Interesse Bourdieus gilt vorrangig der empirischen Kultursoziologie, spezifisch dem Verhältnis von Kultur, Herrschaft und sozialer Ungleichheit. Er vertritt die Ansicht, dass Kultur keine unschuldige Sphäre, sondern das entscheidende Medium zur Reproduktion der Klassenstrukturen in spätkapitalistischen Konsumgesellschaften sei. Ziel der Bourdieuschen Gesellschaftstheorie ist es, die Konstitution und Reproduktion sozialen Lebens zu verstehen und die Mechanismen aufzudecken, die dabei wirksam sind.[73]

Um den erwähnten Problemen des Objektivismus und Subjektivismus zu entgehen, knüpft Bourdieu am Praxiskonzept des frühen Marx an und entwickelt seinen theoretischen Ansatz als Ökonomie der Praxis. Diese von ihm als „praxeologisch" bezeichnete Perspektive beruht im Kern auf der allgemeinen Reproduktionsformel Struktur-Habitus-Praxis und der Annahme einer Universalität von Status- und Klassenkämpfen. Der Prozess der Reproduktion zeigt sich darin, dass eine *Struktur* (Klasse oder Verwandtschaft) bei Individuen oder Gruppen bestimmte Dispositionen ausprägt, die zu praktischen Handlungen und einer *Praxis* mit strategischer Eigenschaft führen, so dass die ursprüngliche Struktur reproduziert wird. Zwischen Struktur und Praxis vermittelt der *Habitus*. Der Habitus-Begriff wird in den Werken Bourdieus nirgendwo explizit definiert, sondern mit anderen Formulierungen erläutert und umkreist:

> „Da er ein erworbenes System von Erzeugungsschemata ist, können mit dem Habitus alle Gedanken, Wahrnehmungen und Handlungen, und nur diese, frei hervorgebracht werden, die innerhalb der Grenzen der besonderen Bedingungen seiner eigenen Hervorbringung liegen" (Bourdieu 1987:102).

Aufgrund dieser Umschreibungen charakterisiert Müller (1986:163) den Habitus als „System von Dispositionen, die als Denk-, Wahrnehmungs- und Beurteilungsschemata im Alltagsleben fungieren und deren Prinzipien sozialer Klassifikation als Klassenethos zum Ausdruck kommen". Bourdieu betrachtet den Habitus als ein Produkt kollektiver Geschichte und individueller Erfahrung, der klassenspezifische Verhaltensformen mit nutzenorientierten Strategien integriert. Er wird durch Internalisierung vor allem während der familiären Sozialisation geprägt und erweist sich als relativ stabil und dauerhaft.

---

73 Nach Blasius & Winkler (1989:72) wählt Bourdieu für die empirische Prüfung seiner Theorie ein „eigenwilliges Vorgehen". Den Autoren zufolge verbindet Bourdieu quantitative Forschungsergebnisse der Freizeit- und Konsumforschung und eine eigene Erhebung mit Auszügen aus qualitativen Interviews, passenden Funden aus Zeitschriften und Büchern sowie mit illustrierenden Fotos. In Bezug auf die statistische Auswertung der Daten beschränkt er sich in den ersten Teilen seines Werkes „Die feinen Unterschiede" auf Häufigkeitsverteilungen und zweidimensionale Tabellen und verzichtet auf Koeffizienten zur Beschreibung von Zusammenhängen, von Blasius & Winkler als „Attacke auf eine ‚positivistische' Variablensoziologie" benannt. Demgegenüber soll er im dritten Teil seiner Studie mit der Korrespondenzanalyse selbst eine derartige Vorgehensweise gewählt haben.

Da der Habitus meist Klassenhabitus bedeutet, werden durch ihn objektive Klassenlagen reproduziert:

> „Zwar ist ausgeschlossen, dass *alle* Mitglieder derselben Klasse (oder auch nur zwei davon) *dieselben Erfahrungen* gemacht haben, und dazu noch *in derselben Reihenfolge*, doch ist gewiss, dass jedes Mitglied einer Klasse sehr viel größere Aussichten als ein Mitglied irgendeiner Klasse hat, mit den für seine Klassengenossen häufigsten Situationen konfrontiert zu werden" (Bourdieu 1987:112; Hervorhebung im Original).

Die Klassenzugehörigkeit, ermittelt durch den Beruf, die Berufsrolle und das kulturelle Kapital, reicht jedoch nicht aus, um den Habitus zu bestimmen. Der Autor weist darauf hin, dass dieser ebenso durch die Faktoren, Geschlecht, soziale Stellung, soziale Herkunft und ethnische Zugehörigkeit determiniert wird (Bourdieu 1993:81).

Bourdieu, der die Ansicht vertritt, dass auch die kulturellen Sphären gegenwärtiger Gesellschaften nach ökonomischen Kriterien organisiert sind, weitet den Kapitalbegriff aus und unterscheidet zwischen ökonomischem, sozialem und kulturellem Kapital. Das ökonomische Kapital führt erst mit dem Einhergehen der beiden anderen Kapitalsorten zu Machtpositionen. Das kulturelle Kapital, über das ein Mensch durch seine schulische Ausbildung verfügt, bildet dabei den wichtigsten Teil. Es ist keine nur individuelle Größe, sondern durch Familientradition vererb- und vermehrbar und wird durch das gesellschaftliche Unterrichtssystem und familiäres Erbe stets reproduziert. Obwohl die Bedeutung des ökonomischen Kapitals verglichen mit dem kulturellen Kapital abnimmt, bildet es das notwendige Fundament.

Das kulturelle Kapital wird nach den folgenden drei Erscheinungsformen differenziert: Objektiviertes, institutionalisiertes und inkorporiertes Kulturkapital. Das objektivierte Kulturkapital umfasst das Wissen und die Kulturgüter, das institutionalisierte zeigt sich in Form schulischer Titel. Mit inkorporiertem Kulturkapitel wird die im Prozess der Sozialisation in Familie und Schule stattfindende Verinnerlichung, die zur Aneignung von kulturellem Kapital erforderlich ist, bezeichnet. Das Potential dieser Verinnerlichung fungiert als Kompetenz im kognitiven Sinn oder als Geschmack im ästhetischen Sinn und äußert sich als *Distinktion*. Die Inkorporation, von jedem Individuum wieder neu zu vollziehen, wird von Bourdieu (1983:187) als ein Besitztum charakterisiert, „das zu einem festen Bestandteil der ‚Person', zum Habitus geworden ist (...)".

4.3.2 Theorie der Distinktion

Das Hauptziel, das Bourdieu mit seiner Studie „Die feinen Unterschiede" verfolgt, ist die Entlarvung der auf Kant zurückgehenden bürgerlichen Ideologie, wonach es auf der einen Seite einen aufgeklärten, wahren oder ästhetischen Geschmack und auf der anderen Seite einen minderwertigen, barbarischen Geschmack gebe. Der Autor geht davon aus, dass der Geschmack weder individuell noch einem persönlichen Verdienst zuzuschreiben ist, sondern als etwas Gesellschaftliches betrachtet werden muss. Es ist nicht zufällig, wie man sich kleidet, was man isst, mit wem man befreundet ist und welche Veranstaltungen man zu besuchen pflegt:

„Sportveranstaltungen (zumal der populären Disziplinen) werden hauptsächlich von Handwerkern, Händlern, Arbeitern, unteren und mittleren Angestellten besucht (…), gleiches gilt für das Interesse an Sportberichten im Fernsehen (Fußball, Rugby, Radrennen, Pferderennen). Angehörige der herrschenden Klasse sind dagegen weitaus abstinenter im Hinblick auf den Konsum von Sportveranstaltungen – sowohl live wie auf dem Bildschirm – mit Ausnahme von Tennis, Rugby und Ski" (Bourdieu 1993:343).

Bourdieu strukturiert die Denk-, Wahrnehmungs- und Beurteilungsweisen im sozialen Leben und führt die Verteilung dieser auf die Stellung innerhalb der Sozialstruktur und auf die Ausstattung mit ökonomischem und vor allem kulturellem Kapital zurück, was nach Bourdieus Ansatz Klassenzugehörigkeit bedeutet (Müller 1986:175). Diese klassenspezifischen Denk-, Wahrnehmungs- und Beurteilungsweisen führen zu unterschiedlichen Geschmacksvarianten. Es werden drei Geschmackskonstellationen unterschieden, die mit entsprechender Klassenzugehörigkeit verbunden sind: der distinguierte (Luxus-)Geschmack der „herrschenden Klasse"[74], die Bildungsbeflissenheit der „mittleren Klassen" und der Notwendigkeitsgeschmack der „unteren Klasse". Mit dieser Unterscheidung begründet er ein neues Klassifikationssystem, das Klasse bewusst nicht nur an der ökonomischen Position, sondern auch am kulturellen Konsum festmacht. So wählen die Mitglieder der herrschenden Klasse mit hohem ökonomischen beziehungsweise kulturellem Kapital Kulturgüter mehr nach der (ästhetischen) Form, während die Mitglieder der unteren Klasse, die sich durch relativ geringes ökonomisches und kulturelles Kapital auszeichnen, Kulturgüter nach der Funktion und deren Nützlichkeit wählen. Die Mitglieder der mittleren Klasse hingegen eignen sich über eine Erhöhung des kulturellen Kapitals, insbesondere durch Bildungsbeflissenheit, Symbole der herrschenden Klasse an.

Neben dem ökonomischen Klassenkampf existiert nach Bourdieu ein symbolischer Klassenkampf, da nicht nur um die Verteilung von Dienstleistungen und Gütern gerungen wird, sondern auch um die richtigen Werte, legi-

---

74 Gemäß ihrer ökonomischen und kulturellen Kapitalstruktur unterteilt Bourdieu die „herrschende Klasse" in drei Berufsgruppen: erstens die Gruppe der verbeamteten Intelligenz, der gutverdienenden Intellektuellen und Künstler, zweitens die Gruppe der als Rechtsanwälte, Ärzte oder Architekten freiberuflich Tätigen und drittens die Gruppe der Eigentümer und Manager im großindustriellen Sektor. Weiter bezeichnet Bourdieu die „Bourgeoisie" als „dominante Fraktion der herrschenden Klasse", „Intellektuelle" entsprechend als „dominierte Fraktion der herrschenden Klasse" (Bourdieu 1993:287).

timen Standards und unterschiedlichen Lebensstile. „Der eigentliche Schauplatz der symbolischen Kämpfe", erläutert Bourdieu, „ist freilich die herrschende Klasse selbst" (Bourdieu 1993:395). Hierbei tritt der Mechanismus der „*Distinktion*" hinzu. Die objektiven Unterschiede der Verteilung von Ressourcen und Merkmalen zwischen den sozialen Klassen beziehungsweise Positionen werden im symbolischen Kampf zu „Distinktionen". Nach Honneth (1984:156) bezeichnet Bourdieu mit diesem Begriff „alle Versuche, dem eigenen Lebensstil durch die demonstrative Abgrenzung gegenüber dem Massengeschmack die Aura kultureller Höherwertigkeit zu verleihen". Dabei sind die Gruppen der herrschenden Klasse auf die spezifischen Mittel verwiesen, die ihnen ihr jeweiliges Kapital zur Verfügung stellt. Wie sich die Abgrenzung genau vollzieht, lässt sich nicht bestimmen, da Bourdieu den Begriff Distinktion mehrdeutig verwendet: Zum einen als bewusste, gewollte Abgrenzung, zum anderen als objektive, strukturbedingte Abgrenzung (Müller 1986:182).

Der Kampf, den die herrschende Klasse unentwegt um das höchste Maß an stilistischer Exklusivität führt, bildet nach Bourdieu den eigentlichen Motor der kulturellen Entwicklung (Honneth 1984:158). Im Gefolge dieser Auseinandersetzungen sind Popularisierungsprozesse auszumachen, das heißt, Mitglieder der mittleren Klasse versuchen sich Praktiken und symbolische Güter anzueignen. Historisch zeigt sich dieser Prozess beispielsweise in der zunehmenden Aneignung von Bildungstiteln oder der Öffnung von Museen für die breite Öffentlichkeit. Der dadurch erzeugte Distinktionsverlust wird von der herrschenden Klasse durch Extravaganzen aufgefangen und die Distinktionsdistanz durch die Erzeugung von Neuem wieder hergestellt (Blasius & Winkler 1989:75). Die Distinktion wird von den unteren Schichten als ein Auf-Distanz-Halten verstanden. Umgekehrt werden die Unterschichten von den Angehörigen der herrschende Klasse als eine Art Kontrastfolie gebraucht:

„In der Tat erscheinen die unter ökonomischem Gesichtspunkt unterprivilegiertesten am härtesten betroffenen Klassen in diesem Spiel von Verbreitung und Distinktion, das das eigentliche kulturelle Spiel ist und sich objektiv nach der Klassenstruktur organisiert, nur als Kontrastmittel, d.h. als der zur Hervorhebung der anderen notwendigen Gegensatz bzw. als ‚Natur'. Das Spiel der symbolischen Unterscheidungen spielt sich also innerhalb des engen Raumes ab, dessen Grenzen die ökonomischen Zwänge diktieren, und bleibt, von daher gesehen, ein Spiel der Privilegierten privilegierter Gesellschaften, die es sich leisten können, sich die wahren Gegensätze, nämlich die von Herrschaft, unter Gegensätzen der Manier zu verschleiern" (Bourdieu 1974:72f).

Ferner versucht Bourdieu den Nachweis zu führen, dass einerseits Bildungsniveau und kulturelle Kompetenz zusammenhängen, andererseits die Aneignungsweisen von Bildung und kultureller Kompetenz mit entsprechenden Geschmacksstilen korrespondieren. Aufgrund seiner Untersuchungen stellt der Autor fest, dass ein Bildungstitel dieselbe Wirkung erzielt wie ein

Adelsprädikat: Dem Schulabsolventen garantiert er eine gewisse Ausbildung, eine mittels Bildungsstatus zugeschriebene Kompetenzvermutung, die nicht nachgeprüft wird, und – dies ist von besonderer Wichtigkeit – eine bestimmte Art, die Welt zu perzipieren: Das durch die Institution Schule vermittelte Bildungskapital fördert neben dem Selbstbewusstsein und Anspruchsdenken ihrer AbgängerInnen auch die Ausbildung einer ästhetischen Einstellung. Diese ästhetische Einstellung stellt das Produkt der Bildungswelt in zeitlicher, sachlicher und sozialer Hinsicht dar: „Entlastet von den materiellen Zwängen wird die Adoleszenzphase bewusst verlängert und der Bildung gewidmet, die sich aus der utilitaristischen Perspektive der ökonomischen Welt wie überflüssiger Zierart ausnimmt" (Müller 1986:177). Die in der schulischen Ausbildung stattfindende kulturelle Vermittlung von Kunst, Malerei und Literatur bewirkt die Herausbildung einer ästhetischen Einstellung und die Entwicklung eines kognitiven Klassifikationsvermögens. Zugleich vermittelt die Schule die sprachlichen Ausdrucksfähigkeiten, um die ästhetischen Beobachtungen zu formulieren und stellt jene ausgewählten Standards zur Verfügung, die als „richtiges Auge" oder „reiner Blick" bezeichnet werden, und die die Decodierungsarbeit zu leisten gestatten. Die Decodierungsarbeit besteht darin, die in der Schule gelernten Kriterien der Kunstperzeption auf Werke anzuwenden und ihren Bedeutungssinn zu entdecken.

4.4 Diskussion der Bourdieuschen Theorie

Anhand der Bourdieuschen Gesellschaftstheorie ist es gelungen, das Schützsche Lebenswelt-Konzept auf fruchtbare Weise zu erweitern: Mit Hilfe des Distinktions-Konzeptes konnte der theoretische Hintergrund für die Erfassung von Mechanismen und Differenzierungen innerhalb der heterogenen Kategorie der Jugendlichen geschaffen werden.

Obwohl der Begriff Distinktion eine zentrale Rolle in Bourdieus Ansatz spielt, ist er nicht unproblematisch. Die Schwierigkeit besteht darin, dass der Distinktions-Begriff von Bourdieu mehrdeutig verwendet wird (vgl. Kapitel 4.3.2).[75] Dieser unausgearbeitete Charakter des Distinktions-Theorems führt dazu, dass Ausführungen im Zusammenhang mit dem Distinktions-Begriff ebenfalls mehrere Lesarten offenlassen, was sich in den unterschiedlichen Interpretationen der BourdieurezipientInnen niederschlägt. Nach Blasius & Winkler (1989) wird beispielsweise Distinktion zur bewussten Abgrenzung eingesetzt. Sie interpretieren: „Je höher die soziale Lage, umso mehr wird distinguiert und werden Distinktionsgewinne erwirtschaftet." Diese Interpre-

---

75 Dasselbe Problem einer unklaren Begriffsdefinition zeigte sich bereits beim Begriff der Lebenswelt, der von Husserl ungenau umrissen wurde.

tation scheint mir fraglich und aus den Ausführungen Bourdieus auch nicht ersichtlich zu sein. Andere RezipientInnen übernehmen den Distinktions-Begriff ohne zu hinterfragen und auszuführen (beispielsweise Treibel 1993). Trotz der berechtigten Kritik an der unzulänglichen Ausarbeitung des Distinktions-Begriffs ist Bourdieus theoretischer Ansatz wertvoll und bildet für die vorliegende Arbeit eine geeignete theoretische Grundlage.

Bourdieu (1993) analysiert in seinen empirischen Untersuchungen einige wenige, jedoch nicht uninteressante Unterschiede zwischen den Geschlechtern. Der Autor geht von einem bipolaren Geschlechtermodell aus, in dem das Weibliche und Männliche als Gegensätze dargestellt werden. Dieser binäre, nach Bourdieus Ansicht durch die Gesellschaft produzierte Geschlechterunterschied[76], verhält sich analog dem Verhältnis der unteren Klassen zur herrschenden Klasse. Bedauerlicherweise unterlässt es der Autor, diese interessante Analogie genauer zu umreißen und theoretisch zu erfassen.[77] Ich nehme aber an, dass zwischen den Geschlechtern ebenfalls ein distinktiver Mechanismus vorzufinden ist, zumal unsere Gesellschaft patriarchalisch geprägt ist. Wie sich diese Abgrenzungen im Geschlechterverhältnis manifestieren, müsste differenzierter untersucht werden.

Ferner stellt der Autor fest, dass sich die Differenz zwischen den Geschlechtern mit steigendem sozialem Status abschwächt. Im Bildungsbürgertum zeigt sich die Abschwächung durch eine beidseitige Angleichung der Geschlechter am deutlichsten:

> „Im übrigen schwächt sich der gesellschaftlich produzierte Unterschied zwischen den Geschlechtern ab, steigt man in der gesellschaftlichen Hierarchie nach oben und vor allem bis zu den dominierten Fraktionen der herrschenden Klasse, in denen die Frauen sich zunehmend typische Vorrechte der Männer (wie das Interesse an Politik und die Lektüre der sogenannten führenden Meinungsorgane) aneignen, während hier die Männer sich zu Interessen und Einstellungen (z. B. in Fragen des Geschmacks) bekennen, die sich in anderen Klassen als ‚verweiblicht' abstempeln würden" (A.a.O.:599).

In seinen Untersuchungen spielt der Faktor Bildung eine wichtige Rolle. Der Autor stellt fest, dass Bildung einen bedeutenden Einfluss auf die Herausbildung unterschiedlicher Perzeptionsmuster der Gesellschaftsmitglieder ausübt. Blasius & Winkler (1989) bestätigen diesen Zusammenhang in ihrer Untersuchung, in der sie den Bourdieuschen Ansatz und seine Vorgehensweise auf die deutsche Gesellschaft zu übertragen versuchen. Ihren Ergebnissen zufolge

---

[76] Mit dieser konstruktivistischen Argumentation knüpft Bourdieu an die neuere soziologische Geschlechterdiskussion an, welche die auf biologischem Fundament fassende Zweigeschlechtlichkeit anzweifelt und von verschiedenen kulturellen Konstruktionen von Geschlecht ausgeht (vgl. dazu beispielsweise Hagemann-White 1988).

[77] Dieser Vorwurf der Vernachlässigung von theoretischen gegenüber empirischen Aussagen gilt meines Erachtens für den größten Teil der Bourdieuschen Untersuchung. So bleibt etwa auch die Frage ungeklärt, warum die sozialen Gruppen untereinander um Distinktionsmerkmale konkurrieren (Honneth 1984:161).

bestehen konträre Lebensstile zwischen, aber kaum innerhalb der herrschenden, mittleren und unteren Klassen. Ferner stießen die Autoren auf abgrenzbare, berufsunabhängige Kategorien, die Bourdieu in seinen Untersuchungen nicht berücksichtigt hat: StudentInnen, Lehrlinge, RentnerInnen und Hausfrauen/-männer. Sowohl die Trennung von ökonomischem und kulturellem Kapital – ebenfalls ein Ergebnis ihrer Untersuchung – als auch die Existenz der berufsunabhängigen Lebensstile können nach der Ansicht von Blasius & Winkler (1989) als Indikatoren für die Bedeutung von Bildung bei der Generierung von Lebensstilen interpretiert werden. Dazu wird eine Untersuchung zitiert, deren Ergebnisse in eine ähnliche Richtung weisen:

> „Mit der (Bildungs-, die Verfasserin) Expansion ist der Wert von Bildung als Statusgarantie gesunken, als Schlüssel zur kulturellen Teilhabe dagegen gestiegen und der Bedeutungsschwerpunkt der Bildung von Lebenschancen zum Lebensstil verlagert worden" (Meulemann 1987, zitiert in: Blasisus & Winkler 1989:91).

Aufgrund der Tatsache, dass der soziale Status mit der Bildungsstufe, welche hierarchische Eigenschaften aufweist, verknüpft ist, kann angenommen werden, dass sich in der Lebenswelt der Jugendlichen neben den geschlechtsspezifischen auch bildungsspezifische Distinktionen ausmachen lassen. Damit müsste sich die bereits erwähnte Feststellung Bourdieus, wonach sich die Geschlechterdifferenz mit zunehmendem sozialem Status abschwächt, auch bildungsspezifisch beobachten lassen.

4.5 Konklusion

Auf dem Hintergrund des Schützschen Ansatzes kann nun gefolgert werden, dass sich die ausgemachten Distinktionen zwischen den männlichen und den weiblichen Jugendlichen sowie zwischen den AbsolventInnen verschiedener Schulstufen auf die Perzeption und spezifisch auf die Perzeption von Gewalt auswirken.

Geschlechts- und bildungsspezifische Perzeptionen von Gewalt sind bereits im Jugendalter lebensweltlich verankert. Oder anders ausgedrückt: *Nicht die Faktoren Geschlecht und Bildung, sondern die zwischen den Geschlechtern beziehungsweise zwischen den AbsolventInnen verschiedener Schultypen vorherrschenden Distinktionen bewirken unterschiedliche Gewaltperzeptionen.*

In der Jugendgewaltforschung ist eine (alte) Kontroverse in Bezug auf den Faktor Bildung in Gang. Während die eine Position die empirisch ausgemachten Unterschiede in der Gewalthäufigkeit auf den Schultyp zurückführt, vertritt die andere Position die Auffassung, die soziale Herkunft beziehungsweise andere Merkmale der SchülerInnen[78] seien für die Differenzen in der Gewalthäufigkeit verantwortlich. Mit dem vorliegenden Ansatz, die (Gewaltperzeptions-)Unterschiede mit dem Distinktions-Theorem zu erklären, eröffnet sich der polarisierten Kontroverse in der Jugendgewaltforschung eine neue Perspektive.

Andererseits liegt die spezifische Erklärungskraft dieses Ansatzes darin, die differente Gewaltperzeption nicht auf die Lebenswelt der Jugendlichen zurückzuführen, sondern in *gegenteiliger Richtung* von der Lebenswelt der Jugendlichen auf die differente Gewaltperzeption zu schließen.[79]

---

78 Leider werden diese Merkmale von Fuchs; Lamnek & Luedtke (1996), welche die genannte Kontroverse aufzeigen, nicht genauer umschrieben.
79 Eine ähnliche Sichtweise vertritt Kersten (1997) hinsichtlich der geschlechtsspezifischen Ausübung von Kriminalität: Während es in der kriminologischen Forschung Usus ist, – sofern der Zusammenhang zwischen Geschlecht und Kriminalität zum Gegenstand wird – Kriminalität auf das Geschlecht zurückzuführen, kehrt der Autor diesen Kausalzusammenhang um und versucht auf kulturvergleichendem Hintergrund unterschiedliche Formen der männlich dominierten Kriminalität und deren Kontrolle als sozial und historisch eingebettete „Bewerkstelligung von Geschlechtszugehörigkeit" sowie die mit Kriminalität und Kontrolle verknüpften Praktiken als „state of play" zwischen (hegemonialen und untergeordneten) Männlichkeiten zu verstehen.

Kapitel 5
Explikation der Fragestellungen

Im folgenden sollen in Anknüpfung an den theoretischen Argumentationsrahmen einige Charakteristiken der Lebenswelt der Jugendlichen dargestellt und mit deren Hilfe die Ausgangsfragestellung „Wie perzipieren Jugendliche Gewalt?" konkretisiert werden.

Hinsichtlich der Lebenswelt der Jugendlichen lassen sich drei Elemente unterscheiden (Lenz 1988): 1. Die Lebenswelt der Jugendlichen ist eine Zwischenwelt. 2. Sie beinhaltet Entwicklungsaufgaben[80] und 3. umfasst verschiedene Lebensweltbereiche. In der Jugendforschung wird Jugend oft als Übergangsphase zwischen dem Kindes- und Erwachsenenalter bezeichnet. Jugendliche leben demzufolge in einer Zwischenwelt – zwischen den beiden klar umrissenen und stark strukturierten Welten der Kinder und der Erwachsenen. Für die Lebensphase Jugend sind altersspezifische Anforderungen und Erwartungen, sogenannte Entwicklungsaufgaben, relevant. Weiter umfasst die jugendliche Lebenswelt unterschiedliche Lebensweltbereiche. Die in der Jugendforschung dominierenden Bereiche sind: a) Familie, b) Peer group, c) Schule und d) Arbeitswelt. Der letztgenannte Bereich, die Arbeitswelt, tritt bei einem Großteil der Jugendlichen nach Abschluss der allgemeinen Schulpflicht erstmals in Erscheinung. Da die in dieser Untersuchung erfassten Jugendlichen die allgemeine Schulpflicht noch nicht erfüllt haben, wird dieser Bereich nicht in Betracht gezogen. Zudem wird der Lebensweltbereich der Peer group in den umfassenderen Bereich der Freizeit integriert, weil dadurch Bezug auf das Freizeitverhalten und den Medienkonsum genommen werden kann.[81]

Neben dieser bereichsspezifischen Charakterisierung lassen sich auf dem Hintergrund der Schützschen Theorie weitere Elemente der Lebenswelt ausmachen: die Strukturmerkmale. Als Strukturmerkmale werden nach Kaiser &

---

80 Entwicklungsaufgaben sind kulturell und gesellschaftlich vorgegebene Erwartungen und Anforderungen, die an bestimmte Personen einer bestimmten Altersgruppe gestellt werden, beispielsweise im Jugendalter die Transformation der Beziehung zu den Gleichaltrigen. Sie werden in der entwicklungspsychologischen Literatur in unterschiedlicher Weise klassifiziert (vgl. dazu Fend 1990:12ff).
81 JugendforscherInnen wie Breckner (1987, zitiert in Lenz 1988:14) ordnen den Medienkonsum der Jugendlichen der Herkunftsfamilie zu und lassen damit außer Acht, dass Jugendliche vorwiegend in ihrer Freizeit alleine oder in der Peer group Medien benutzen.

Kaiser (1994:134f) genannt: Interaktionsmuster, Skripts, biographische Wege, Handlungserwartungen, Legitimations- und Deutungsmuster. Diesen Beispielen soll ein für die vorliegende Arbeit zentrales, weiteres Strukturmerkmal hinzugefügt werden: das Assoziationsmuster. In Anlehnung an die Psychologie kann unter einem Assoziationsmuster eine Verknüpfung von Vorstellungen verstanden werden, von denen die eine Vorstellung die andere hervorgerufen hat.

Die Strukturmerkmale bilden das Gerüst der Lebenswelt, ohne diese jedoch starr festzulegen:

„Der Handelnde muss zwar im Rahmen seiner Lebenswelten[82] die je spezifische Ausprägung der Strukturmerkmale kennen, sie sich erarbeiten, aber er kann und wird immer in seinem alltäglichen Handeln Modifikationen anbringen: Interaktionen variieren, Drehbücher modifizieren, Legitimationsmuster ändern und gewichten, vielleicht sogar einzelne Rechtfertigungsgründe zurückweisen, bestimmte Handlungserwartungen bewusst nicht einnehmen" (A.a.O.:136).

In Kapitel 3.2 wurde der Begriff Perzeption eingeführt und anhand des Faktors Gewalt konkretisiert. Dabei wurde aufgezeigt, wie Informationen, die über die Umwelt oder das Selbst aufgenommen werden, in das vorhandene Konzept eingefügt und unter Berücksichtigung bereits bestehender Einstellungen, Motive, Erfahrungen und Vorurteile selektiert werden. Dieser Perzeptionsprozess wiederholt sich, was dazu führt, dass ein bestehendes Konzept Modifizierungen erfahren kann. Was ist nun aber unter einem Gewaltkonzept zu verstehen? Anhand der dargestellten Strukturmerkmale der Lebenswelt beziehungsweise der Lebensweltbereiche lässt sich der Begriff Gewaltkonzept empirisch darstellen. Das Grundelement des Gewaltkonzeptes stellt der Gewaltbegriff dar. Daran schließen sich weitere Strukturmerkmale wie Gewaltlegitimationsmuster, Reaktionsbereitschaftsmuster auf Gewalthandlungen und Bestrafungsbereitschaftsmuster von Gewalthandlungen.[83]

Die vorliegende Untersuchung setzt sich mit der Erfassung und Analyse des *Gewaltbegriffs* der Jugendlichen auseinander. In Anlehnung an das Lebenswelt-Konzept sowie Bourdieus Theorie konnte aufgezeigt werden, dass zwischen den weiblichen und männlichen Jugendlichen sowie zwischen den AbsolventInnen verschiedener Schulstufen lebensweltlich verankerte Distinktionen auszumachen sind, welche sich unter anderem in den Perzeptionsmustern von Gewalt niederschlagen.[84] Auf diesem Hintergrund interessiert die geschlechts- und bildungsspezifische Perzeption von Gewalt beziehungsweise der geschlechts- und bildungsspezifische Gewaltbegriff. Die vorliegende Untersuchung widmet sich schwerpunktmäßig der Analyse des *geschlechtsspezifischen* Gewaltbegriffs, was zur Folge hat, dass die bildungs-

---

82 Hier begegnet uns die falsche Interpretation des Schützschen Lebenswelt-Konzeptes, wonach das Individuum in mehreren Lebenswelt*en* lebt.
83 Vgl. dazu Kapitel 3.3.
84 Vgl. dazu Kapitel 4.3.1.

spezifische Analyse in den Hintergrund rückt. Im folgenden sollen deshalb jene Aspekte, welche den bildungsspezifischen Gewaltbegriff betreffen, in Klammern beigefügt werden.

Welche Unterschiede sind hinsichtlich des Gewaltbegriffs zwischen den weiblichen und männlichen Jugendlichen (beziehungsweise zwischen den AbsolventInnen der verschiedenen Schulstufen) auszumachen? Es lassen sich die folgenden Fragestellungen formulieren, welche im weiteren Verlauf dieser Arbeit empirisch beantwortet werden sollen:

Welche Handlungen werden von Jugendlichen als Gewalt bezeichnet, welche nicht? Verwenden Jugendliche einen eher weiten Gewaltbegriff, in dem auch psychische Formen integriert sind oder eher einen restriktiven Begriff, der sich auf physische Handlungen beschränkt? Welche Eigenschaften schreiben Jugendliche Gewalt zu? Wie entwickelt sich nach den Vorstellungen der Jugendlichen Gewalt? In welchem Kontext perzipieren Jugendliche Gewalt? Lassen sich in den Perzeptionen lebensbereichsspezifische Vorstellungen von Gewalt ausmachen? Und: Sind in den Gewaltperzeptionen der Jugendlichen spezifische Geschlechterzuschreibungen erkennbar?

Kapitel 6
Methodische Angaben zur SchülerInnenbefragung

6.1 Erhebungsmethode: Kombination zweier Forschungstechniken

Als Befragungsinstrument zur Erfassung des Gewaltbegriffs Jugendlicher wurde eine Kombination zweier Techniken gewählt: Das Verfassen von Texten sowie eine ergänzende schriftliche Befragung mittels geschlossenen Fragen. Beide Techniken wurden in einen „Fragebogen" integriert.

6.1.1 Verfassen von Texten und schriftliche Befragung

In der pädagogischen Jugendforschung nehmen von Jugendlichen verfasste Texte eine wichtige Rolle ein. In Bezug auf ihre Reliabilität werden zwei verschiedene Entstehungsmethoden kritisch diskutiert: Texte, welche spontan verfasst werden, versus Texte, die „provoziert" werden. Der Nachteil von „provozierten" Texten bestehe darin, dass sie im Gegensatz zu den spontan entstandenen weniger echt, glaubwürdig und intim sind. Dem steht gegenüber, dass „provozierte" Texte in größerer Zahl verfügbar sind, da sie alle Altersstufen und Bildungsschichten umfassen können, während spontan verfasste Texte – vor allem in Form von Tagebüchern – ein Vorrecht gewisser Altersstufen sein dürften (Fuchs 1988:194). Die Frage nach der Reliabilität „provozierter" Niederschriften stellt sich noch schärfer: Es wird vermutet, dass die Jugendlichen „keineswegs geneigt sind, fremden Ausfragern wirklich das zu sagen, was sie denken, oder dass sie dies in einem immerhin noch schulmäßigen Aufsatz tun werden" (Dehn 1929, zitiert in Fuchs 1988:195). Dieser berechtigten Vermutung versuchte die vorliegende Untersuchung dahingehend Rechnung zu tragen, als von den befragten SchülerInnen weder die Schilderung von erfahrenen Gewalterlebnissen noch ihre Haltung gegenüber Gewalt erfragt, sondern die Möglichkeit geboten wurde, sich in der Niederschrift auf einer fiktiven Ebene zu bewegen.

Die Aufgabenstellung im „Fragebogen" bestand darin, dass die Jugendlichen aufgefordert wurden, zu den drei Lebensbereichen Familie, Schule und Freizeit je eine Situation zu schildern, in der sich ihrer Meinung nach Gewalt ereigne. Hinter dieser Aufgabe steht die Absicht, Assoziationsmuster zum Begriff Gewalt zu erfassen. Es folgte die Anmerkung, dass die Situationen frei erfunden oder erfahrene Erlebnisse dargestellt werden könnten. Mit der Assoziation einer Gewaltsituation in einem spezifischen Kontext nähert sich die Untersuchung der „neueren" Gewaltsoziologie an, welche ihr Augenmerk auf die Analyse von Gewalthandlungen richtet, und erfüllt mit dem Einbezug des Kontextes eine wichtige Forderung derselben, nämlich die situationsspezifische Berücksichtigung von Gewalt.[85] Sie zieht jedoch den Nachteil mit sich, dass mit der Assoziation einer Gewaltsituation nur ein Ausschnitt und nicht das gesamte Spektrum an perzipierter Gewalt eines Individuums eruiert werden kann.

Das Hauptproblem bei der Erhebung von „provozierten" Texten ist die Gewinnung von weiteren Informationen über die VerfasserInnen. Hierfür wurde eine ergänzende, schriftliche Befragung erstellt, welche neben soziodemographischen Fragen weitere Dimensionen der Gewaltperzeption wie Reaktions-, Legitimations- und Bestrafungsmuster sowie Fragen zur selbstberichteten Gewalt aus der Täter- und Opferperspektive enthält.

6.1.2 Vor- und Nachteile der Erhebungsmethode und ihrer Anwendung in Schulklassen

Im Hinblick auf die relative Homogenität des Untersuchungsgegenstandes – Jugendliche ein Jahr vor Abschluss der obligatorischen Schulzeit – scheint die kombinierte Methode, wie sie hier angewandt wurde, geeignet. Im weiteren erlaubt sie die Erfassung einer relativ hohen Stichprobenzahl (in diesem Fall 462 SchülerInnen). Aufgrund der obligatorischen Schulzeit sind alle Jugendlichen bis zum Alter von ungefähr 16 Jahren in die Institution Schule eingebunden. Mit einer Befragung von Schulklassen lässt sich deshalb – mit relativ geringem organisatorischem und finanziellem Aufwand – ein repräsentativer Querschnitt der Bevölkerung einer bestimmten Alterskategorie erfassen.[86] Ferner treten bei klassenweisen Erhebungen an Schulen bedeutend weniger Rücklaufprobleme (Verweigerungs- und Unerreichbarkeitsquoten) auf als es bei postalischen Befragungen der Fall ist.

Schriftliche Befragungen von Schulklassen enthalten zudem den Vorteil, dass einerseits die Erhebungssituation kontrolliert und standardisiert, andererseits Erklärungen und Hilfen durch InterviewerInnen[87] gegeben werden können. Obwohl letzteres für die Datenerhebung von Nutzen ist, kann darin auch ein Nachteil gesehen werden, da sowohl die Institution Schule (Erhebungsort Schule, Lehrkräfte) als auch die InterviewerInnen (Geschlecht, Alter oder

---

85 Vgl. dazu Kapitel 2.3.2.
86 Da sich die vorliegende Untersuchung auf die Befragung an *öffentlichen Schulen* beschränkt, wird das Kriterium, wonach alle Jugendliche einer Alterskategorie erfasst werden können, in diesem Fall nicht ganz erfüllt. Es muss jedoch hinzugefügt werden, dass es sich bei SchülerInnen, welche eine *Privatschule* besuchen, um eine vernachlässigbare Minderheit handelt.
87 Im Gegensatz zur mündlichen Befragung bedarf es bei dieser Methode keiner geschulter InterviewerInnen.

Auftreten) Einfluss auf die Befragten ausüben. Diese Einflüsse sind allerdings auch bei einer mündlichen Befragung vorhanden und lassen sich nur durch eine postalische Befragung vermeiden.

6.2 Konzeption des „Fragebogens" und Pretest

Der „Fragebogen" zur Erfassung der Gewaltperzeption Jugendlicher besteht aus eigens für die Untersuchung konstruierten Fragen und Assoziationsaufgaben sowie aus Fragebatterien, welche bereits in Untersuchungen eingesetzt worden sind (Branger & Liechti 1995, von Felten 1995, Fuchs; Lamnek & Luedtke 1996, Heitmeyer et al. 1996). Die übernommenen Fragen sollen eine Vergleichbarkeit mit vorhandenen Ergebnissen ermöglichen.

Der „Fragebogen" besteht mehrheitlich aus geschlossenen Fragen. Dennoch bildet der qualitative Aspekt eine wichtige Rolle, indem drei Fragen beziehungsweise Aufgaben eine offene, aufsatzartige Beantwortung erfordern. Die überarbeitete Fassung enthält insgesamt 113 Fragen/Aufgaben, welche aufgrund mehrerer Tabellen und Abstufungen auf 66 Fragen/Aufgaben beschränkt werden konnten. Der Aufbau des „Fragebogens" besteht aus den folgenden sechs Komplexen:

1. Fragenkomplex (Fragen 1 bis 12): Mit allgemeinen Fragen zur Situation in der Schule sowie zum Freundeskreis werden die SchülerInnen in den „Fragebogen" eingeführt.

2. Aufgabenkomplex: (Fragen 13 bis 15): In diesem Komplex steht der qualitative Aspekt im Vordergrund. Die SchülerInnen werden aufgefordert, zu den Lebensbereichen Familie, Schule und Freizeit aufsatzartig je eine Situation zu schildern, in der sich ihrer Meinung nach Gewalt ereigne. Um mögliche Beeinflussungen auf die Gewaltkonzepte der Befragten zu vermeiden, ist der Begriff Gewalt im Fragenkomplex 1 nicht thematisiert worden, sondern folgt erst im Fragenkomplex 3.

3. Fragenkomplex (Fragen 16 bis 51): Es werden sechs Fallbeispiele mit Gewalthandlungen aus der Lebenswelt der Jugendlichen vorgegeben. Dazu folgen Fragen hinsichtlich der Schwereeinschätzung, der Gewaltbereitschaft, der Legitimation von Gewalt sowie der Bestrafungsbereitschaft.

4. Fragenkomplex (Fragen 52 und 53): Dieser Fragekomplex untersucht anhand zweier Listen mit verschiedenen Gewalthandlungen die eigenen Gewalterfahrungen der Jugendlichen sowohl aus der Täter- als auch der Opferperspektive.

5. Fragenkomplex (Fragen 54 bis 59): Im Vordergrund dieses Komplexes stehen Fragen zur Angst vor Gewalt.

6. Fragenkomplex (Fragen 60 bis 66): Der letzte Teil enthält Fragen zu soziodemographischen Daten und trägt zu einer Abrundung des „Fragebogens" bei. Im Anschluss an die letzte Frage wird den Befragten die Möglichkeit gegeben, sich frei zu äußern.

Der zweite Aufgabenkomplex des „Fragebogens", die Schilderung von Gewaltsituationen, wurde im Februar 1997 erstmals in Rohfassung einem Pretest unterzogen. Dabei wurden zwei Varianten getestet: a) Beschreibung einer Gewaltsituation ohne Vorgabe der Lebensbereiche und b) Beschreibung dreier Gewaltsituationen mit Vorgabe der Lebensbereiche Familie, Schule und Freizeit. Es stellte sich heraus, dass die Variante b) geeigneter schien, da eine Mehrheit derjenigen SchülerInnen, welche ohne Vorgabe der Lebensbereiche eine Gewaltsituation zu schildern hatten, nach wenigen Sätzen ausschweiften und moralische Urteile beziehungsweise ihre Einstellung zu Gewalt schilderten. Die Vorgabe der Lebensbereiche scheint an die Erfahrungen der Jugendlichen anzuknüpfen und die Abstraktheit, welche der Begriff Gewalt beinhaltet, aufzulösen. Allerdings musste festgestellt werden, dass die Palette der Texte eine problematische Breite aufweist: Sie reicht von der Niederschrift einzelner Stichworte bis zu einem Kurzaufsatz. Das vorgängig erstellte Kategorienraster bedurfte in einigen wenigen Dimensionen Modifizierungen. Deutlich gezeigt hat sich, dass mittels der Technik einer Situationsbeschreibung das assoziierte Geschlecht sowohl von Täter(n) als auch von Opfer(n) nur eingeschränkt erfasst werden kann, da die getesteten SchülerInnen in den meisten Fällen eine neutrale Formulierung (zum Beispiel „der Schüler") verwendeten, was eine quantitative geschlechtsspezifische Auswertung erschwert.

Einem wichtigen Kriterium beim Pretest qualitativer Inhaltsanalysen, der Prüfung der Codier-Anweisungen und der Übereinstimmung der Codierer durch entsprechende Reliabilitätsmaße[88], konnte, bedingt durch die Tatsache, dass es sich bei der vorliegenden Untersuchung um ein Ein-Frau-Projekt handelt, nur ansatzweise entsprochen werden.[89]

Vor dem Pretest des gesamten „Fragebogens" wurde die Dauer der Erhebung an einer Einzelperson getestet. Da das Ausfüllen einiges mehr als eine Schullektion beanspruchte, wurde eine Kürzung vorgenommen.

Der Pretest erfolgte im Mai 1997 an einer 3. Sekundarklasse (24 SchülerInnen). Bei den standardisierten Fragen zeigte sich, dass nicht alle Formulierungen verständlich waren. In der Folge wurden die nicht verständlichen Fragen vereinfacht und schwierige und unklare Begriffe durch einfachere ersetzt.

---

88 Siehe dazu Friedrichs (1985:331f).
89 In einigen kritischen Fällen wurde eine außenstehende Person zugezogen. Die Problematik der Codierung wird in Kapitel 6.7 eingehender diskutiert.

Weiter zeigte der Pretest, dass einige Antwortvorgaben unvollständig waren. Die Auswertung der Daten hatte zur Folge, dass Antwortkategorien aufgrund einer schiefen Verteilung weggelassen werden konnten. Bezüglich der Textverfassung – Schilderung von Situationen – zeigten sich dieselben nicht vermeidbaren Probleme wie beim ersten Pretest.

6.3 Grundgesamtheit und Stichprobe

Die Grundgesamtheit der vorliegenden Untersuchung sind *Jugendliche* der *Stadt Basel* im *8. Schuljahr* der *Volksschule*. Sie betrug zu Beginn des Schuljahres 1996/97, ein Jahr vor der Erhebung, insgesamt 1652 SchülerInnen (Statistisches Amt des Kantons Basel-Stadt 1996:58ff).

Die Untersuchung konzentrierte sich auf die Stadt *Basel*, da in der Forschung (Jugend-)Gewalt oft in Zusammenhang mit der Urbanität untersucht wird.[90] Als zweitgrößte Schweizer Stadt erfüllt sie das Kriterium der Urbanität. Zudem sind in Basel Fälle von Jugendgewalt bekannt, erinnert sei an die immer wieder in Aktion tretenden, gewalttätigen Jugendbanden der Hip-Hop-Szene, im Polizeijargon „Steinenjugend" genannt. Eine Befragung der Basler Jugendlichen zum Thema Jugendgewalt ist bis jetzt ausstehend.

Die *dritte Oberstufe* wurde ausgewählt, weil einigen SchülerInnen durch einen Schulwechsel eine Umorientierung bevorsteht[91] und sich alle mit dem in einem Jahr folgenden Abschluss der obligatorischen Schulzeit einer schwierigen Übergangsphase nähern. Es wurde nur eine Altersgruppe berücksichtigt, um eine maximale Vergleichbarkeit zu gewähren. Dies bedingt jedoch, dass die anderen Jahrgangsklassen nicht einbezogen wurden, was den Nachteil mit sich bringt, dass keine Altersvergleiche gemacht werden können.

---

90 Eisner (1997) beispielsweise untersuchte im Kanton Basel-Stadt „die Auswirkungen von Modernisierung und urbaner Krise auf Gewaltdelinquenz". Zentrales Thema dieser Studie bildet die Klärung der Frage, warum im Bereich Gewalt seit den sechziger Jahren ein Anstieg, der sich auf die Städte konzentriert, zu verzeichnen ist und welche Ursachen heute für dieses Phänomen auszumachen sind.

91 Seit 1988 läuft in der Stadt Basel eine Schulreform. Da die befragten SchülerInnen bis Ende Schuljahr 1996/97 noch die auslaufenden Schulen (Sekundar- und Realschule sowie die ersten drei Jahre des Gymnasiums) besucht haben, stand nur den SekundarschülerInnen der Übertritt in eine neue Schule (Berufswahlschule) bevor. Die untersuchten GymnasiastInnen besuchten weiterhin das Gymnasium, die RealschülerInnen die 5. Realklasse. Gemäß der Schulreform folgt nach der 4. Primarklasse für alle SchülerInnen die Orientierungsschule. Nach dem 7. Schuljahr findet eine schultypenspezifische Differenzierung statt: Gymnasium und Weiterbildungsschule (siehe dazu Erziehungsdepartement Basel-Stadt 1996:2f).

Auswahlverfahren
Aus organisatorischen Gründen wurden Privatschulen sowie Erziehungsheime nicht in die Grundgesamtheit einbezogen. Die Stichprobe besteht aus einer Kombination von verschiedenen Auswahlverfahren und kam folgendermaßen zustande:

Auf der ersten Stufe der Stichprobenauswahl erfolgte eine *Gebiets- oder Flächenstichprobe*[92]: Da die Stadt Basel keine Schulkreise aufweist, wurde gemäß der geographischen Vorlage die Einteilung in zwei Stadthälften (Groß- und Kleinbasel) sowie deren Unterteilung in Zentrum, Semiperipherie und Peripherie vorgenommen.

Auf der zweiten Stufe des Auswahlverfahrens steht ein *Klumpen-Verfahren*: Die Grundgesamtheit erhält Untereinheiten (Klumpen), welche wiederum zahlreiche Elemente umfassen. In diesem Fall sind die einzelnen Klumpen als Schulen anzusehen, die SchülerInnen die Elemente der besagten Klumpen.

Auf der dritten Stufe wurde eine *bewusste Auswahl* nach dem Gebietskriterium von einem Klumpen pro eingeteiltem Gebiet vorgenommen. Diese Auswahl wurde bestimmt durch die Merkmale „Schultypen" (Kleinklasse Sekundar, Kleinklasse Real, Sekundar- und Realklasse sowie Gymnasium) sowie „Geschlecht" (weiblich/männlich), welche gegen- beziehungsweise untereinander gewisse Relationen aufweisen. Zudem wurde festgelegt, dass die Stichprobe mindestens ein Viertel der Grundgesamtheit erfassen sollte.

Auf der vierten Stufe der Auswahl wurde schließlich jeweils eine Vollerhebung des einzelnen Klumpens (eine definierte Schulklasse in einer definierten Schule) bestimmt. Dazu wurde ein Mechanismus installiert, der es erlaubte, in jeder der ausgewählten Schulen zufällig eine beziehungsweise mehrere Klassen zu bestimmen. Da zwei Gymnasien nicht an der Untersuchung teilgenommen haben, sind die Maturitätstypen A, B und D in der Stichprobe über- beziehungsweise die Maturitätstypen C und E nicht vertreten. Aufgrund dieser Abweichung dürfte bei den GymnasiastInnen eine leichte Verzerrung vorliegen, welche sich insgesamt aber in Grenzen hält.

Stichprobe
Die Brutto-Stichprobe beträgt 482 SchülerInnen, das heißt 29,3 Prozent der Grundgesamtheit. Infolge SchülerInnenmutationen in den einzelnen Klassen sowie Abwesenheit während der Befragung – etwa wegen Krankheit – wurden 462 Fragebogen erhoben. Die größten Ausfälle (15 Prozent) sind auf der Sekundarstufe (inklusive Kleinklasse) zu verzeichnen. Dies bedingt, dass die Anzahl SekundarschülerInnen in der Netto-Stichprobe leicht signifikant von derjenigen der Grundgesamtheit abweicht. In ähnlichem Ausmaß verhält sich

---

92 Vgl. dazu Friedrichs (1985:142f).

die Relation Grundgesamtheit/Nettostichprobe bei der Realschule, allerdings in umgekehrtem Ausmaß (Tabelle 5). Es kann aber von einer Gewichtung abgesehen und statt dessen darauf hingewiesen werden, dass sich die Stichprobe durch eine leichte Disproportionalität auszeichnet, der dadurch Rechnung getragen wird, dass bei der Auswertung der Schultyp als Kontrollvariable einbezogen wird.

Tabelle 5: Anzahl SchülerInnen der 8. Klasse in der Stadt Basel in der Grundgesamtheit (N=1652), in der Brutto- (N=482) und in der Netto-Stichprobe (N=458), differenziert nach Schultyp[1], Angaben in Prozent und absolut (in Klammern)

Schultyp	Grundgesamtheit[2]	Brutto-Stichprobe	Netto-Stichprobe[2]
Sekundar[3]	26,8	23,7	21,2
	(443)	(114)	(97)
Real[3]	32,6	37,6	37,5
	(538)	(181)	(172)
Gymnasium	40,6	38,8	41,3
	(671)	(187)	(189)
Total	100	100	100
	(1652)	(482)	(458)

Quelle: Statistisches Amt des Kantons Basel-Stadt (1996) sowie eigene Zusammenstellung nach Angaben der Rektorate der verschiedenen Schultypen.

1) In der Stadt Basel bestand (siehe dazu Fußnote 91) die Oberstufe aus drei Leistungstypen: Das Gymnasium ist der leistungsstärkste Schultyp, die Realschule steht in der Leistungshierarchie unter dem Gymnasium, die Sekundarschule unter der Realschule. Die Kleinklassen sind Sondertypen für lernschwache und auffällige SchülerInnen.

2) Signifikanztest zwischen Grundgesamtheit und Netto-Stichprobe: Chi-Quadrat= 7,140; df=2; p<0,05.

3) Da das Statistische Amt des Kantons Basel-Stadt die Kleinklassen nicht gesondert betrachtet, sondern dem jeweils entsprechenden Schultyp (Sekundar- oder Realschule) zuordnet, können keine detaillierten Angaben über diesen Untertypus gemacht werden.

Vier Fragebogen konnten nicht ausgewertet werden, da die befragten SchülerInnen widersprüchliche oder unvollständige Antworten gegeben hatten. Die Netto-Stichprobe beträgt somit 458 SchülerInnen, 27,8 Prozent der Grundgesamtheit. In der Grundgesamtheit sind 49,3 Prozent (815) weiblich und dementsprechend 50,7 Prozent (837) männlich. In der Netto-Stichprobe betragen die Werte bei den weiblichen Jugendlichen 48,7 Prozent (223), bei den männlichen 51,3 Prozent (235).

6.4 Durchführung der Datenerhebung

Die Datenerhebung fand zwischen dem 2. und dem 20. Juni 1997 – innerhalb dreier Wochen – statt. Das Erziehungsdepartement des Kantons Basel-Stadt, bei welchem ein Gesuch um Erlaubnis zur Durchführung einer Befragung an den öffentlichen Schulen eingereicht werden musste, zeigte sich an der Untersuchung interessiert und informierte alle Rektorate der verschiedenen Schulen über das vorliegende Projekt. Obwohl sich die Basler Schulen mitten in einer groß angelegten Schulreform befanden, zeigten sich sowohl die Schulleitungen als auch die angefragten Lehrkräfte bei der Organisation der Befragung als sehr kooperativ und bekundeten ihr Interesse an der untersuchten Thematik.

Die Durchführung der Befragung fand in den Schulzimmern der betreffenden Klassen statt. Bei jeder Klasse war jeweils eine Interviewerin (die Verfasserin) anwesend. Die SchülerInnen erhielten zu Beginn eine fünfminütige Einführung (Vorstellen, Ziel und Zweck der Erhebung, Instruktionen zum Ausfüllen des „Fragebogens"), arbeiteten sodann selbständig und ohne Kontakte zu den MitschülerInnen am „Fragebogen". Das Ausfüllen dauerte zwischen 20 und 60 Minuten. Bei einigen fremdsprachigen SchülerInnen tauchten Verständnisprobleme auf, welche von der Interviewerin geklärt wurden. Eine suggestive Wirkung durch die Lehrkräfte wurde dadurch ausgeschaltet, dass sie während der Erhebung nicht anwesend waren. Gesamthaft lässt sich sagen, dass die Erhebungssituation kontrolliert und standardisiert stattfand und keine Zwischenfälle zu vermerken sind.

6.5 Auswertungsverfahren: Qualitative Inhaltsanalyse

Mit dem Instrument des Verfassens von Texten versucht die vorliegende Untersuchung die Gewaltperzeption im Jugendalter empirisch zu erfassen. Die von den Jugendlichen vorgenommenen Schilderungen von Gewaltsituationen werden anhand der qualitativen Inhaltsanalyse ausgewertet.

Die qualitative Inhaltsanalyse stellt ein Verfahren zur Analyse fixierter Kommunikation dar, wobei *systematisch* (durch Erarbeitung und Verwendung eines Kategoriensystems), *regel-* (intersubjektiv nachvollziehbar) und *theoriegeleitet* vorgegangen wird, „mit dem Ziel, Rückschlüsse auf bestimmte Aspekte der Kommunikation zu ziehen" (Mayring 1997:13). Außerdem lässt sie sich an den üblichen *Gütekriterien* der Datengewinnung, der Reliabilität und Validität, messen (Spöhring 1995:201). Sie bietet zudem den wichtigen Vorteil, größere Mengen von Material bearbeiten zu können.

Die methodologische Literatur ist von der Kontroverse geprägt, ob die Inhaltsanalyse qualitativ oder quantitativ zu verfahren habe (Friedrichs 1985:318). Mayring (1997:19f) zufolge versucht die qualitative Inhaltsanalyse[93] den Gegensatz qualitativ-quantitativ dahingehend zu überwinden, als die qualitative Analyse zu Beginn (Fragestellung, Begriffs- und Kategorienfindung, Analyseinstrumentarium) und am Ende einer empirischen Untersuchung (Rückbezug der Ergebnisse auf die Fragestellung, Interpretation) erfolgt. In der mittleren Phase der eigentlichen Datengewinnung (Textcodierung) können je nach Untersuchungsmaterial und Fragestellung entweder qualitative oder quantitative oder beide Verfahren gewählt werden.

Die vorliegende Untersuchung orientiert sich an der erwähnten Methodologie der qualitativen Inhaltsanalyse nach Mayring. Bei der Datengewinnung werden sowohl qualitative als auch quantitative Verfahren mit Schwerpunkt auf letzteren angewandt. VertreterInnen der qualitativen Position halten dem quantitativen Verfahren vor, es beschränke sich auf einzelne Wörter, auf die denotativen Aspekte und die manifesten Inhalte und bedinge dadurch eine Atomisierung des Datenmaterials. Vielmehr müssten die Interdependenz der Teile eines Textes, die Vielfalt seiner Bedeutungen und der Absicht des Verfassers wie die Wirkungen auf den Empfänger untersucht werden (Friedrichs 1985:318). Die Kritik an der quantitativen Ausrichtung möchte ich anzweifeln, zumal das ausgewählte Verfahren von den Ausgangsbedingungen und dem Ziel der Untersuchung abhängig ist. Da die von den SchülerInnen verfassten Texte eine relativ einfache Handlungsstruktur auf der manifesten Ebene aufweisen sowie verschiedene Aspekte einer Gewalthandlung beleuchten, scheinen quantitative Analysen gerechtfertigt, ohne dass von einer Atomisierung gesprochen werden könnte. Zudem erübrigt sich durch das spezifische Datenmaterial die von den Kritikern geforderte Analyse der Absicht der Verfasser sowie der Wirkungen auf die Empfänger, denn die Texte wurden ausschließlich für die Untersuchung geschrieben und enthalten, bedingt durch die Aufgabenstellung, kaum Haltungs- oder Einstellungsmuster.

---

93 Mayring (1997:42) räumt ein, dass der Begriff „qualitative Inhaltsanalyse" für dieses Verfahren nur zum Teil stimmt, da aber der Schwerpunkt auf der qualitativen Ebene liegt, scheint der Begriff gerechtfertigt.

6.6 Problematiken des Textverfassens als Erhebungsmethode in Schulklassen

Bei der Durchführung der Erhebung konnte ich bei den befragten Schulklassen weitgehend eine Ablehnung gegenüber dem Verfassen eigener Texte feststellen. Durchgehend alle an der Untersuchung beteiligten Klassen äußerten Unmut, als bei der Einführung des „Fragebogens" erwähnt wurde, eine Aufgabe bestehe darin, selber einige Sätze zu formulieren. Da die genaue inhaltliche Thematik erst später erläutert wurde, kann angenommen werden, dass sich die Ablehnung nicht auf den Inhalt, sondern generell auf das Schreiben als solches bezieht. Der Widerstand gegenüber dem Verfassen von Texten konnte durch eine einfache Anmerkung der Interviewerin gebrochen werden: Den SchülerInnen wurde mitgeteilt, dass die geforderte Aufgabe, also das Schreiben kleinerer Texte, sich grundlegend von einem schulischen Aufsatz unterscheide, nämlich dahingehend, dass die Rechtschreibung keine Rolle spiele. Dieser Hinweis führte dazu, dass durchwegs in allen vierundzwanzig befragten Klassen Begeisterung in Form von Jubel ausbrach und der Bann gegenüber dem Schreiben gebrochen schien.

Dennoch ist beim Datenmaterial eine bedeutende Anzahl von Ausfällen zu verzeichnen. Beachten wir in einem ersten Schritt die Verweigerungsquote. Am wenigsten wurde das Verfassen eines Textes zum Lebensbereich Schule abgelehnt. Die Verweigerungsquote liegt mit O,7 unter einem Prozent. Deutlich höhere Verweigerungsquoten sind bei den beiden anderen Lebensbereichen zu finden: In den Lebensbereichen Freizeit und Familie betragen sie je 2,4 Prozent. Eine erste Vermutung zur Erklärung dieses Sachverhaltes könnte darin gesehen werden, dass bei letzteren beiden Lebensbereichen, welche in der Aufgabenstellung dem Lebensbereich Schule folgten, bei den Jugendlichen Ermüdungserscheinungen aufgetreten sind und nach dem Verfassen eines ersten Textes keine Bereitschaft mehr bestand, zwei weitere zu verfassen. Dieselbe Vermutung kann auch bei den geschlechtsspezifischen Verweigerungsquoten geäußert werden. Obwohl die Verweigerungsquoten bei den männlichen Jugendlichen allesamt leicht bis deutlich höher sind als bei den weiblichen,[94] zeigt sich bei beiden Geschlechtern dasselbe Bild: die tiefste Verweigerungsquote im Lebensbereich Schule und die höchsten in den beiden übrigen Lebensbereichen Freizeit und Schule.[95]

---

94 Insgesamt zeigen sich aber keine statistisch signifikanten Unterschiede zwischen den Geschlechtern. Bei den weiblichen Jugendlichen haben insgesamt 2,7 Prozent (N=222) von den drei Aufgaben mindestens eine verweigert, bei den männlichen 4,2 Prozent (N=236). Chi-Quadrat=0,799; df=1.
95 Lebensbereich Schule: wJ: 0,5 Prozent, mJ: 0,8 Prozent,
Lebensbereich Freizeit: wJ: 1,8 Prozent, mJ: 3 Prozent
Lebensbereich Familie: wJ: 1,4 Prozent, mJ: 3,4 Prozent.

Weiteren Aufschluss über die Verweigerungsquoten bieten Ausfälle, welche von den Jugendlichen mit dem Argument begründet wurden, sie hätten in gewissen Lebensbereichen keine Erfahrungen mit Gewalt. Ein Gymnasiast schrieb beispielsweise: „Ich habe in meiner Freizeit keine Gewaltsituation, da ich lieber vorher weglaufe." Aufgrund solcher Antworten kann vermutet werden, dass einige SchülerInnen die Aufgabenstellung missverstanden haben, da fiktive Schilderungen *oder* eigene Erfahrungen gefordert wurden. Bei diesen Ausfällen zeigt sich teilweise ein ähnliches Bild wie bei den Verweigerungsquoten. Die tiefste Ausfallquote lässt sich im Lebensbereich Schule ausmachen (0,4 Prozent), nimmt dann aber – dies unterscheidet sie von der Verweigerungsquote – in der Rangreihenfolge der Aufgabenstellung kontinuierlich zu: Im Lebensbereich Freizeit beträgt die Ausfallquote „mangelnde Erfahrung" 2,2 Prozent und im Lebensbereich Familie 3,9 Prozent. Die beiden Geschlechter unterscheiden sich dahingehend, dass bei den männlichen Jugendlichen die Ausfallquote, welche im Lebensbereich Familie deutlich höher ist als bei den weiblichen, ebenfalls kontinuierlich zunimmt[96], während die Ausfallquote bei den weiblichen Jugendlichen in den Lebensbereichen Schule und Freizeit am tiefsten, im Lebensbereich Freizeit am höchsten ist[97]. Betrachten wir die Ausfallquote „mangelnde Erfahrung" ebenfalls als eine Verweigerung, lässt sich die anfangs geäußerte Vermutung, dass die Aufgaben zu den Lebensbereichen Freizeit und Familie aufgrund von Ermüdungserscheinungen nicht beantwortet wurden, durch das Bild der weiblichen Jugendlichen entkräften. Die Ausfallquote der weiblichen Jugendlichen ist nämlich im Lebensbereich Familie deutlich tiefer als im Bereich Freizeit, obwohl ersterer in der Rangreihenfolge der Aufgabenstellung nach letzterem folgt. Die hohe Ausfallquote der männlichen Jugendlichen im Lebensbereich Familie lässt eher vermuten, dass einige Jugendliche aus irgendwelchen Gründen nicht bereit sind, über gewisse Gewaltbereiche zu schreiben. Mit dieser Vermutung könnte auch die im Vergleich zum Lebensbereich Schule deutlich höhere Verweigerungsquote in den beiden Lebensbereichen Freizeit und Familie erklärt werden.

Nehmen wir in einem weiteren Schritt jene Ausfälle dazu, welche von den Jugendlichen mit „weiß nicht" begründet wurden – es sind dies insgesamt 1,3 Prozent der Befragten – kann eine weitere Vermutung zur Erklärung der Verweigerungsquote angeführt werden: Es gibt Jugendliche, welche keine klare und differenzierte Vorstellung von Gewalt haben und dadurch mit der Aufgabenstellung überfordert sind. Diese unklare Vorstellung könnte dazu führen, dass SchülerInnen neben der „weiß-nicht-Antwort" auch keine Antwort oder die Antwort „mangelnde Erfahrung" wählen.

---

96 Ausfallquote „mangelnde Erfahrung" bei den *männlichen* Jugendlichen in der Schule: null Prozent, in der Freizeit: 2,1 Prozent und in der Familie: 6,8 Prozent (N=236).
97 Ausfallquote „mangelnde Erfahrung" bei den *weiblichen* Jugendlichen in der Schule: 0,9 Prozent, in der Freizeit: 2,3 Prozent und in der Familie: 0,9 Prozent (N=222).

Neben diesen spezifischen Ausfallquoten sind weitere Ausfälle zu verzeichnen, welche dadurch entstanden sind, dass Sprachprobleme der fremdsprachigen SchülerInnen das Verfassen eines verständlichen Textes verhindert haben.[98] Sprachprobleme können auch dafür verantwortlich gemacht werden, dass einige SchülerInnen anstelle eines Textes ein paar Stichworte oder einen knappen Satz aufgeführt haben.[99]

Betrachten wir nun die relativ hohe Ausfallquote insgesamt (alle erwähnten Ausfälle); sie beträgt im Lebensbereich Schule 7,6 Prozent, im Lebensbereich Freizeit 7,4 Prozent und 10 Prozent im Lebensbereich Familie[100]. Damit zeigt sich, dass sich die Ausfallquote insgesamt durch die tiefe Verweigerungsquote und die Ausfallquote „mangelnde Erfahrung" im Lebensbereich Schule durch Sprachprobleme dem Niveau der Ausfallquote des Lebensbereichs Freizeit angleicht. Sprachprobleme bilden somit den größten Schwierigkeitsfaktor bei der Methode des Verfassens von Texten. Nehmen wir Bezug auf die Verweigerungsquote und untersuchen die Sprachzugehörigkeit jener SchülerInnen, welche eine Antwort verweigert haben, zeigt sich, dass eine Mehrheit fremdsprachig ist.[101] Fremdsprachigkeit kann deshalb – unter anderem – auch als Erklärung für Verweigerung herangezogen werden. Betrachten wir noch einmal die Ausfallquote insgesamt, zeigt es sich, dass die größten Ausfälle in allen drei Lebensbereichen auf der statustiefsten Schulstufe auszumachen sind und mit zunehmender Schulstufe abnehmen.[102] Diese schultypenspezifische Ausfallquote fällt insbesondere ins Gewicht, als die

---

98 Eine fremdsprachige Sekundarschülerin schrieb beispielsweise den folgenden Text: „Gewalt in meiner Freizeit ist, wenn ich am Lernen, Musik hören bin und wenn ich meine Wohnung putze, dann sage ich zu mir ich bin eine Gewalt."
99 Eine fremdsprachige Schülerin der Kleinklasse Sekundar schrieb beispielsweise zum Lebensbereich Schule den Satz: „Ich sehe manchmal Schlägerei in der Schule oft Knaben nur wegen Mädchen."
100 Bei dieser hohen Ausfallquote insgesamt im Lebensbereich Familie zeigen sich allerdings signifikante geschlechtsspezifische Unterschiede. Die Ausfallquote insgesamt ist bei den weiblichen Jugendlichen signifikant tiefer (5,9 Prozent, N=222) als bei den männlichen (14 Prozent, N=236). Chi-Quadrat=8,362; df=1; p<0,01.
101 Von den 16 SchülerInnen, welche mindestens eine Aufgabe verweigert haben, sind mehr als zwei Drittel (11 SchülerInnen) fremdsprachig.
102 Lebensbereich *Schule*: Sekundar: 19,8 Prozent (N=81), Real: 6,9 Prozent (N=160), Gymnasium: 1,6 Prozent (N=189); Lebensbereich *Freizeit*: Sekundar: 19,8 Prozent (N=81), Real: 8,1 Prozent (N=160), Gymnasium: 4,8 Prozent (N=189), Lebensbereich *Familie*: Sekundar: 21 Prozent (N=81), Real: 8,8 Prozent (N=160), Gymnasium: 4,2 Prozent (N=189). Signifikante Unterschiede sind im Lebensbereich *Schule* zwischen der Sekundar und der Real auszumachen (Chi-Quadrat=8,964; df=1; p<0,01), das Gymnasium kann aufgrund zu kleiner Zellenwerte (N=3) nicht in das statistische Verfahren einbezogen werden. Im Lebensbereich *Freizeit* zeigen sich signifikante Unterschiede zwischen der Sekundar und der Real (Chi-Quadrat=6,869; df=1; p<0,01) sowie zwischen der Sekundar und dem Gymnasium (Chi-Quadrat=15,166; df=1; p<0,001). Im Lebensbereich *Familie* sind ebenfalls signifikante Unterschiede zwischen der Sekundar und der Real (Chi-Quadrat=7,185; df=1; p<0,01) und zwischen der Sekundar und dem Gymnasium (Chi-Quadrat=18,944; df=1; p<0,01) vorhanden.

Anzahl befragter SchülerInnen mit aufsteigender Schulstufe zunimmt. Auf der am wenigsten frequentierten Schulstufe, der Sekundarschule, ist demzufolge die höchste Ausfallquote zu verzeichnen. Insgesamt lässt sich festhalten, dass bei der Erhebungsmethode des Verfassens von Texten mit einer größeren Anzahl Verweigerungen und weiteren Ausfällen – wie beispielsweise durch sprachliche Schwierigkeiten – gerechnet werden muss. Es ist jedoch anzunehmen, dass sich dasselbe Problem auch bei schriftlichen, standardisierten Erhebungsmethoden mit vorgegebenen Antwortmöglichkeiten zeigt, mit dem Unterschied, dass bei letzteren eher irgendeine beliebige Antwort angekreuzt wird, auch wenn beispielsweise die Frage nicht verstanden worden ist oder wenn keine Bereitschaft besteht, eine wahrheitsgetreue Antwort zu geben. Diesbezüglich kann bei der Methode des Verfassens von Texten angenommen werden, dass die auswertbaren Antworten im Gegensatz zu jenen der standardisierten Methode, wo sich die angesprochenen Ausfälle nicht kontrollieren lassen, zuverlässig sind. Dennoch darf nicht außer Acht gelassen werden, dass in diesem Fall die hohe Ausfallquote beim Verfassen von Texten zu Verzerrungen bezüglich der Bildungsstufen führt.

6.7 Gütekriterien der inhaltsanalytischen Auswertung

Qualitative Techniken bedürfen der Messung an den etablierten Gütekriterien der quantitativen Sozialforschung. Neben den klassischen Kriterien der Reliabilität und der Validität wird das Kriterium der Repräsentativität genannt (Spöhring 1995:27). Im folgenden soll die vorliegende Untersuchung auf ihre Reliabilität und Validität geprüft werden. Das dritte Kriterium, die Repräsentativität, kann durch die Bestimmung einer repräsentativen Stichprobe (siehe Kapitel 6.3) als erfüllt betrachtet werden.

Die Anwendung der Verfahren der beiden klassischen Gütekriterien Reliabilität und Validität in der inhaltsanalytischen Forschung ist oft kritisiert worden (Mayring 1997:110).[103] So erscheint das Parallel-Test-Verfahren insofern als problematisch, als eine Gleichwertigkeit zweier Instrumente bei der Analyse sprachlichen Materials nur sehr selten nachgewiesen werden kann. Auch die Testhalbierungsmethode, ein Verfahren zur Überprüfung der Konsistenz (Einheitlichkeit der Teile des Instrumentes), lässt sich nur in seltenen Fällen sinnvoll anwenden, da der Umfang der Materialstichprobe sowie der Umfang des Instrumentes meist so bestimmt wird, dass in einzel-

---

103 Da die Reliabilität der Validität vorausgesetzt wird, richtet sich die Kritik gegen beide Gütekriterien.

nen Teilen wichtige, das Gesamtergebnis verändernde Erkenntnisse auftauchen können.

6.7.1 (Intercoder-)Reliabilität

Aufgrund der erwähnten Kritik an der Übertragung der Verfahren der quantitativen auf die inhaltsanalytische Forschung wird zur Reliabilitätsbestimmung ein eigenes Gütekriterium angewandt: *Intercoderreliabilität* (Kleining 1982:235, Mayring 1997:113). Die Inhaltsanalyse wird von mehreren Personen durchgeführt (mindestens zwei, selten mehr als drei) und deren Ergebnisse anhand eines Koeffizienten[104] verglichen.

Gegen die Intercoderreliabilität können die folgenden Einwände angebracht werden: Bei sprachlichem Datenmaterial sind Interpretationsunterschiede zwischen mehreren AnalytikerInnen zu erwarten beziehungsweise die Regel (Ritsert 1972:70 in Mayring 1997:110) und eine hohe Übereinstimmung zwischen verschiedenen CodiererInnen lässt sich nur bei sehr einfachem Datenmaterial erreichen (Lisch & Krinz 1978:90 in Mayring 1997:110). Friedrichs (1985:332) sieht in der Reliabilität der Codierer eine der hauptsächlichsten Fehlerquellen in der inhaltsanalytischen Forschung. Trotz diesen Kritiken hat sich die Intercoderreliabilität in der inhaltsanalytischen Forschung weitgehend durchgesetzt.

Bei der vorliegenden Untersuchung zur Erfassung des Gewaltkonzeptes der Jugendlichen handelt es sich um ein Ein-Frau-Projekt. Dem geforderten Gütekriterium zur Bestimmung der Reliabilität der Inhaltsanalyse, die Intercoderreliabilität, konnte demzufolge projektintern nicht nachgegangen werden. Der Beizug eines außenstehenden Codierers, welcher die gesamte Analyse nachvollziehen würde, stand aus organisatorischen, zeitlichen wie auch finanziellen Gründen nicht zur Diskussion. Um trotzdem eine Intercoderreliabilität zu erreichen, wurde in gewissen Phasen der Analyse eine Fachperson beigezogen, welche ausschnittweise durch nochmalige Anwendung des Analyseinstrumentes spezifische Aspekte des Datenmaterials überprüfte. Zudem wurden bei der Kategorienbildung sowie der Codieranweisungen die folgenden Merkmale nach Friedrichs (1985:332) berücksichtigt. Demzufolge ist die Reliabilität des Codierens um so höher: a) je tiefer die Anzahl der Kategorien ist, b) je umfassender die Kategorien definiert sind, c) je weniger Bewertung des Kontextes erforderlich ist, d) je eindeutiger die Codieranweisungen sind und e) je eindeutiger das Material ist. Hinsichtlich der Merkmale c) und e) lässt sich sagen, dass bei der Analyse keine Bewertung des Kon-

---

[104] Nach Mayring hat Krippendorf (1980:133ff, zitiert in Mayring 1997:113f) den geeignetsten Koeffizienten vorgelegt: Die beobachtete Nichtübereinstimmung wird durch die zufällig zu erwartende Nichtübereinstimmung dividiert. Dieser Koeffizient wurde für mehrere CodiererInnen, mehrere Ausprägungen und höhere Skalenniveaus erweitert.

textes vorgenommen wurde und es sich bei den Aufsätzen der befragten SchülerInnen gemäß ihrer kognitiven Entwicklung um einfach formulierte Äußerungen handelt, welche eine relativ eindeutige Codierung ermöglichen. Insgesamt kann deshalb Reliabilität in der inhaltsanalytischen Analyse der Aufsätze der Jugendlichen angenommen werden.

6.7.2 Validität

Die Verwendung von Validitätskonzepten in der inhaltsanalytischen Forschung wird ebenfalls häufig kritisiert. Bemängelt wird in den meisten Fällen die Zirkularität von Validierungen (Mayring 1997:110): „Wenn Material von außerhalb der eigenen Untersuchung als Gütemaßstab herangezogen wird (Außenkriterium bzw. theoretische Annahme bei Konstruktvalidität), so muss deren Gültigkeit bereits feststehen." An diesem Punkt der Kritik setzt Kleining (1982:247) ein, wenn er behauptet, in der qualitativen Sozialforschung seien Vergleiche durch Definition nur mit „internen" Daten möglich. Seine Forderung formuliert er in der Regel der „maximalen strukturellen Variation der Perspektiven", wonach der Forschungsgegenstand von „allen" Seiten angegangen werden soll. Darin ist wiederum die Intercoderreliabilität enthalten. Auch Mayring (1997:111) plädiert für die Intercoderreliabilität, wenn er darauf hinweist, dass nicht nur die Codierung zuverlässig gehandhabt werden sollte, sondern auch die Konstruktion der Kategorien selbst. Auf diesem Hintergrund verweist der Autor auf die von Krippendorf (1980, zitiert in Mayring 1997:111f) entwickelten, fünf inhaltsanalytischen Gütekriterien: a) semantische Validität, b) Stichprobenvalidität, c) Vorhersagevalidität, d) Konstruktvalidität und e) korrelative Validität. Spöhring (1995:31) schlägt ein weiteres Gütekriterium vor: f) ökologische Validierung.

Die Validität der vorliegenden Arbeit wurde anhand dieser sechs inhaltsanalytisch vorgeschlagenen Konzepte überprüft. Das Konzept der semantischen Validität zielt auf die Richtigkeit der Bedeutungsrekonstruktion der Texte und fordert zu überprüfen, ob die Kategoriendefinitionen angemessen sind. Ausgehend von der Forderung nach Intercoderreliabilität wurden spezifische Teile der Konstruktion des Analyseinstrumentes (wie Definitionen, Ankerbeispiele und Codierregeln) einer dem Projekt außenstehenden Fachperson zur Überprüfung vorgelegt. Ein weiteres Gütekriterium, die Stichprobenvalidität, wurde aufgrund der repräsentativen Stichprobenziehung eingehalten. Die Vorhersagevalidität (Konzept d) lässt sich an dieser Untersuchung nicht anwenden, da sich keine Prognosen aus dem Datenmaterial ableiten lassen. Auch die Konstruktvalidität, welche prüft, ob und in welchem Maß eine Messung mit anderen Messungen, die sich in ihrem Ergebnis theoretisch herleiten lassen, vereinbar ist, konnte aufgrund mangelnder Theoriebildung und des mehrheitlich explorativen Charakters dieser Studie nicht angewandt werden. Die korrelative Validität (Konzept e), auch „concurrent validity" oder Übereinstimmungsvalidität genannt, überprüft die Validität mit Hilfe von Ergebnissen einer Untersuchung mit ähnlicher Fragestellung und ähnlichem Gegenstand. Obwohl in der Jugendgewaltperzpetionsforschung wenige Studien mit vergleichbarem methodologischem Forschungshintergrund vorliegen, konnte die in diesen Untersuchungen nachgewiesene Korrelation zwischen Gewaltperzeption und Geschlecht auch in der vorliegenden Arbeit bestätigt werden. Ein letztes Gütekriterium, die ökologische Validierung, betrifft die Alltagsnähe und Natürlichkeit des Datenmaterials. Dazu lässt sich sagen, dass das Erhebungsverfahren, das Schreiben von Kurzaufsätzen im Schulzimmer, sowie die Thematik, Gewalt in der Lebenswelt der Jugendlichen, der geforderten Alltagsnähe und Natürlichkeit entsprechen.

Aufgrund der diskutierten Gütekriterien kann die Frage der Validität, ob das gemessen wird, was gemessen werden sollte, positiv beantwortet werden.

Kapitel 7
Qualitative und quantitative Aspekte des *Gewaltbegriffs* Jugendlicher

In diesem Kapitel werden die Ergebnisse der im „Fragebogen" erhobenen *Schilderungen einer Gewaltsituation* dargestellt und diskutiert. Sie beschränken sich auf die Lebensbereiche Schule und Freizeit. Eine erste Auswertung hat gezeigt, dass sich in den Schilderungen zum Lebensbereich Familie kaum Differenzierungen ausmachen lassen. So assoziiert eine Mehrheit der SchülerInnen mit einer Gewaltsituation in der Familie das klischeehaft wirkende Bild eines (alkoholisierten) Vaters, der die Mutter und/oder die Kinder schlägt. Zudem – dies wurde in Kapitel 6.6 erwähnt – ist die Ausfallquote im Lebensbereich Familie mit Abstand am höchsten. Dieser für die Perzeptionsforschung interessante Sachverhalt verweist auf die Frage, warum sich die Gewaltassoziationen der Jugendlichen im Lebensbereich Familie schwer erfassen lassen. Ich vermute, dass sich die Ursache nicht in der verwendeten Methode lokalisieren lässt, zumal nicht die eigenen Erfahrungen mit familialer Gewalt, sondern eine fiktive Schilderung verlangt wurde.[105] Vielmehr nehme ich an, dass bei den Jugendlichen ein *Tabu* auszumachen ist, über Gewalt in der Familie zu sprechen, das sie veranlasst, Äußerungen zu verweigern oder zu stereotypisieren. Woher dieses Tabu rührt, ist eine Frage, welcher sich eine weitere Perzeptionsforschung annehmen müsste.

Bevor auf die verschiedenen Gewaltformen eingegangen wird, sollen einige unterschiedliche Perzeptionsmuster in den Charakteristiken des Gewaltbegriffs betrachtet sowie die Frage geklärt werden, wie sich für die befragten Jugendlichen eine Gewaltsituation entwickelt.

7.1 Charakteristiken des Gewaltbegriffs

1) Bei der Charakterisierung des Gewaltbegriffs spielt der Faktor *Absicht* eine Rolle. Während für die einen Jugendlichen Handlungen erst dann zu

---

105 Damit stellt sich allerdings die Frage, ob die Aufgabenstellung von den Jugendlichen verstanden worden ist. So schrieb beispielsweise ein Schüler anstelle einer Gewaltschilderung, bei ihm in der Familie gäbe es keine Gewalt.

Gewalt werden, wenn eine *ernsthafte* oder *beabsichtigte* Haltung erkennbar ist, bezeichnen andere Handlungen auch dann als Gewalt, wenn *keine Absicht* dahinter steckt.

Eine Realschülerin[106] assoziiert Beleidigungen mit Gewalt, wenn eine ernsthafte Haltung zum Ausdruck kommt:

„*Verbale Gewalt wie ‚Arschloch‘, ‚Wixer‘ usw., wenn es ernst gemeint wird.*"[107]

Ebenso bezeichnen ein Gymnasiast und eine Gymnasiastin Schlägereien als Gewalt, wenn sie nicht aus Spaß betrieben werden:

„*Wenn zwei aufeinander losgehen und kämpfen, das heißt wenn sie sich schlagen, nicht ein Spaßkämpfli, wo zwei, die miteinander kämpfen wollen, raufen.*"

„*(...) Sie schlagen sich dann zusammen, es ist kein Spaßkampf mehr.*"

Ein anderer Gymnasiast definiert physische Handlungen als Gewalt, wenn sie absichtlich geschehen:

„*Gewalt ist, wenn Person A Person B körperlich weh tut, und zwar absichtlich.*"

Eine Gymnasiastin hingegen definiert unabhängig davon, ob Absicht dahinter steht oder nicht, Schläge als Gewalt. Mit „unabsichtlich jemanden schlagen" meint sie möglicherweise eine Handlung, welche im Affekt geschieht:

„*Wenn man von einem Lehrer geschlagen wird; absichtlich oder unabsichtlich, es ist beides Gewalt.*"

2) Gewalt wird oft mit *Ohnmacht* und *Hilflosigkeit* assoziiert. In den Äußerungen der SchülerInnen zeigt sich dieses Perzeptionsmuster darin, dass Gewaltsituationen geschildert werden, in denen a) keine Möglichkeit besteht, zu helfen, b) Hilfeleistungen für die Opfer unterlassen werden, c) keine Hilfe vorhanden ist oder d) die Täter nicht gehindert beziehungsweise nicht bestraft werden.

Zu ersterem die Schilderung einer Gymnasiastin, in der Ohnmacht und Hilflosigkeit deutlich zum Ausdruck kommen:

„*Blut lief dem einen übers Gesicht und er schrie hilflos und ausgeliefert. Es war ein schreckliches Bild. Doch was hätte ich tun können, als 16-Jährige?*"

Eine Gymnasiastin beschreibt eine Gewaltsituation in der Schule, in der die Täter ungehindert mehrmals vorgehen können:

„*Eine Gruppe, die aus mehreren Personen besteht, tyrannisiert Schüler, das heißt, sie nimmt Geld weg, verprügelt Unschuldige, belästigt ... Ich finde, dass man das*

---

106 Zur Hierarchie der Schultypen in Basel siehe Tabelle 5, Anmerkung 1.
107 Die folgenden Zitate sind wörtliche Wiedergaben der SchülerInnenschilderungen mit leichten Korrekturen orthographischer Art. Zur Hervorhebung werden die Zitate kursiv gedruckt.

als eine Gewaltsituation sehen kann, vor allem, wenn niemand etwas dagegen unternimmt."

In weiteren Äußerungen wird unterlassene Hilfeleistung angesprochen. Es werden Lehrkräfte erwähnt, die gegen Gewalt nichts unternehmen oder ihr hilflos gegenüberstehen. Dazu ein Realschüler und eine Realschülerin:

„(...) Einmal gingen zwei Knaben mit Waffen auf einen Jungen zu und schlugen ihn zusammen. Unser alter Schulhausvorsteher hat nur zugeschaut."

„(...) Nach der Stunde prügeln sich die beiden. Die Lehrerin steht daneben und sagt nur ‚Hört bitte auf', doch sie machen weiter."

Auch SchülerInnen werden in der Perzeption der Jugendlichen als gegenüber Gewalthandlungen untätig dargestellt. Zwei Gymnasiastinnen berichten:

„(...) Sie gehen mit ihr auf die Toilette und verprügeln sie. Und kein Schüler sagt etwas."

„(...), der eine schlägt den andern, der andere schlägt zurück. Niemand der Klasse tut was dagegen."

Ein Gymnasiast assoziiert eine Situation, in der nach der Untätigkeit einer Lehrkraft eine höhere Instanz, nämlich der Schulleiter, gegen Gewalt vorgeht:

„Nach diesen Vorkommnissen ging dieser zum Klassenlehrer, der praktisch nichts unternahm. Dann ging er zum Rektor, dieser machte etwas, er nahm den Bedroher zu sich und nahm ihm das Messer weg. Nachher wurde der bedrohte Schüler in eine andere Klasse versetzt."

Ein weiterer Gymnasiast schildert eine mit verbaler Gewalt eingreifende Lehrkraft:

„(...) Der geschlagene Schüler schlägt zurück. Ein Lehrer kommt und schreit beide Schüler an."

Dass Hilfeleistungen unterlassen werden, hängt nach Ansicht einer Gymnasiastin mit der *Angst* zusammen, ebenfalls Opfer zu werden:

„(...) Es kann ja auch sein, dass jemand in der Öffentlichkeit geschlagen wird und die Leute helfen nicht, weil sie Angst haben."

Ähnlich sieht es eine Realschülerin:

„(...) Sie schlagen sie (eine Person, die Verfasserin) brutal zusammen, doch hilft ihm keiner, weil man Angst hat, ebenfalls von der Gruppe zusammengeschlagen zu werden."

Komplementär zur Ohnmacht und Hilflosigkeit, mit der Jugendliche Gewalt assoziieren, ist ein weiteres Perzeptionsmuster auszumachen: *Hilfeleistung* von FreundInnen oder Außenstehenden mit oder ohne Gewaltanwendung. Es werden Gewaltsituationen geschildert, in denen meistens KollegInnen eingreifen oder zu Hilfe geholt werden. Dazu ein Sekundar- und ein Realschüler, die aus eigenen Erfahrungen berichten:

> *„Ich bin einmal in etwas hineingerutscht, weil ich meinem Kollegen geholfen habe und weil dieser Typ meinen Kollegen geschlagen hat, ging ich und habe ihm eine Faust ins Gesicht geschlagen und habe ihn bedroht."*
>
> *„Ein Kollege von mir schlug sich mit einem anderen, der die Schlägerei angefangen hatte. Ich ging dazwischen und verprügelte den anderen. Zum Glück nur wenig, weil mich etwa fünf Kollegen zurückhielten."*

Eine Sekundarschülerin assoziiert eine gewaltlose Hilfeleistung aus dem eigenen Erfahrungsbereich (sexuelle Gewalt), welche allein durch das Hinzukommen von Klassenkameradinnen zustande gekommen ist:

> *„(...) und danach ließen die zwei Knaben mich zu Boden fallen. Und sie hatten die Hosen runter. Sie haben mir nichts getan, weil dann die anderen drei Mädchen gekommen sind."*

3) Ein weiteres Charakteristikum kann in der unterschiedlichen Handhabung der Jugendlichen gesehen werden, mit der sie die *Grenzen* von Gewalt festlegen. Sie bewegen sich auf der physisch-psychischen Dimension und widerspiegeln den aktuellen Gewaltdiskurs hinsichtlich der Verwendung eines restriktiven oder erweiterten Gewaltbegriffs (siehe dazu Kapitel 2.1.3/4).

Für einen Teil der Jugendlichen beschränkt sich Gewalt auf *physische Formen*. Dazu ein Gymnasiast:

> *„Ich zähle zu jeder Gewaltsituation Handgreiflichkeiten. Pöbeleien gelten da nicht."*

Andere Jugendliche verwenden einen erweiterten Gewaltbegriff und assoziieren *psychische* Gewalthandlungen. Genannt werden Formen wie Beleidigungen, Beschimpfungen, Auslachen, Verspotten, Fertigmachen, Verleumdungen, Personen gegen andere aufhetzen, Pöbeleien, Drohungen, aber auch Nötigungen und Erpressungen. Folgende Beispiele sollen dieses Perzeptionsmuster verdeutlichen:

> *„Gewalt ist für mich, wenn einer den anderen nicht in Ruhe lässt, oder wenn man ihn immer wieder ‚abemacht'. In solchen Fällen ist es sehr schlimm, weil man vielleicht das Selbstbewusstsein des Menschen zerstören kann."*
>
> *„Lehrer motzt Schüler an."*

Hinweise dafür, dass ein erweiterter Gewaltbegriff unter Jugendlichen verbreitet ist, zeigen die Ergebnisse der folgenden quantitativen Analyse:[108] Der Anteil SchülerInnen, welche eine Gewaltsituation *nicht* mit physischer Gewalt assoziiert, beträgt im Lebensbereich Schule bei den weiblichen Jugendlichen zwischen 33,3 und 19,4 Prozent, bei den männlichen Jugendli-

---

108 Zur Kategorisierung nicht-physischer Gewalt siehe Tabellen 6 und 7.

chen zwischen 23,4 und 15,4 Prozent.[109] Im Lebensbereich Freizeit lässt sich ein ähnliches Bild festmachen: Bei den weiblichen Jugendlichen sind es zwischen 37,5 und 21,9 Prozent, welche eine nicht-physische Gewaltsituation assoziieren, bei den männlichen Jugendlichen sind es zwischen 25 und 19,4 Prozent.[110] Genannt werden in beiden Lebensbereichen die bereits erwähnten Formen psychischer Gewalt gegen Personen sowie Gewalt gegen Sachen.

Ein weiteres auffälliges Perzeptionsmuster zeigt sich darin, dass sowohl physische wie auch psychische Handlungen als Gewalt perzipiert werden, in der *sprachlichen* Verwendung hingegen wird der Begriff Gewalt auf *physische* Formen reduziert. So assoziiert beispielsweise ein Gymnasiast mit einer Gewaltsituation „Pöbeleien", also eine Handlung im psychisch-verbalen Bereich. Mit der Anmerkung, dass Pöbeleien „keine richtige Gewalt" ist, nimmt er eine Unterscheidung vor, nämlich zwischen „richtiger" und „nicht-richtiger" Gewalt. Da davon ausgegangen werden kann, dass der betreffende Jugendliche unter „richtiger Gewalt" physische Gewalt versteht, lässt sich folgern, dass sowohl physische wie auch psychische Gewalt perzipiert wird, im sprachlichen Gebrauch Gewalt aber auf physische Gewalt beschränkt wird:

„Es gibt in der Klasse manchmal kleinere Pöbeleien, aber so richtig Gewalt gibt es eigentlich hier nicht."

Ein ähnliches Bild zeigt sich in der ausführlichen Schilderung einer Realschülerin:

„Ich bin mit meiner Freundin zusammen und gehe an die Party. Ich kenne dort niemanden und darum möchte ich immer bei ihr bleiben. Ich merke aber, dass es ihr stinkt, dass ich immer dabei bin und gehe halt auf die Seite. Ich fühle mich allein und doch habe ich eine Wut. Nach langem Tanzen spreche ich sie an, dass ich alleine bin und dass es mir stinkt. Sie wird verrückt und wir motzen uns an. Es kommt zwar nicht zu Gewalt, aber ich bin doch verletzt."

Die Schülerin assoziiert mit einer Gewaltsituation einen Konflikt mit einer Freundin, die sie im psychischen Bereich verletzt. Mit der Anmerkung „Es kommt zwar nicht zu Gewalt (...)" meint sie, dass keine physische Gewalt angewandt wurde. Das heißt, dass sie sowohl physische wie auch psychische Gewalt perzipiert, unter dem Begriff Gewalt aber physische Gewalt versteht.

---

109 Die Prozentdifferenzen sind schultypenbedingt. Zwischen den einzelnen Schulstufen sind die Unterschiede bei beiden Geschlechtern statistisch nicht signifikant. Leicht signifikante geschlechtsspezifische Unterschiede sind nur in einem Fall, nämlich zwischen den Sekundarschülerinnen und -schülern vorhanden: Mit einer Irrtumswahrscheinlichkeit von <10 Prozent (aufgrund des kleinen N-Wertes von 63 erscheint dieses Niveau als gerechtfertigt) assoziieren 33,3 Prozent der weiblichen und 15,4 Prozent der männlichen SekundarschülerInnen eine nicht-physische Gewaltsituation (Chi-Quadrat=2,769; df=1).
110 Es sind weder bildungs- noch geschlechtsspezifische Unterschiede auszumachen.

7.2 Wie entwickelt sich eine Gewaltsituation?

Nach der Analyse der Perzeptionsmuster in den Charakteristiken des Gewaltbegriffs soll im folgenden geklärt werden, wie sich nach den Vorstellungen der Jugendlichen Gewalthandlungen entwickeln. Dabei gilt es, folgende Problematik zu beachten: Da die SchülerInnen nicht eine einzelne Gewalthandlung, sondern eine komplexe Gewalt*situation* schildern, lässt sich in vielen Fällen nicht bestimmen, welche der genannten Handlungen Gewalt zugeschrieben werden. So wird beispielsweise nicht deutlich, ob der Schüler im folgenden Beispiel „foulen" als Gewalthandlung betrachtet oder nicht: *„Mehrere Knaben spielen im Pausenhof Fußball. Der andere wird gefoult und der Schiedsrichter pfeift nicht, und so kommt es zur Schlägerei."* Es gilt deshalb zu berücksichtigen, dass es sich bei Handlungen zu Beginn einer Gewaltsituation nicht um Gewalt handeln muss.

Die Analyse der Texte macht deutlich, dass bei den Jugendlichen vielfältige Vorstellungen über den Beginn einer Gewaltsituation vorherrschen. Um diese facettenreichen Perzeptionsmuster der Jugendlichen genügend ausschöpfen zu können, werden die Beschreibungen qualitativ ausgewertet und dargestellt.[111]

Gewalt beginnt einerseits im *psychisch-verbalen* Bereich. Die befragten Jugendlichen nennen Beleidigungen, Beschimpfungen, Verleumdungen, das Erzählen eines Witzes über eine andere Person, aber auch das Aussprechen harmloser, einzelner Wörter, das Initiieren eines arglosen Gespräches oder einer Frage werden als Beginn von Gewalt perzipiert. Zu letzterem das Beispiel einer Realschülerin:

„Wenn ein Junge oder ein Mädchen von einer Gruppe angesprochen wird und etwas gefragt wird. Wenn diese Person dann eine falsche Antwort gibt oder nicht gleicher Meinung ist, verprügelt wird."

Ebenfalls als Beginn einer Gewaltsituation wird *Anpöbeln* oder *Anmachen*[112] erwähnt. In diesem Zusammenhang wird ein weiterer Begriff genannt, der vermutlich dieselbe Bedeutung hat wie Pöbeleien, jedoch die Perspektive beziehungsweise das Empfinden der Opfer betont: *Stress*. Dazu ein Real- und eine Realschülerin:

---

111 Eine quantitative Auswertung erscheint zudem nicht geeignet, da die Beschreibung der verschiedenen Gewaltsituationen von den befragten SchülerInnen mit unterschiedlicher Differenzierung vorgenommen worden ist, wobei unter anderem auch sprachliche Schwierigkeiten eine Rolle spielten (vgl. dazu Kapitel 6.6).

112 Der Begriff Anmachen wird nach Duden (1985:56) mehrdeutig verwendet: a) jemanden ansprechen und unmissverständlich zeigen, dass man (sexuelles) Interesse an ihm/ihr hat, b) jemanden zum Mitmachen animieren, mitreißen (sinnverwandt: reizen, anstacheln) und c) sich jemandem gegenüber aggressiv benehmen und Streit anfangen (sinnverwandt: meckern, mosern, motzen, schimpfen).

> *„Es pöblen viele und stressen andere, zum Beispiel sagt ein Türke zu einem Albaner ‚Drecksalbaner'."*
>
> *„Durch Stressköpfe gestresst zu werden, ist für mich auch Gewalt. Man kann denen nicht begegnen, ohne einen dummen Spruch zu hören."*

Diese am Beginn zu Gewalt stehenden verbalen Äußerungen werden von den Tätern oft als *Provokationen* eingesetzt beziehungsweise von den Opfern als solche perzipiert. Ein Realschüler spricht aus eigener Erfahrung:

> *„Wenn unsere Gruppe auf eine andere Gruppe trifft, dann provozieren wir meistens, damit es eine Schlägerei gibt."*

Umgekehrt assoziiert ein Realschüler verbale Attacken von Skinheads als Provokation:

> *„Ein Skinhead (oder mehrere) fangen an, mit ominösen Nazisprüchen uns zu provozieren. Wir (Punx) fühlen uns dadurch gereizt und geben dann auch zurück. Meistens ist es so, dass die Heads uns angreifen. (...)"*

Außerhalb des verbalen Bereichs befindet sich eine weitere Handlung, welche von den Jugendlichen als Beginn von Gewalt lokalisiert wird: Das *Betrachten einer anderen Person*. Ein Gymnasiast beschreibt eine Situation, in der er angeschaut und dadurch in eine Gewalthandlung hineingezogen wird:

> *„Jemand kommt auf mich zu. Ich schaue weg, aber irgend etwas passt ihm an mir nicht. Ich werde dauernd angeschaut. Er/sie fragt mich, was für Klamotten ich trage. Ich sage normale. Ich will ihm/ihr aus dem Weg gehen, aber das geht nicht."*

Umgekehrt verhält sich das „Anschauen" in der Situationsschilderung einer Gymnasiastin. Sie beschreibt, wie der Blick einer unbeteiligten Person zum Anlass für Gewalt genommen wird:

> *„Es gibt ja so Gruppen, die auf Streit aus sind. Wenn man zum Beispiel in der Stadt mal jemanden kurz anschaut, und der findet dann gleich, was schaust du mich so blöd an, hier gibt es nichts zu schauen (...)."*

Ein für die Gewaltperzeptionsforschung aufschlussreiches Bild darüber, wie unterschiedlich Gewalt perzipiert wird, vermittelt ein Realschüler, der aus eigener Erfahrung zur selben Thematik spricht. Durch Blicke anderer zu physischer Gewalt provoziert, nimmt er sich nicht in der Täter-, sondern in der Opferrolle wahr:

> *„Ich kann fast nicht mehr in die Stadt gehen, weil, immer wenn ich in die Stadt gehe, schaut mich jemand blöd an und ich werde wütend und dann muss ich ihn schlagen. Und immer zu schlägern scheißt mich recht an. Wegen dem gehe ich nicht mehr so oft in die Stadt, obwohl ich einen Bruder und sehr viele Kollegen habe."*

Weiter wird der Beginn einer Gewaltsituation im psychisch-(verbalen) Bereich mit *unmittelbarer* Gewalt assoziiert. Es werden Situationen genannt, in denen Personen ein oder mehrere Gegenstände weggenommen werden, aber auch Formen von Nötigungen und Erpressungen. Zu ersteren die Schilderung eines Gymnasiasten:

> *„Als ich einmal mit meinem Freund Fußballspielen ging, kamen nach einiger Zeit ein paar Typen. Sie nahmen uns den Ball weg und schossen ihn weit weg.(...)"*

Gewalt beginnt auch im *physischen* Bereich. Die Jugendlichen assoziieren Formen von *Anrempeleien* – mit Absicht oder aus Versehen, je nach Perspektive. Daneben werden verschiedene Gewaltsituationen beschrieben, die in der Perzeption der befragten SchülerInnen *unmittelbar* mit schwerer Gewalt beginnen wie Raubüberfälle oder Vergewaltigungen.

Mit diesen Schilderungen konnte aufgezeigt werden, wo die befragten Jugendlichen den Beginn von Gewalt lokalisieren. Neben unmittelbarer, meist schwerer Gewalt perzipieren viele Jugendliche Vorläufer oder Wegbereiter von Gewalt, erinnert sei an Handlungen wie Beleidigungen, Anpöbeln, Anrempeln, Anschauen und so weiter. Den meisten dieser Vorläufer von Gewalt ist gemeinsam, dass sie *Provokationen* darstellen, die Gewalt *evozieren*. Aus diesem Blickwinkel betrachtet erscheint Gewalt als eine Handlung, welche *beabsichtigt* ist.

7.3 Spektrum von Gewalthandlungen

Im folgenden soll ein Überblick über die verschiedenen Handlungen gegeben werden, welche Jugendliche im Zusammenhang mit einer Gewaltsituation assoziieren.[113]

Zuerst einmal ist die Breite beziehungsweise die *Vielschichtigkeit* der Handlungen auffällig, mit der Jugendliche eine Gewaltsituation charakterisieren. Diese Vielschichtigkeit der Handlungen zeigt sich in ausgeprägter Weise in den Äußerungen der Jugendlichen und widerspiegelt damit die *Komplexität* des Phänomens Gewalt. Das breite Spektrum der von den Jugendlichen perzipierten Handlungen umfasst *physische* und *psychische Formen von Gewalt gegen Personen* sowie *Sachbeschädigungen*, letztere sind allerdings nicht sehr ausgeprägt. Formen struktureller Gewalt, wie sie von Galtung genannt werden, sind in den Perzeptionsmustern der Jugendlichen keine aufzufinden.

Tabellen 6 und 7 zeigen auf, welche Handlungen die befragten Basler Jugendlichen in den Lebensbereichen Schule und Freizeit mit einer Gewaltsituation assoziieren.

---

113 Da die vorgegebene Aufgabenstellung in vielen Fällen keine eindeutige Zuordnung der einzelnen Handlungen zu Gewalt erlaubt (siehe dazu Kapitel 7.2), kann die Frage, ob es sich bei den einzelnen perzipierten Handlungen, vor allem des psychischen Bereiches, um Gewalthandlungen handelt, nicht beantwortet werden.

Tabelle 6: Spektrum an assoziierten (Gewalt-)Handlungen im Lebensbereich *Schule*, differenziert nach physischen und psychischen (Gewalt-)Handlungen sowie (Gewalt-)Handlungen gegen Sachen

physische (Gewalt-)Handlungen		**psychische (Gewalt-)Handlungen**
schwere (Gewalt-)Handlungen - Mord - Raubüberfall - Messerstecherei - Vergewaltigung - sexueller Missbrauch von Kindern und Jugendlichen *mittlere bis leichte (Gewalt-)Handlungen* - Arrest - (Massen-)Schlägerei, (Spaß-)Kämpfe - aufeinander losgehen - jemanden angreifen - jemanden würgen - jemanden (zusammen)schlagen - Kopf einer Person in eine WC-Schüssel drücken - jemandem eine Ohrfeige, einen Faustschlag oder „Lähmungen" verpassen - jemandem (in den Hintern) treten - jemanden an den Haaren reißen - jemanden kratzen - jemanden stoßen, „schupfen" - jemanden (am Hals) packen - jemanden in eine Ecke drängen - jemanden irgendwohin schleppen	- jemanden mit etwas bewerfen - jemanden foulen - jemanden sexuell berühren - jemanden „anrempeln" *Weitere (Gewalt-)Handlungen* - „Freundschaftsgetummel" - „Duell" **psychische (Gewalt-)Handlungen** *sexuelle Formen* - sexuelle Belästigung, Anmache - sexuelle Beleidigung *Formen mit materieller Komponente* - jemandem mit Gewalt etwas wegnehmen - jemanden etwas stehlen *Formen verbaler/nonverbaler Art* - jemanden beleidigen, beschimpfen, anfluchen, „anmotzen" - („faule") Sprüche, frech sein - jemanden anschreien, „anzünden", provozieren, „stressen" - über eine Person einen Witz erzählen - jemanden anpöbeln, „anmachen" - jemanden auslachen, heruntermachen - jemanden diskriminieren	- jemanden mobben, „fertigmachen" - jemanden ausgrenzen, ausstoßen - jemanden unterdrücken - jemanden verleumden - gegen eine Person aufhetzen - keine „richtige" Antwort geben - jemanden „angaffen" *Formen mit Tendenz zu physischer Gewalt* - jemanden erpressen, nötigen - jemandem drohen - jemanden bedrohen, Angst einjagen *Weitere Formen* - jemanden plagen, ärgern, stören - Streit - strenge Noten - Strafaufgaben - Machtposition ausnützen - jemanden „terrorisieren" - jemandem etwas Schlechtes machen **(Gewalt-)Handlungen gegen Sachen** - Mobiliar öffentlicher Einrichtungen zerstören - Besitz einer Person beschädigen - Besitz einer Person zerstören

Tabelle 7: Spektrum an assoziierten (Gewalt-)Handlungen im Lebensbereich *Freizeit*, differenziert nach physischen und psychischen (Gewalt-)Handlungen sowie (Gewalt-)Handlungen gegen Sachen

physische (Gewalt-)Handlungen		
schwere (Gewalt-)Handlungen - Mord, Totschlag - Schießerei - Messerstecherei - Raubüberfall - Zufügen einer Kopf-/Schnittverletzung - Vergewaltigung - sexueller Missbrauch von Kindern und Jugendlichen - Entführung einer Person *mittlere bis leichte (Gewalt-)Handlungen* - (Massen-)Schlägerei, Kämpfe - aufeinander losgehen - jemanden angreifen, attackieren - jemanden (zusammen)schlagen - jemandem eine Ohrfeige, einen Faustschlag oder „Lähmungen" verpassen - jemanden (in den Hintern) treten - jemanden an den Haaren reißen - jemanden stoßen, „schupfen" - jemanden festhalten, anhalten, den Weg versperren, umzingeln - jemanden in eine Ecke drängen - jemanden mit etwas bewerfen - jemandem etwas entreißen	- jemanden verfolgen - jemanden jagen - jemanden foulen - im Sport unfair spielen - jemanden sexuell berühren - jemanden „anrempeln" **psychische (Gewalt-)Handlungen** *sexuelle Formen* - sexuelle Belästigung, Anmache - sexuelle Beleidigung - sexuelle Nötigung - Ausnützung sexueller Art - Onanieren in der Öffentlichkeit *Formen mit materieller Komponente* - jemandem mit Gewalt etwas wegnehmen - jemanden bestehlen *Formen verbaler/nonverbaler Art* - jemanden beleidigen, beschimpfen, anfluchen, „anmotzen" - Sprüche, „schlechte Wörter" - jemanden anschreien, „anzünden", provozieren - jemanden auslachen, heruntermachen - jemanden anpöbeln, „anmachen" - jemanden „fertigmachen"	- mit jemandem nicht mehr reden - jemanden verleumden - jemanden abweisen - jemanden anlügen - gruppenspezifische Formen wie Gruppendruck, jemanden ausschließen *Formen mit Tendenz zu physischer Gewalt* - jemanden erpressen, nötigen - jemandem drohen, unter Druck setzen - jemanden bedrohen, Angst einjagen *Weitere Formen* - jemanden plagen, ärgern, stören - Streit, Reibereien - „Terror" - Krawall machen **(Gewalt-)Handlungen gegen Sachen** - an öffentlichem Gebäude etwas zerstören - Besitz einer Person verschmutzen - Besitz einer Person zerstören

Vergleichen wir die Ergebnisse mit der Gewaltperzeptionsuntersuchung von Roski; Starke & Winkler (1994), sind einige Unterschiede auszumachen. Während die Leipziger Jugendlichen staatliche und politisch motivierte Gewalt bereits an zweiter und dritter Stelle wahrnehmen (siehe Kapitel 3.5), kommen diese Gewaltformen in den Assoziationen der Basler Jugendlichen nicht vor. Diese Differenzen können unter anderem auf die unterschiedliche Aufgabenstellung zurückgeführt werden: Die in der vorliegenden Untersuchung vorgenommene Einschränkung der Gewaltsituationen auf die drei Lebensbereiche lässt die Jugendlichen kaum Gewaltsituationen außerhalb ihrer Lebenswelt assoziieren. Allerdings bestätigt sich diese Vermutung nicht, wenn wir weitere Gewalthandlungen betrachten, welche in der Lebenswelt der Jugendlichen vorkommen können: Gewalt gegen Tiere und Gewalt gegen die Natur perzipieren die Leipziger Jugendlichen an neunter und zehnter Stelle,[114] die Basler Jugendlichen erwähnen diese beiden Gewaltformen nicht, mit Ausnahme einer Schülerin, die beschreibt, wie ein Passant einem bellenden Hund einen Fußtritt verpasst.

Auffallend ist, dass die beiden Lebensbereiche *Schule* und *Freizeit* hinsichtlich der perzipierten (Gewalt-)Handlungen zu einer überwiegenden Mehrheit *Gemeinsamkeiten* aufweisen (siehe dazu Tabellen 6 und 7). Verweist dieses Ergebnis darauf hin, dass Jugendliche in ihrer Gewaltperzeption keinen Unterschied zwischen den beiden Lebensbereichen vornehmen?

In den folgenden Kapiteln werden einige spezifische Aspekte von Gewalt, welche in den Assoziationen der befragten Jugendlichen eine wichtige Stellung (in Bezug auf ihre Häufigkeit) innehalten, vorgestellt und diskutiert. Es sind dies: Ethnische Gewalt, Erpressung/Nötigung, Gewalt gegen Sachen, Gewalt im Sport und im Zusammenhang mit Sport sowie sexuelle Gewalt. Im Anschluss daran folgt ein Kapitel, das sich mit verschiedenen Aspekten weiblicher Gewalt befasst.

7.4 Ethnische Gewalt

Unter ethnischer Gewalt wird Gewalt von oder gegen Personen unterschiedlicher Herkunft (Staatsangehörigkeit) oder Religion verstanden.

8 beziehungsweise 10 Prozent der befragten Jugendlichen assoziieren eine Gewaltsituation im Lebensbereich Schule beziehungsweise Freizeit im Zusammenhang mit ethnischer Gewalt. Zwischen den beiden Lebensbereichen kann keine Beziehung festgestellt werden, das heißt, Jugendliche asso-

---

114 Es werden weder absolute noch relative Zahlen genannt.

ziieren ethnische Gewalt entweder im Lebensbereich Schule *oder* im Lebensbereich Freizeit.[115]

Während bei den weiblichen Jugendlichen aller Schulstufen sowie den männlichen Jugendlichen der statustiefen Schultypen keine signifikanten Unterschiede zwischen den beiden Lebensbereichen Schule und Freizeit zu erkennen sind[116], assoziieren die *männlichen Gymnasiasten* lebensbereichspezifisch: Im Lebensbereich *Freizeit* ist der Anteil jener, die ethnische Gewalt assoziieren, knapp doppelt so hoch wie im Lebensbereich Schule und stellt mit einem Fünftel den höchsten aller Werte dar: 21,5 zu 11 Prozent.[117]

Hinsichtlich ethnischer Gewalt interessiert unter anderem auch die Frage, ob sich die *Nationalität* der befragten Jugendlichen auf die genannten Assoziationen auswirken. Auffällige geschlechts- und schultypenspezifische Ergebnisse sind wiederum im Lebensbereich *Freizeit* auszumachen. Die *männlichen* Jugendlichen weisen spezifische Differenzen dahingehend auf, dass der Anteil jener, welche ethnische Gewalt assoziieren, bei den Schülern *ausländischer Herkunft* signifikant tiefer ist als bei den Schülern schweizerischer Nationalität: Während 7,2 Prozent der ausländischen männlichen Jugendlichen ethnische Gewalt perzipieren, liegt der Anteil bei den männlichen Schweizer Jugendlichen bei 18,1 Prozent.[118]

Die *weiblichen* Jugendlichen weisen ein im Vergleich zu den männlichen Jugendlichen *umgekehrtes Verhältnis* auf, allerdings beschränkt auf die Gymnasiastinnen: Auf dieser Schulstufe ist der Anteil jener, welche ethnische Gewalt assoziieren, bei den Schülerinnen *ausländischer Nationalität* leicht signifikant *höher* als bei jenen schweizerischer Herkunft.[119] Dieses interessante Ergebnis zwischen den Geschlechtern fordert eine weitere Analyse bezüglich der Inhalte der dargestellten Gewaltsituationen.

Es zeigt sich deutlich, dass *weibliche* Jugendliche ausländische Staatsangehörige mehrheitlich als *Opfer* von Gewalt darstellen, während *männliche*

---

115 Phi-Koeffizient=0,084
 (Chi-Quadrat=3,172; df=1; nicht signifikant) (N=447).
116 Bei den männlichen Jugendlichen betragen die Anteilswerte im Lebensbereich Schule um 10 Prozent (Sekundar: 9,5 Prozent (N=42), Real: 9,1 Prozent (N=77), Gymnasium: 11 Prozent N=82), bei den weiblichen Jugendlichen ist in beiden Lebensbereichen – allerdings statistisch ungesichert – die Tendenz zu erkennen, dass die Absolventinnen des statustiefsten Schultyps die tiefsten, die Absolventinnen des statushöchsten Schultyps die höchsten Anteilswerte aufweisen. In beiden Lebensbereichen sind dieselben Werte vorhanden: Sekundarschülerinnen: null Prozent (N=25), Schülerinnen des Gymnasiums: 10,9 Prozent (N=101). Im Lebensbereich Freizeit zeigt sich bei den männlichen Jugendlichen ein signifikanter Unterschied zwischen den Realschülern und den Gymnasiasten: Chi-Quadrat=4,342; df=1; p<0,05.
117 Der Unterschied ist auf einem Niveau von p<0,1 signifikant. Aufgrund eines geringen N-Wertes (=154) ist dieses Signifikanzniveau vertretbar. Chi-Quadrat=3,423; df=1.
118 Chi-Quadrat=5,624; df=1; p<0,05 (N=205).
119 Chi-Quadrat=3,766; df=1; p<0,1. Aufgrund eines kleinen N-Wertes (=98) ist dieses Signifikanzniveau vertretbar.

Jugendliche ausländische Staatsangehörige als *Täter* perzipieren. Das geschlechtsspezifische Muster soll anhand einiger Beispiele exemplarisch dargestellt werden. Zuerst Assoziationen weiblicher Jugendlicher:

> *„Skins hängen am Bahnhof, da kommen drei Türken vorbei. Die Skins verprügeln sie brutal mit Bierflaschen und Stöcken."*
>
> *„Ausländer und Neonazis. Die Neonazis schlagen die Ausländer fast spitalreif, nur weil sie anders sind als sie."*
>
> *„Wenn zum Beispiel ein Ausländer in der Klasse ist, und alle auf ihn losgehen, ihn verprügeln."*

Im folgenden Assoziationen männlicher Jugendlicher:

> *„Das war einem Freund von mir passiert. Er fuhr mit einem Freund mit den Modellautos auf einem Platz, als ein paar Türken kamen und ihn mit dem Messer bedrohten und Geld haben wollten."*
>
> *„Alle Ausländer, besonders Türken, Albaner, Portugiesen, Bosnier und Jugoslawen fangen gerne an zu pöbeln. Meist kämpfen sie mit einer Mehrzahl von Kollegen gegen weniger Schweizer. Auf etwa einen Schweizer kommen drei Türken."*
>
> *„Mein Freund war im Joggeli Basketball spielen. Da kamen ungefähr 12 Ausländer, die ihn grundlos krankenhausreif geschlagen haben."*

Wie lässt sich dieses geschlechtsspezifische Ergebnis interpretieren? Es liegt die Vermutung nahe, dass es sich um unterschiedliche *Identifikationsmuster* handelt, welche unter anderem aufgrund spezifischer Erfahrungen mit Gewalt entstanden sind. Damit drängt sich allerdings die Frage auf, ob die geschlechtsspezifische Täter/Opfer-Identifikation ein Charakteristikum ethnischer Gewalt darstellt oder ob sich dieses Muster bei Gewalt allgemein zeigt.[120]

Im Zusammenhang mit ethnischer Gewalt nehmen die – vor allem männlichen – Jugendlichen teilweise Charakterisierungen und Wertungen vor. Interessant ist dabei, dass die den verschiedenen Nationalitäten zugeschriebene Gewaltbereitschaft mit der Begründung „ich bin kein Rassist" gerechtfertigt wird:

> *„Schlechte Erfahrungen mache ich und meine Kollegen nur mit Ausländern. Sie sind temperamentvoller und neigen sehr zu Gewalt, sollte aber keineswegs Rassist sein, aber ich bin gegen Intoleranz und die wird komischerweise stark von einem Teil der Ausländer wie den Albanern ausgeübt. Es gibt tausend andere Ausländer, die nett sind und auch zu meinem Freundeskreis zählen."*

Weiter werden Staatsangehörige gewisser Nationen als *aggressiv* oder *leicht zu provozieren* wahrgenommen:

---

[120] Die Frage nach einem allgemeinen geschlechtsspezifischen Perzeptionsmuster kann mit den vorliegenden Daten nicht beantwortet werden, da dazu eine Verknüpfung der Täterbeziehungsweise der Opferrolle mit einer weiteren Variable erforderlich ist. Eine allen Gewaltschilderungen zugrunde liegende Variable ist nicht vorhanden.

"Zuerst will ich sagen, dass ich keinerlei rassistisch bin, jedoch ärgere ich mich immer mehr über die Gewalt, die doch meistens von den Ausländern (Türken, Jugoslawen), welche aggressiv gegen Schweizer eingestellt sind, ausgeübt wird."

"Ich finde, die meisten Türken in Basel-Stadt sind ein Problem. Wo man hingeht, in der Stadt oder so, scheinen sie sehr aggressiv zu sein."

"Was mich besonders stört, sind Ausländerwitze. Die Ausländer fühlen sich dann schnell provoziert und hauen dem anderen dann auf den Deckel."

Der letztgenannten Schilderung kann die komplementäre Perspektive eines betroffenen Schülers türkischer Herkunft beigefügt werden:

"Ein Junge kommt und sagt, dass wir Drecksausländer und dass wir Hurensöhne seien. Natürlich wehren wir uns dann. Ich kann es nicht aushalten, wenn mir einer oder eine Hurensohn sagt. Ich flippe da aus. Obwohl ich gar nicht so stark bin, wehre ich mich, wenn jemand Hurensohn zu mir sagt."

Vorwiegend männliche Jugendliche äußern ihre punitiven Einstellungen gegenüber ausländischen Gewalttätern:

"Ich finde, dass Ausländer (Albaner, teilweise Türken und Jugos) viel härter bestraft werden müssten, wenn sie eine Straftat begehen, zum Beispiel Körperverletzung, Raub, Diebstahl, Waffenbesitz."

"Zum größten Teil lösen Ausländer Schlägereien aus (Türken, Albaner). Ich finde das eine Frechheit, denn die Schweiz nimmt sie auf, dann sollten sie sich auch gerecht benehmen. Ich finde, man sollte Türken und Albaner hinauswerfen. Ich bin kein Rassist, es sind ja nicht alle Ausländer, aber die meisten (nur Türken, Albaner, Kroaten). Spanier, Italiener ... nicht."

Die Hälfte (52,5 Prozent) jener Jugendlichen, welche ethnische Gewalt assoziieren, nehmen bei den dargestellten Beispielen, was die Täter- und Opferzuschreibung betrifft, eine Differenzierung hinsichtlich der Nationalität(en) vor. Eine genauere Analyse bringt wiederum signifikante *geschlechtsspezifische Unterschiede* zutage: Männliche Jugendliche, welche ethnische Gewalt assoziieren, erwähnen öfter als die weiblichen einzelne oder mehrere Nationalitäten. Anstelle der Auflistung verschiedener Nationalitäten verwenden zwei Drittel der weiblichen Jugendlichen (66,7 Prozent) einen Oberbegriff, am häufigsten genannt wird der Begriff Ausländer. Bei den männlichen Jugendlichen kehrt sich das Verhältnis: Knapp ein Drittel der männlichen Jugendlichen (31,3 Prozent) verwendet einen Oberbegriff, während dementsprechend zwei Drittel (68,8 Prozent) einzelne oder mehrere Nationalitäten auflisten.[121]

Betrachten wir in einem weiteren Schritt, welche Nationalitäten von den Jugendlichen perzipiert werden. Eindeutig am meisten (53,8 Prozent) – sowohl in der Täter- als auch in der Opferrolle – werden Personen aus der Türkei genannt, gefolgt von Personen aus Albanien beziehungsweise Kosovo

---

121 Chi-Quadrat=7,366; df=1; p<0,01.

(19,2 Prozent) und Ex-Jugoslawien (15,4 Prozent). Einige Schülerantworten mögen dies veranschaulichen:

„*Die Albaner und die Türken sind die, die am meisten Gewalt ausüben.*"

„*Ich höre von Kollegen, dass in den anderen Schulen immer Albaner und Türken gegeneinander raufen.*"

„*Ein Albaner und ein Türke sind beim Spaßmachen, Scherze reißen. Der Albaner nimmt die Scherze ernst und verprügelt den Türken, bis er am Boden liegt und schlägt ihm mit dem Bein ins Gesicht, bis er nicht mehr kann.*"

„*Ein Beispiel (für eine Gewaltsituation, die Verfasserin) wären Schlägereien zwischen verschiedenen Jungen, die sich hassen, nur weil sie nicht der gleichen Rasse angehören. Es passiert oft bei den Ausländern, zwischen Albanern und Türken am meisten, wegen der verschiedenen Religion.*"

Weitere Nationen wie Italien, Spanien, Portugal und China nehmen mit Werten unter sechs Prozent eine marginale Stellung ein.

Interessant ist, dass die Perzeptionen der Jugendlichen bezüglich der Herkunft der Gewaltausübenden ziemlich genau die Gewaltkriminalitätsstatistik des Kantons Basel-Stadt widerspiegelt, wonach die Täterraten für Staatsangehörige aus der Türkei und Ex-Jugoslawien überdurchschnittlich sind.[122]

Insgesamt lässt sich festhalten, dass hinsichtlich der Perzeption ethnischer Gewalt *Unterschiede* zwischen den *Geschlechtern* vorhanden sind. Während weibliche Jugendliche ausländische Staatsangehörige eher in der Rolle als Opfer assoziieren, neigen männliche Jugendliche vermehrt dazu, ausländische Staatsangehörige in der Täterrolle wahrzunehmen. Die männlichen Gymnasiasten schweizerischer wie auch ausländischer Staatsangehörigkeit stellen diejenige Gruppe dar, welche den höchsten Anteil an Assoziationen ethnischer Gewalt aufweist. Im weiteren werden Gewaltausübende eher von den männlichen Jugendlichen als von den weiblichen nach Nationen benannt beziehungsweise differenziert. Aufgrund dieser spezifischen Ergebnisse lässt sich spekulieren, dass bezüglich ethnischer Gewalt nicht wie vermutet Identifikationen eine Rolle spielen, sondern *Einstellungsmuster* gegenüber *Fremden* zum Ausdruck kommen. Denn: Werden Fremde als Täter perzipiert sowie bezüglich ihrer Herkunft typisiert, kann dies möglicherweise auf eine *Affinität* zu einer *negativen Einstellung* gegenüber *ausländischen Staatsangehörigen* hinweisen.[123] Eindeutig am verbreitetsten ist ein solches Perzeptionsmuster bei den männlichen Gymnasiasten.[124]

---

122 Vgl. dazu Eisner (1997:218). Die Täterraten beziehen sich auf 18–49-jährige Männer. Es wird nicht erwähnt, in welchem Zeitraum die Daten erfasst wurden.

123 Dieser Indikator kann dadurch gerechtfertigt werden, dass jene Jugendliche, welche sich explizit negativ gegenüber Fremden äußern, Fremde als Täter wahrnehmen und nach Nationalität differenzieren.

124 Interessant wäre es, weiter zu untersuchen, ob sich diese Affinität auch dann zeigt, wenn nach Staatszugehörigkeit differenziert wird. Aufgrund zu kleiner Fallzahlen konnte eine solche Analyse nicht durchgeführt werden.

7.5 Erpressung/Nötigung

In der Jugendgewaltforschung werden neben physischen Gewalthandlungen auch psychische Formen wie Erpressung/Nötigung[125] thematisiert.[126] Im folgenden wird die Frage untersucht, wie und in welchem Kontext Jugendliche diese Form von Gewalt perzipieren.

10,1 beziehungsweise 10,8 Prozent schildern eine Gewaltsituation im Zusammenhang mit Erpressung/Nötigung im Lebensbereich Schule beziehungsweise Freizeit. Damit nimmt diese Gewalthandlung als psychische Ausprägung von Gewalt in der Perzeption der Jugendlichen eine nicht zu vernachlässigende Stellung ein.

Zwischen den beiden Lebensbereichen Schule und Freizeit besteht eine leicht signifikante Beziehung: Ein Zehntel (10,4 Prozent) jener Jugendlichen, welche Erpressung/Nötigung assoziieren, tun dies in beiden Lebensbereichen.[127]

Es zeigt sich deutlich, dass Erpressung/Nötigung eine Gewaltform darstellt, welche – im Gegensatz zu ethnischer und sexueller Gewalt – mit einer Ausnahme *weder* lebensbereich- noch geschlechts- oder schultypenspezifisch perzipiert wird. Die Ausnahme ist bei den (männlichen) Realschülern vorzufinden, welche im Lebensbereich Schule in Bezug auf Erpressung/Nötigung die tiefsten Assoziationswerte aufweisen.[128]

Betrachten wir den qualitativen Aspekt dieser Gewaltform, fällt auf, dass das von den Jugendlichen perzipierte Schwergewicht im Bereich *Erpressung* liegt und Nötigungen[129] eine marginale Rolle einnehmen. Nötigungen werden, was die erzwungene Handlung oder Duldung einer Handlung betrifft, zumeist sehr allgemein formuliert:

„Ich finde, Gewalt ist, wenn Schüler zu irgend etwas gezwungen werden, was sie nicht machen wollen."

„Wenn jemand möchte, dass der andere etwas tun sollte, was der nicht will und dabei auch Gewalt wie Schlagen anwendet."

---

125 Zur Begriffsbildung und Definition siehe Appendix I: Variablen- und Kategorienraster.
126 Soziologische Untersuchungen zur Jugendgewalt verwendeten lange Zeit mehrheitlich einen restriktiven, auf physische Gewalt reduzierten Gewaltbegriff. Seit Beginn der neunziger Jahre zeichnet sich eine Richtungsänderung ab: Befragungen zu Gewalt an Schulen untersuchen neben physischen auch psychische Gewaltformen und Gewalt gegen Sachen (beispielsweise Fuchs; Lamnek & Luedtke 1996).
127 Phi-Koeffizient=0,100
(Chi-Quadrat=4,351; df=1; p<0,05) (N=434).
128 Signifikanztest zwischen den RealschülerInnen (6,8 Prozent, N=147) und GymnasiastInnen (14 Prozent, N=179): Chi-Quadrat=4,322; df=1; p<0,01. Signifikanztest zwischen den männlichen Sekundar- (7,7 Prozent, N=39)/Realschülern (2,6 Prozent, N=76) und den Gymnasiasten (13,6 Prozent, N=81): Chi-Quadrat=5,403; df=1; p<0,05.
129 Zur Begriffsbildung und Definition siehe Appendix I: Variablen- und Kategorienraster.

Häufig wird bei der Gewaltform Erpressung/Nötigung die *Täter-Opfer-Beziehung* bezüglich des *Alters* oder der *physischen Konstitution* thematisiert, wobei das Opfer jünger oder schwächer ist. Dieses Typisierungsmuster beschränkt sich allerdings auf den Lebensbereich *Schule*:

> *„Ein älterer Junge erpresst Geld von einem jüngeren oder schwächeren."*
>
> *„Ein paar ältere Knaben wollen Geld von jemandem aus einer unteren Klasse."*

Als Erpresser/Nötiger werden in beiden Lebensbereichen *einzelne Personen* oder *Gruppen/Banden* genannt:

> *„Bei mir in der Ex-Klasse hatten wir so einen Gelderpresser. Das ging so: Er ging zu einem jüngeren und sagte ihm, wenn er ihm morgen keine zwanzig Franken bringe, kriege er Schläge."*
>
> *„Ein Jugendlicher läuft in der U-Bahn. Eine Gruppe anderer Jugendlicher kommt und bedrängt ihn, weil sie seine Jacke haben wollen."*

Am häufigsten wird in den Assoziationen der Jugendlichen *Geld* erpresst. Daneben werden weitere, meist teure Gegenstände oder Markenartikel wie Mofas, Jacken, Pullover, T-Shirts, Schuhe, Walkmen oder Schmuck genannt, aber auch einfache Sachen wie Zigaretten oder Kaugummis.

Aus den Assoziationen der Jugendlichen wird deutlich, dass Erpressung/Nötigung vielfach mit *physischer Gewalt* verbunden ist. Mehrheitlich wird eine Situation geschildert, welche durch den *Widerstand des Opfers* in physische Gewalt mündet, meistens in Form von Schlägen:

> *„Wenn man mit dem Velo fahren geht und allein ist, kommen die Schlägertypen und sagen ‚Ich finde deine Jacke schön und dein Velo auch und möchte sie haben.' Und dann sagst du nein. Dann bekommst du eine in die Fresse und so weiter."*
>
> *„Es läutet. 10 Uhr Pause. Wir spielen Fußball, als plötzlich eine Gruppe von komischen Typen aus der Realschule von nebenan hinzukommen. Sie sagen ‚So, gebt uns sofort den Ball, wir spielen jetzt!' Wir waren damit nicht einverstanden. Sobald diese Typen unseren Einwand bemerkten, fingen sie an, uns zu prügeln und mit Messern zu bedrohen. Auch Zukunftsdrohungen kamen vor."*
>
> *„Wenn ein Junge zu einem Kollegen sagt ‚Mach mir die Hausaufgaben!', und der Junge sie nicht macht. Dann wird er zusammengeschlagen, weil er sie nicht gemacht hat."*

Eher selten sind Assoziationen einer Erpressung/Nötigung auszumachen, welche *ohne* physische Gewalt enden. Sie kommen dadurch zustande, dass a) das Opfer nachgibt und das Geforderte aushändigt oder b) es dem Opfer gelingt, den/die Täter von seinem/ihrem Vorhaben abzubringen:

> *„Ein Mann wird von einer Gruppe umzingelt. Er wird mit Messern bedroht, sein Geld zu geben. Die Gruppe nimmt das Geld und läuft fort."*
>
> *„Bei mir wollten schon mehrere Ausländer mein Mofa abnehmen, wo ich doch Angst hatte. Sie kamen, sagten, ich solle es ihnen geben, aber ich konnte sie überreden, mich gehen zu lassen."*

7.6 Gewalt gegen Sachen

Die (Jugend-)Gewaltforschung ist sich nicht einig, ob die Beschädigung von Sachen eine Gewalthandlung darstellt oder nicht (vgl. Kapitel 2.2). Es interessiert deshalb die Frage, ob Jugendliche Gewalt im Zusammenhang mit Sachbeschädigung perzipieren.
Die Ergebnisse der SchülerInnenbefragung zeigen ein aufschlussreiches Bild: In den Assoziationen der Jugendlichen erscheint Sachbeschädigung kaum.[130] Die Mehrheit der wenigen Schilderungen (5 von 7) beziehen sich auf die Beschädigung oder Zerstörung von Gegenständen einer Person und stehen meist im Zusammenhang mit einer gewaltsamen Wegnahme, wie das folgende Beispiel verdeutlicht:

> *„Einmal hat ein älterer Junge einem jüngeren und schwächeren den Schulsack weggenommen und ist auf ihm herumgetrampelt. Dann ist der zu dem Schwachen gegangen, hat ihm die Brille weggenommen und kaputtgemacht."*

Obwohl Gewalt gegen Sachen von einer überwiegenden Mehrheit der SchülerInnen nicht assoziiert wird, kann *nicht* gesagt werden, die Jugendlichen würden Sachbeschädigung nicht *perzipieren*. Befunde der quantitativen Analyse lassen nämlich erkennen, dass bei den befragten Jugendlichen Angst vor Beschädigung eigenen Besitzes mit Abstand verbreiteter ist als Angst vor Gewalt gegen Personen: Mehr als die Hälfte der SchülerInnen (58,6 Prozent) haben Angst davor, dass ihnen jemand etwas zerstören könnte, während der Anteil bei Angst vor Erpressungen 48,3 Prozent, Angst vor Nötigungen 33 Prozent und Angst vor Beleidigungen 19,7 Prozent beträgt[131] (siehe dazu ausführlich Kapitel 8.5.2). Aus diesen beiden Ergebnissen der quantitativen und qualitativen Analyse lässt sich der interessante Schluss ziehen, dass Jugendliche Sachbeschädigung als Problem wahrnehmen, diese Handlung aber *nicht* dem Begriff Gewalt zuordnen.

Auf diesem Hintergrund kann festgehalten werden, dass Jugendliche über einen Gewaltbegriff verfügen, der Gewalt auf *Personen* beschränkt (das heißt Gewalt von, gegen und zwischen Personen).[132]

---

130 Lebensbereich Schule: 0,7 Prozent (N=413); Lebensbereich Freizeit: 1 Prozent (N=395).
131 Die Prozentwerte setzen sich aus den Antwortanteilen „oft" und „ab und zu" zusammen (N zwischen 451 und 456).
132 Mit einer Ausnahme (Gewalt gegen ein Tier) assoziieren die befragten SchülerInnen Gewalt personenzentriert.

7.7 Gewalt im Sport und im Zusammenhang mit Sport

In der Lebenswelt der Jugendlichen nimmt der Sport im Rahmen der Institution Schule sowie der Freizeitgestaltung[133] eine bedeutsame Rolle ein.[134] Zwar kann eine neuere SchülerInnen-Studie nachweisen, dass das Ausüben von Sport insgesamt nur einen geringen Effekt auf das Gewaltverhalten der Jugendlichen hat (Fuchs; Lamnek & Luedtke 1996:334f).[135] Allerdings zeigen sich zwischen den Sportarten beachtenswerte Unterschiede: SchülerInnen mit körperbetonten oder mit Gewaltausübung verbundenen Sportarten wie Fußball oder Bodybuilding sind in der Schule gewalttätiger als ihre MitschülerInnen, die keiner oder Sportarten wie Tennis, Squash und Ski fahren nachgehen.

Im Sport und im Zusammenhang mit Sport existieren vielfältige Formen von Gewalt, welche zu einem großen Teil den Jugendlichen und jungen Erwachsenen zugeschrieben werden: Zum einen Gewalt zwischen SportlerInnen, zum anderen Gewalt am Rande von Sportveranstaltungen in Form von Zuschaueraggressionen von Fans inner- und außerhalb der Stadien.[136]

Die Ergebnisse der vorliegenden Studie zeigen, dass Gewalt im Sport und im Zusammenhang mit Sport[137] sowohl *lebensbereich-* als auch *geschlechts-* und *schultypenspezifisch* wahrgenommen wird. Während dieser Aspekt von Gewalt in der Schule mit einem Anteil von 2,6 Prozent kaum assoziiert wird, beträgt er im Lebensbereich Freizeit 12,4 Prozent.[138] Dieser Perzeptionsunterschied ist vermutlich auf den eigenen Erfahrungshintergrund beziehungsweise auf die bereichsspezifische Lebenswelt zurückzuführen, demzufolge Jugendliche in der Freizeit vermehrt mit Sport in Kontakt treten als in der Schule – sei es durch das eigene Ausüben einer oder mehrerer Sportarten oder das Besuchen von Sportveranstaltungen.[139] Dass die bereichsspezifische Lebenswelt als Erklärung für unterschiedliche Perzeptionsmuster herangezogen werden kann, bestätigt sich auch bei den folgenden

---

133 Vgl. beispielsweise Branger & Liechti (1995:152f). 59,1 Prozent der befragten Zürcher Jugendlichen geben an, in einem Verein, 88,9 Prozent sonst Sport zu treiben und 61,3 Prozent besuchen Sportveranstaltungen (N zwischen 579 und 594; Anteile „oft" und „ab und zu" zusammengefasst).
134 Gabler (1994:196) schreibt dem Sport eine wichtige Sozialisationsfunktion zu, dadurch, dass Jugendliche mit Gleichaltrigen, aber auch mit Erwachsenen Sport treiben sowie in den Medien Sport passiv erleben.
135 Der höchste Varianzanteil liegt bei 4,5 Prozent und betrifft bezeichnenderweise physische Gewalt.
136 Vgl. dazu Gabler (1994:195f)
137 Zur Begriffsbildung und Definition siehe Appendix I: Variablen- und Kategorienraster.
138 N Schule=422, N Freizeit=412. Zwischen den beiden Lebensbereichen lässt sich kein Zusammenhang feststellen: Keine der befragten SchülerInnen assoziiert Gewalt in beiden Lebensbereichen.
139 Vgl. dazu Fußnote 133.

geschlechts- und schultypenspezifischen Ergebnissen: Gewalt im Sport und im Zusammenhang mit Sport wird im Lebensbereich Freizeit signifikant häufiger von den männlichen (17,1 Prozent) als von den weiblichen Jugendlichen (7,4 Prozent) assoziiert.[140] Zudem assoziieren die AbsolventInnen statushoher Schultypen Gewalt im Sport und im Zusammenhang mit Sport häufiger als die AbsolventInnen statustiefer Schultypen.[141] Diese geschlechts- und schultypenspezifischen Perzeptionsunterschiede korrespondieren mit dem realen Erfahrungshintergrund der Jugendlichen, wonach einerseits männliche Jugendliche häufiger als weibliche Sport ausüben und Sportveranstaltungen besuchen[142] und andererseits AbsolventInnen statushoher Schultypen häufiger Sport treiben als AbsolventInnen statustiefer Schultypen.[143]

In einem nächsten Schritt soll untersucht werden, in welchem *Kontext* die Gewaltsituationen lokalisiert werden. Es lassen sich drei Kategorien ausmachen:[144]

a) Gewalt zwischen Sportausübenden
b) Gewalt zwischen Nicht-Sportausübenden und Sportausübenden
c) Gewalt zwischen Nicht-Sportausübenden am Rande des Sportgeschehens

Eindeutig am häufigsten wird sowohl von den weiblichen als auch von den männlichen Jugendlichen *Gewalt zwischen Sportausübenden* assoziiert. Es werden mehrheitlich Mannschaftssportarten, insbesondere Fußballspiele geschildert, in denen Gegenspieler gefoult – mit oder ohne Absicht –, bedroht oder verprügelt, aber auch Spieler der eigenen Mannschaft beschimpft oder geschlagen werden:

„Wenn ein paar Leute nicht fair spielen können und so zu foulen beginnen."

„Während einem sportlichen Anlass bedroht ein Gegenspieler eine Person, der er sportlich unterlegen ist."

„Beim Fußballspiel kriegen sich zwei in die Haare (Schlägerei, auch fluchen und erniedrigen) wegen eines Tores, das für den einen zählt und für den andern nicht."

„Beim Fußballspielen sagt man ein falsches Wort (nicht unbedingt ein schlimmes) und schon wird man mit schlimmen Wörtern benannt."

---

140 Chi-Quadrat=8,963; df=1; p<0,01 (N=412).
141 Aufgrund zu kleiner N-Werte beim statustiefen Schultyp Sekundarschule lassen sich die Ergebnisse statistisch nicht überprüfen.
142 Vgl. dazu die erwähnte Zürcher Untersuchung (Branger & Liechti 1995). Die Ergebnisse zeigen, dass männliche Jugendliche signifikant häufiger Sport treiben – sei es in einem Verein oder nicht – und Sportveranstaltungen besuchen als weibliche Jugendliche (für alle drei Variablen: p<0,01).
143 Vgl. dazu die erwähnte Zürcher Untersuchung (Branger & Liechti 1995). Schulspezifische Ergebnisse verweisen darauf, dass das aktive Sporttreiben außerhalb eines Vereins mit steigendem schulischem Status zunimmt. Was den Besuch von Sportveranstaltungen betrifft, zeigt sich – allerdings statistisch nicht signifikant – ein umgekehrtes Bild.
144 Zur Begriffsbildung und Definition siehe Appendix I: Variablen- und Kategorienraster.

„Wenn man ein tolles Spiel spielt und einen im Team finden alle blöd und er versaut ihnen den Sieg, dann gehen sie auf ihn los und schlagen ihn."

Als *Motive* für Gewalt zwischen Sportausübenden/Spielern werden sportliche Unterlegenheit beziehungsweise Ehrgeiz erwähnt. Aber auch regelwidriges oder unfaires Verhalten im Spiel kann (weitere) Gewalthandlungen evozieren:

„Während des Basketballspiels lag meine Mannschaft vor und darum sprang einer auf mich los, um zu zeigen, dass er cool ist."

„Wenn einer beim Fußballspiel zu ehrgeizig ist und nur noch gewinnen will. Und wenn dann ein Kollege den Ball nicht halten kann, kann es schon mal zu Auseinandersetzungen kommen."

„Ein Knabe spielt unfair Fußball. Er meint, er sei der Boss auf dem Feld. Ja, dann werden wir wütend und schlagen oder spielen auch unfair wie der Junge."

„Während einem Match kann es ganz schön zu Prügeleien kommen. Zum Beispiel wenn jemand einen foult und der Schiri pfeift es nicht, dann kann es zu Prügeleien kommen."

Am zweithäufigsten nennen die Jugendlichen *Gewalt zwischen Nicht-Sportausübenden und Sportausübenden*.[145] Es werden Situationen geschildert, in denen Sportausübende von Außenstehenden gestört oder am Spiel gehindert werden, sei es durch Forderungen, den (Spiel-)Platz zu verlassen, Angriffe und Prügeleien oder das Wegnehmen des Balles. Letzteres wird am häufigsten erwähnt:

„Eine Gruppe von Jugendlichen spielt Basketball/Fußball in einem Park. Eine andere Gruppe kommt. Diese Gruppe sagt, sie hätten immer an diesem Platz gespielt. Der Platz gehöre ihnen, meinen sie. Die anderen sagen, sie seien zuerst da gewesen. Es kommt zur Prügelei zwischen den Gruppen."

„Zwei oder drei Jugendliche spielen Fußball oder sonst etwas. Eine andere Gruppe kommt hinzu, will Spaß haben und verprügelt sie."

„Max spielt mit seinen Kollegen Fußball. Da kommen zwei Typen und kicken den Ball fort. Max sagt ihnen, sie sollen den Ball wieder holen. Da schlagen sie auf ihn ein."

Daneben werden – allerdings selten – Situationen geschildert, in denen *Gewalt zwischen Nicht-Sportausübenden am Rande des Sportgeschehens* assoziiert werden. Die Schilderungen der Jugendlichen thematisieren Gewalt zwischen Fans sowie Gewalt gegen unbeteiligte ZuschauerInnen:

„Es treffen zwei verschiedene Fangruppen aufeinander. Da jeder behauptet, seine Mannschaft sei die bessere, fangen sie eine Schlägerei an. Die Polizei muss eingreifen."

---

145 Bei den weiblichen Jugendlichen wird diese Kategorie gleich oft erwähnt wie die Kategorie „Gewalt zwischen Nicht-Sportausübenden am Rande des Sportgeschehens". Aufgrund der tiefen N-Werte (=15) kann dieses Ergebnis nicht beurteilt werden.

„Man ist an einem Fußballmatch und verfolgt den Match. Plötzlich kommen Typen, die einem herumschupsen. Du lässt dir das jedoch nicht gefallen und gibst zurück. Sie werden dann jedoch immer härter und schlagen dich zusammen."

7.8 Sexuelle Gewalt

Im folgenden wird der Frage nachgegangen, inwiefern sich in den Perzeptionsmustern der Jugendlichen Ausprägungen sexueller Gewalt[146] ausmachen lassen.

Die Befunde zeigen einerseits, dass sexuelle Gewalt in der Wahrnehmung der SchülerInnen eine wichtige Rolle einnimmt: 8,7 beziehungsweise 9,6 Prozent der befragten Jugendlichen assoziieren im Lebensbereich Schule beziehungsweise Freizeit eine Gewaltsituation im Zusammenhang mit sexueller Gewalt.

Zwischen den beiden Lebensbereichen kann eine Beziehung festgestellt werden: Ein Sechstel der Jugendlichen (14,7 Prozent), welche sexuelle Gewalt assoziieren, tun dies sowohl im Lebensbereich Schule als auch im Lebensbereich Freizeit.[147]

Die Ergebnisse verweisen andererseits auf ausgeprägte *geschlechtsspezifische Unterschiede*. Im Lebensbereich *Freizeit* sind die Assoziationsunterschiede zwischen den weiblichen und männlichen Jugendlichen hoch signifikant: Es sind deutlich mehr *weibliche* als männliche Jugendliche, welche *sexuelle Gewalt* im Lebensbereich Freizeit assoziieren (17,6 zu 6,8 Prozent).[148] Auffällig ist, dass keiner der *männlichen Gymnasiasten* sexuelle Gewalt in der Freizeit assoziiert, während jeder Zehnte sowohl der Sekundar- wie auch der Realschüler dies tut (10 und 10,7 Prozent). Daraus lässt sich schließen, dass die vorwiegend von den männlichen Gymnasiasten assoziierte ethnische Gewalt im Lebensbereich Freizeit keine Formen sexueller Gewalt beinhaltet.

Im Lebensbereich Freizeit nimmt sexuelle Gewalt in den Wahrnehmungen der *weiblichen* Jugendlichen eine wichtigere Rolle ein als im Lebensbereich Schule: Während jede elfte Schülerin (8,7 Prozent) sexuelle Gewalt in der Schule assoziiert, ist es beim Lebensbereich Freizeit bereits jede sechste Schülerin (17,6 Prozent).

Weiter ist auffällig, dass im Lebensbereich *Schule* nicht das Geschlecht, sondern der besuchte *Schultyp* hinsichtlich der Perzeption sexueller Gewalt einen ausschlaggebenden Faktor darstellt. Auf der statushöchsten Schulstufe

---

146 Zur Begriffsbildung und Definition siehe Appendix I: Variablen- und Kategorienraster.
147 Phi-Koeffizient=0,177
     (Chi-Quadrat=13,604; df=1; p<0,001) (N=432).
148 Chi-Quadrat=11,202; df=1; p<0,001 (N=406).

wird sexuelle Gewalt deutlich weniger häufig assoziiert als auf der mittleren und statustiefsten Schulstufe: 2,7 Prozent der GymnasiastInnen, 10,8 Prozent der Real- und 12,7 Prozent der SekundarschülerInnen erwähnen sexuelle Gewalt im Lebensbereich Schule.[149]

Betrachten wir in einem weiteren Schritt die Gewaltformen, welche im Zusammenhang mit sexueller Gewalt perzipiert werden. Das von den Jugendlichen assoziierte Spektrum an Gewalthandlungen sexueller Art ist breit und umfasst die folgenden Formen: *Vergewaltigung, sexueller Missbrauch von Kindern und Jugendlichen, sexuelle Nötigung, Exhibitionismus, sexuelle Belästigung* sowie *sexuelle Ausnützung*.[150]

Zwei Drittel (65,3 Prozent) der SchülerInnen, welche Gewalt sexueller Art assoziieren, nennen eine *Vergewaltigung*.[151] In den meisten Fällen wird eine reale Begebenheit assoziiert, welche sich ungefähr einen Monat vor der Erhebung in der Nähe von Basel abgespielt hat und die sich nun in den Perzeptionen der Jugendlichen widerspiegelt.

Vergewaltigungen werden als die *schlimmsten* Gewalthandlungen wahrgenommen[152] und teilweise äußerst scharf verurteilt:

„Vor zwei bis drei Wochen hat man gehört, dass vier Türken und ein Italiener ein 13-jähriges Mädchen vergewaltigt haben. Das ist sehr brutal. Für mich ist das die größte Gewalt, die man überhaupt machen kann."

„Vergewaltigung find ich sehr Scheiße. Die Leute, die das machen, sind alle Arschlöcher."

„Ich finde, Sexualverbrecher sollten eliminiert werden."

Weibliche Jugendliche berichten über ihre *Ängste* vor Vergewaltigungen. Dazu die Schilderung einer Realschülerin:

„Am Samstagabend in der Stadt, wenn ich nach Hause muss, habe ich total Angst vor den Leuten, die mit mir an der Haltestelle warten. Ich denke immer, sie könnten mich vergewaltigen, und dann habe ich Angst."

---

149 Signifikanztest zwischen den RealschülerInnen und den GymnasiastInnen: Chi-Quadrat=12,465; df=1; p<0,001.
Signifikanztest zwischen den SekundarschülerInnen und den GymnasiastInnen: Chi-Quadrat=6,909; df=1; p<0,05.
Signifikanztest zwischen den Sekundar- und den RealschülerInnen: Chi-Quadrat=0,153; df=1; nicht signifikant.
150 Zur Begriffsbildung und Definition siehe Appendix I: Variablen- und Kategorienraster.
151 Die Ergebnisse beziehen sich auf *Einfachnennungen*. Eine Überprüfung hat gezeigt, dass Einfach- wie Mehrfachnennungen dieselbe Reihenfolge von sexuellen Gewaltformen ergeben. Da aus schulspezifischen Gründen (siehe dazu Kapitel 6.6) Mehrfachnennungen weniger zuverlässig sind, werden die Resultate der Einzelnennungen verwendet. Die erwähnten Häufigkeiten beinhalten die Lebensbereiche Schule und Freizeit.
152 Vgl. dazu das in Kapitel 3.5 vorgestellte, ähnliche Ergebnis der Untersuchung von Plate & Schneider (1989) zur Schwereeinschätzung von Gewalthandlungen.

Ein weiteres Perzeptionsmuster äußert sich darin, dass eine Vergewaltigung in Verbindung mit *leichter Kleidung des Opfers* gebracht wird und dadurch die – vermutlich unbewusste – Botschaft hinterlässt, dass wenig bekleidete Mädchen und Frauen eher Opfer von Vergewaltigungen werden:

„Ein Mädchen, das einen kurzen Rock trägt, läuft durch den Park. Plötzlich kommt ein Mann und starrt auf ihren Busen. Das Mädchen bekommt Angst und rennt davon. Der Mann verfolgt es und als er sie erreicht, vergewaltigt er sie brutal."

„Ein Mädchen will nach einem Discobesuch nach Hause. Sie trägt nicht viel, vielleicht einen Jupe und eine Bluse. Zwei Typen fahren mit dem Auto an ihr vorbei, halten aber an. Sie fragen sie, ob sie einsteigen wolle. Sie sagt Nein, doch damit waren sie nicht zufrieden. Sie zwängen sie gegen ihren Willen in das Auto hinein. Sie entführen und vergewaltigen sie."

Ein für die Gewaltperzeptionsforschung aufschlussreiches Bild darüber, wie unterschiedlich Gewalt wahrgenommen wird, vermittelt ein Absolvent der Realschule. Sein Perzeptionsmuster enthält eine Parteinahme beziehungsweise eine *Rechtfertigung einer Vergewaltigung*, indem eine Rollenumkehrung vorgenommen und das (weibliche) Opfer zur Täterin erklärt wird:

„Die kürzliche Vergewaltigung zu Viert an einem Mädchen. Das Mädchen machte die vier Buben an und so kommt es zu einer Vergewaltigung. Vielleicht wusste der Bub gar nicht, dass es eine Vergewaltigung war."

In quantitativer Hinsicht zeigt sich, dass die männlichen Jugendlichen signifikant häufiger sexuelle Gewalt in Verbindung mit Vergewaltigungen bringen als weibliche Jugendliche.[153]

Am zweithäufigsten assoziieren die befragten Jugendlichen beider Geschlechter sexuelle Belästigungen: 29,3 Prozent der SchülerInnen, welche sexuelle Gewalt perzipieren, nennen diese Gewaltform. Sie umfasst sowohl physische Handlungen wie das Anfassen an intimen Körperstellen als auch verbale Handlungen in Form von Anmache, Beleidigungen und Beschimpfungen. Einige Beispiele mögen diese Form von Gewalt verdeutlichen:

„Bei mir in der Klasse passiert. Knaben wollen uns Mädchen immer berühren. Busen ist für sie sehr wichtig, oder der Arsch, ‚grosso' oder ‚klein'. Sie schaffen das meistens. Sie wollen den BH aufmachen und so weiter."

„Wenn zum Beispiel im Schwimmbad die Jungen die Mädchen ins Wasser werfen oder sie anfassen."

„Wenn mich fremde Knaben oder Männer so dumm ansprechen wie zum Beispiel ‚Na, Kleine, kommst du ne Runde zu mir?' oder ‚Na, was hast du denn heute vor, Kleines?'"

„Peter sagt zu Martina: ‚Du Schlampe, du Hure!'"

---

153 Chi-Quadrat=3,457; df=1; p<0,1. Aufgrund geringer N-Werte (=75) ist dieses Signifikanzniveau vertretbar.

Geschlechtsspezifische Unterschiede zeigen sich darin, dass signifikant mehr *weibliche* als männliche Jugendliche *sexuelle Belästigung* assoziieren.[154]
Neben Vergewaltigung und sexueller Belästigung nehmen in den Assoziationen der – vorwiegend weiblichen – Jugendlichen weitere Formen wie *sexueller Missbrauch von Kindern und Jugendlichen, Exhibitionismus, sexuelle Nötigung* und *sexuelle Ausnützung* mit einem Anteil von 5,4 Prozent eine marginale Stellung ein:

> „*Ich wurde schon von Kinderbelästiger belästigt, und ich finde, dies gehört eigentlich auch zu Gewalt, denn der Körper gehört dir und es sind deine Rechte.*"

> „*Als ich mal alleine von einer Eis-Disco heimkam, hörte ich ein Geklimper. Da es schon dunkel war, bekam ich Angst und schaute hin. Dort war ein Mann am Onanieren. Er sah mich nicht und ich hatte Mitleid mit ihm.*"

> „*Ich habe im Bravo gelesen,, dass viele Frauen zu Sex gezwungen werden, das finde ich schlimme Gewalt (...).*"

> „*Es gibt Knaben, die nützen die Mädchen aus. Sie nehmen die Mädchen zu ihrem Haus, etwa zwei Wochen schlafen sie mit ihnen, lügen sie an. Nach zwei Wochen verlassen sie sie und sagen ‚Verreis, ich will nicht mehr mit dir zusammen sein.' Das finde ich sehr schlimm.*"

Zum Abschluss soll ein spezifisches Perzeptionsmuster sexueller Gewalt dargestellt werden, das im letztgenannten Beispiel bereits enthalten ist: *sexuelle Gewalt in gegengeschlechtlichen Beziehungen:*

> „*Der Freund von Susi will, dass sie mit ihm schläft, sie aber will nicht. Er versteht das nicht und gebraucht Gewalt, zum Beispiel er vergewaltigt sie.*"

> „*Ich habe mal in einer Zeitschrift gelesen, dass ein Mädchen von seinem Freund vergewaltigt wurde.*"

Es fällt auf, dass dieses Perzeptionsmuster ausschließlich von *weiblichen* Jugendlichen der *statustiefen Schultypen* assoziiert wird. Aufgrund geringer Fallzahlen (N=4) darf dieser Befund nicht überbewertet, vielmehr als eine Hypothese verstanden werden. Ein im quantitativen Teil dieser Untersuchung erhaltenes Ergebnis bezüglich Angst vor Gewalt kann die Gültigkeit der Hypothese unterstützen. Danach nimmt die Angst vor Gewalt von Freunden/Freundinnen mit *ab*steigender Schulstufe *zu*: Während sich 7,7 Prozent der Gymnasiastinnen davor fürchten, dass ihnen Freunde/Freundinnen Gewalt antun könnten, sind es bei den Realschülerinnen 29,5 Prozent, bei den Sekundarschülerinnen mehr als die Hälfte (53,3 Prozent).[155]
Zusammenfassend lässt sich festhalten, dass ein Fünftel aller Jugendlichen mit einer Gewaltsituation sexuelle Gewalt assoziiert. Während im Le

---

154 Chi-Quadrat=2,838; df=1; p<0,1. Aufgrund geringer N-Werte (=75) ist dieses Signifikanzniveau vertretbar.
155 Anteile „oft", „manchmal" und „selten" zusammengefasst. Chi-Quadrat=35,538; df=4; p<0,001 (N Gymnasium=104; N Real=78; N Sekundar=30).

bensbereich Schule keine geschlechtsspezifischen Unterschiede sichtbar sind, zeigt sich, dass sexuelle Gewalt im Lebensbereich Freizeit für die weiblichen Jugendlichen eine wichtigere Rolle spielt als für die männlichen. Dieser geschlechtsspezifische Assoziationsunterschied hängt vermutlich damit zusammen dass, a) weibliche Jugendliche und Frauen häufiger als männliche Jugendliche und Männer Opfer von Sexualdelikten werden, und dass damit einhergehend b) weibliche Jugendliche und Frauen verbreiteter Angst haben, Opfer eines Sexualdeliktes zu werden.[156] Die höheren Assoziationswerte der weiblichen Jugendlichen im Lebensbereich Freizeit lassen schließen, dass weibliche Jugendliche sexuelle Gewalt vorwiegend in diesem Lebensbereich lokalisieren und der Lebensbereich Schule diesbezüglich eher einen geschützten Raum darstellt. Bei den männlichen Jugendlichen zeigt sich, dass sexuelle Gewalt nicht lebensbereichsspezifisch assoziiert wird. Allerdings ist bei den männlichen Jugendlichen ein schwaches,[157] im Vergleich zu den weiblichen Jugendlichen umgekehrtes Muster erkennbar: Männliche Jugendliche assoziieren sexuelle Gewalt tendenziell eher im Lebensbereich Schule als im Lebensbereich Freizeit.

Am häufigsten perzipieren die Jugendlichen beider Geschlechter Vergewaltigungen sowie sexuelle Belästigungen. Allerdings ist der Assoziationsunterschied zwischen diesen beiden Gewaltformen bei den weiblichen deutlich geringer als bei den männlichen Jugendlichen. Daraus lässt sich auf ein geschlechtsspezifisches Perzeptionsmuster sexueller Gewaltformen schließen.

7.9 Aspekte weiblicher Gewalt

In der Jugend- und Gewaltforschung nehmen empirische Untersuchungen sowie Literaturstudien zu weiblicher Gewalt eine Randstellung ein. Eine Minderheit, auffälligerweise fast ausschließlich weiblicher ForscherInnen,[158] beschäftigt sich mit den Ursachen und Erscheinungsformen weiblicher Gewalt (Hilgers 1996; Heitmeyer 1996; Holzkamp & Rommelspacher 1991; Niebergall 1995; Birsl 1994; Utzmann-Krombholz 1994; Hopf 1995).[159] Innerhalb

---

156 Frauen weisen nicht nur bei Sexualdelikten, sondern bei allen Kriminaldelikten höhere Angstwerte auf als Männer (vgl. dazu Albrecht 1997:69).
157 Die Assoziationswerte der männlichen Jugendlichen betragen im Lebensbereich Freizeit 6,8 Prozent (N=207), im Lebensbereich Schule 8,7 Prozent (N=217).
158 Der Befund, wonach sich das Interesse von Wissenschaftler*innen* auf bestimmte, vorwiegend „weibliche" Aspekte der Gewaltforschung konzentriert, ist uns bereits in Kapitel 3.1 begegnet.
159 Ein Überblick über den Stand der weiblichen Gewaltforschung im Zusammenhang mit Rechtsextremismus und Rassismus ist in Butterwegge (1996) zu finden.

dieser Gewaltforschungsrichtung sind zwei unterschiedliche Schwerpunkte auszumachen: Die eine Position widmet sich der in der Jugendgewaltforschung am meisten gestellten Frage, ob Gewalt zugenommen habe. Die Gewalt-Studie von Heitmeyer (1996) kommt in Bezug auf weibliche Gewalt zu folgendem Ergebnis:[160] Obwohl die geschlechtsspezifischen Entwicklungslinien zur Gewalt nach wie vor eine Schere bilden – sie öffnet sich umso mehr, je weiter man von den gewaltaffinen Einstellungen zum eigentlichen Gewaltverhalten gelangt – zeigt sich einerseits, dass geschlechtsspezifische Unterschiede bei den gewaltaffinen Einstellungen kaum mehr vorhanden sind. Andererseits ist bei den weiblichen Jugendlichen eine deutlich stärkere Steigerung in der Gewaltbelastung feststellbar als bei den männlichen. Heitmeyer (1996) betrachtet diese Ergebnisse allerdings nicht als Bestätigung einer zunehmenden weiblichen Gewalttätigkeit, sondern – meiner Ansicht nach zu Recht – als Hinweis beziehungsweise Rechtfertigung der Frage nach einer „Aufholhypothese". Denn ob Jugendgewalt zugenommen hat oder nicht, lässt sich – wie in der Einleitung dieser Untersuchung erwähnt – empirisch gesichert nicht belegen.

Der andere Forschungsschwerpunkt widmet sich der Erklärung weiblicher Erscheinungsformen von Gewalt.[161] Holzkamp & Rommelspacher (1991) vermuten, dass weibliche Jugendliche und Frauen ihre Aggressionen unterdrücken oder anders ausleben beziehungsweise gegen Schwächere wenden wie Kinder, ethnische Minderheiten oder sozial niedriger Stehende. In dieselbe Richtung zielt ein Erklärungsansatz, der davon ausgeht, dass weibliche Jugendliche und Frauen ihre Aggressionen in stärkerem Maße als männliche Jugendliche und Männer gegen sich selber äußern (Eisenberg & Gronemeyer 1993). Weitere ForscherInnen stellen sich die Frage, ob sich die Akzeptanz von Gewalt beim weiblichen Geschlecht in anderen, weniger direkten Formen ausdrückt, beispielsweise der Akzeptanz von rechtlich legitimierten Formen von Gewalt wie der Todesstrafe oder der Forderung nach hartem Durchgreifen der Polizei (Hopf 1995). Befunde der eigenen Forschung, wonach weibliche Jugendliche weniger punitive Einstellungen haben als männliche, stehen dieser Hypothese entgegen (siehe Kapitel 3.5).

---

160 Dazu muss allerdings beigefügt werden, dass das Thema weibliche Gewalt beziehungsweise die Frage nach zunehmender Gewalt weiblicher Jugendlicher in dieser umfassenden Studie nur nebensächlich abgehandelt wird. Auch der theoretische Rahmen dieser Thematik – von zwei Wissenschaftlerinnen verfasst – ist wenig überzeugend. Gewalt weiblicher Jugendlicher wird mit den Auswirkungen der Individualisierung auf den Erwerbs- und Reproduktionsbereich erklärt. Da diese beiden Bereiche die Lebenswelt von erwachsenen Frauen, nicht aber diejenige der weiblichen Jugendlichen betreffen (beispielsweise wird erwähnt, dass die Realisierung eines eigenen Lebensentwurfes durch Diskriminierungen im Erwerbsarbeitsbereich begrenzt wird), vermag dieser Ansatz nicht die Gewalt weiblicher Jugendlicher zu erfassen.

161 Dies betrifft vorwiegend rechtsextremistische und rassistische Gewalt weiblicher Jugendlicher und Frauen.

Hilgers (1996:139f) stellt eine deutliche Zunahme von Gewalt weiblicher Jugendlicher fest und spricht in diesem Zusammenhang von der „anderen Gewalt": „Doch auch jene Mädchen, die (noch) nicht bereit sind, ihre Konflikte handfest zu regeln, leben ihre aggressiven Gefühle aus – wenn auch nicht mit Brachialgewalt. Sie haben ihre eigene Art, gewalttätig zu sein und diese Art ist sehr viel indirekter und verdeckter." Genannt werden vor allem verbale Gewaltformen wie Beschimpfen, Herabsetzen, Ignorieren oder Ausspielen von Schwächeren. Diese indirekten, psychische Gewalt betreffenden Formen sind gemäß der Autorin schwer zu beobachten, was mit ein Grund dafür ist, „dass sich empirische Untersuchungen zum Thema Jugendgewalt nahezu ausschließlich auf körperliche Gewalt mit ihren direkt sichtbaren Folgen konzentrieren". Da diese verdeckten Gewaltformen neben den deutlich zunehmenden physischen Auseinandersetzungen von weiblichen Jugendlichen wenig auffallen, entsteht gemäß Hilgers immer wieder der Eindruck, Jugendgewalt sei in erster Linie ein männliches Phänomen. Dieser Hypothese, wonach sich weibliche Jugendliche vorwiegend im psychisch-verbalen, männliche eher im physischen Bereich gewalttätig zeigen, widersprechen die Ergebnisse der vorliegenden Studie, welche neben den Perzeptionsmustern auch selbstberichtete Gewalt erfasste. Physische Gewalt wird zwar vor allem von männlichen Jugendlichen angewandt, im verbal-psychischen Bereich sind jedoch keine signifikanten Unterschiede zwischen den Geschlechtern erkennbar (siehe Kapitel 8.1).

Es wurde erwähnt, dass die Verwendung maskuliner Formen wie etwa „der Schüler" zur Bezeichnung der Täter und Opfer eine quantitative Auswertung hinsichtlich des Geschlechtes erschwert.[162] Trotzdem zeichnet sich das Ergebnis ab, wonach in den Assoziationen der SchülerInnen weibliche im Gegensatz zu männlicher Gewalt eindeutig eine *Randposition* einnimmt. Diesbezüglich äußert sich in den Perzeptionen der Jugendlichen die von der Gewaltforschung bestätigte Aussage, (physische) Gewalt sei ein männliches Phänomen (Freitag & Hurrelmann 1993; Heitmeyer 1996). Eine Gymnasiastin stimmt dieser Aussage mit folgender Begründung zu:

---

162   Eine Teil-Quantifizierung kann durch die folgende Kategorienbildung vorgenommen werden: a) Täter ist/sind weiblichen Geschlechtes, b) Täter ist/sind männlichen Geschlechtes und c) Täter sind beiderlei Geschlechtes. In dieser Auswertung werden überwiegend Täter männlichen Geschlechtes genannt. Ziehen wir aber in einem weiteren Schritt die erwähnten Schilderungen hinzu, welche aufgrund ihrer maskulinen Täterbezeichnung wie „Schüler", „Jugendlicher", „Bedroher" und „Mitspieler" nicht kategorisiert werden konnten. Da mit einer großen Wahrscheinlichkeit davon ausgegangen werden kann, dass mit dem Maskulinum auch das männliche Geschlecht gemeint ist – zumal ein großer Teil der GymnasiastInnen zwischen dem Maskulinum und dem Femininum unterscheidet („Schüler und Schülerinnen") beziehungsweise die feministische Schreibweise („SchülerInnen") verwendet – erhöht sich der Anteil an mit dem männlichen Geschlecht assoziierten Gewalttätern.

"Bei Jungen hat es viel mehr Gewalt als bei Mädchen. Sie kämpfen oft zusammen und wollen ihre Kräfte ‚messen'."

Im Zusammenhang mit der Erklärung von weiblicher Gewalt verweist die Forschung auf unterschiedliches Aggressionsverhalten zwischen den Geschlechtern. Es interessiert deshalb, wie weibliche und männliche Jugendliche ihr eigenes Aggressionsverhalten perzipieren. Um diesen Aspekt methodisch zu erfassen, wurde den SchülerInnen der vorliegenden Untersuchung die folgende Frage gestellt: „Was machst du, wenn du so richtig wütend auf jemanden bist?"[163] Die Befunde sind für die Aggressions- und Gewaltforschung aufschlussreich und sollen im folgenden dargestellt werden.

Eine Vielzahl von Antworten beinhalten Handlungen, welche eine aggressive Komponente mit Tendenz zu Gewalt enthalten, nicht aber als gewalttätig definiert werden können (beispielsweise „tu ihm etwas Schlechtes" oder „schlage an einen Baum"). Alle Akte mit Tendenz zu Gewalt werden deshalb dem Begriff Aggression, Handlungen wie „verprügeln" oder „Ohrfeige austeilen" der physischen Gewalt zugeordnet.[164]

Eindeutig am meisten Jugendliche, ziemlich genau die Hälfte (51,5 Prozent), geben an, sie würden sich mit aggressiver Reaktion direkt an diejenige Person wenden, die sie wütend gemacht hat. Davon benützen fast die Hälfte beziehungsweise knapp ein Viertel aller Befragten insgesamt (24,1 Prozent) physische Gewalt. Deutlich weniger Jugendliche (16,6 Prozent) wählen aggressive Ersatzhandlungen. Auffällig ist, dass ein Zehntel aller Jugendlichen (10,1 Prozent) vorgibt, Aggressionen gegen sich selbst zu richten.

Alle anderen Handlungsoptionen betragen weniger als 9 Prozent: 8,8 Prozent präferieren eine eher ausweichende Lösung, 7 Prozent suchen mit dem Frustrationsauslöser zusammen nach einer Lösung, ebenfalls 7 Prozent stellen sich einer bewussten Bewältigung und 6,8 Prozent wählen eine nicht-aggressive Ersatzhandlung. 8,8 Prozent der Jugendlichen sind der Meinung, ihre Reaktionsweise sei von den Personen oder von der jeweiligen Situation abhängig und 5 Prozent antworten mit „weiß nicht".

Ein deutlich anderes Bild hinsichtlich der Reaktionsweisen auf Wut zeigt sich wie erwartet bei einer geschlechtsspezifischen Betrachtung.[165] Die Ergebnisse bestätigen die von verschiedenen GewaltforscherInnen erwähnte Hypothese, wonach weibliche Jugendliche einen anderen Umgang mit Aggressionen präferieren als männliche. Allerdings zeigt sich auch, dass männliche Jugendliche signifikant häufiger vorgeben, gewalttätige oder aggressive

---

163 Die Analyse dieser Frage gibt Aufschluss darüber, wie Jugendliche mögliches Handeln im Zusammenhang mit Wut wahrnehmen, nicht aber darüber, wie oft Jugendliche wütend sind beziehungsweise die verschiedenen Handlungsoptionen anwenden.
164 Zur Kategorisierung der Frage „Was machst du, wenn du so richtig wütend auf jemanden bist?" siehe Appendix I: Variablen- und Kategorienraster.
165 Signifikanztest zwischen den weiblichen und männlichen Jugendlichen: Chi-Quadrat=71,898; df=7, p<0,001.

Handlungsoptionen zu wählen als weibliche Jugendliche (78,2 zu 68,4 Prozent).[166] In diesem Zusammenhang ist das Ergebnis einer deutschen Gewaltstudie interessant, wonach männliche Jugendliche angeben, dass sie sich unter anderem von weiblichen Jugendlichen zu Gewalttätigkeiten provoziert oder angestachelt fühlen (Utzmann-Krombholtz 1994).

Abbildung 5: Antworten auf die Frage „Was machst du, wenn du so richtig wütend auf jemanden bist?" differenziert nach Geschlecht, Mehrfachnennungen

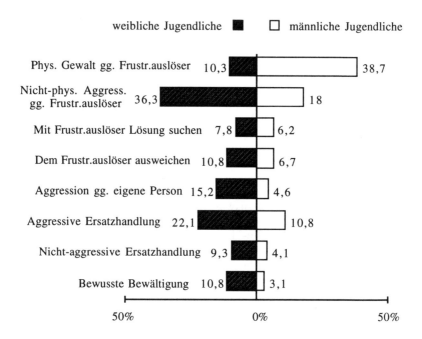

N weiblich=270, N männlich=214.
Die Kategorie „Anderes" (wJ: 9,8 Prozent, mJ: 18,1 Prozent) wird in der Abbildung nicht aufgeführt.

---

166 Chi-Quadrat=5,036; df=1; p<0,05. Die Frage, ob Männer aufgrund ihrer physischen Ausstattung aggressiver sind als Frauen, ist von der Aggressionsforschung noch nicht ausreichend geklärt worden. Mangels systematischer Untersuchungen zu dieser komplexen Thematik kann die Annahme, die höhere Aggressionsbereitschaft bei den Männern sei biologisch bedingt, nicht bestätigt werden (Bornewasser 1993).

Die ausgeprägtesten Unterschiede zeigen sich bei der physischen Gewalt. Fast jeder dritte männliche Jugendliche (38,7 Prozent) zieht bei starker Wut physische Gewalt in Betracht, während bei den weiblichen Jugendlichen nur jede zehnte (10,3 Prozent) diese Gewaltform wählt.[167] Das Geschlechterverhältnis gleicht sich allerdings wieder etwas aus, wenn wir beachten, dass 36,6 Prozent der weiblichen im Gegensatz zu 18 Prozent der männlichen Jugendlichen angeben, sich aggressiv gegenüber dem Frustrationsauslöser zu verhalten, was in den meisten Fällen verbale psychische Gewalt bedeutet und als Vorstufe der physischen Gewalt betrachtet werden kann.[168]

Deutliche Geschlechterunterschiede lassen sich bei der Handlungsoption „Aggression gegen die eigene Person" erkennen. Diese wird signifikant häufiger von den weiblichen als von den männlichen Jugendlichen gewählt (15,5 zu 4,6 Prozent).[169] Dieser Befund entspricht den Ergebnissen anderer Untersuchungen, die zeigen, dass Frauen eher zur innengerichteten, Männer eher zur außengerichteten Verarbeitung von Aggressionen neigen.[170]

Im weiteren zeigt sich zwischen den Geschlechtern auch deutlich, dass weibliche Jugendliche stärker zu Ersatzhandlungen – aggressiver oder nichtaggressiver Art – tendieren. 31,4 Prozent der weiblichen Jugendlichen präferieren diese Handlungsoptionen, bei den männlichen Jugendlichen ist der Anteil halb so groß (15,4 Prozent).[171] Ebenfalls eher eine Handlungsoption der weiblichen Jugendlichen stellt die „Bewusste Bewältigung" dar. Während jede neunte Jugendliche (10,8 Prozent) vorgibt, eine Konfliktsituation bewusst zu bewältigen, ist es bei den männlichen Jugendlichen nur jeder zweiunddreißigste (3,1 Prozent).

Betrachten wir in einen nächsten Schritt, über wie viele Handlungsoptionen die Jugendlichen verfügen, zeigen sich wiederum ausgeprägte geschlechtsspezifische Unterschiede. Weibliche Jugendliche geben signifikant häufiger an, im Falle von Wut auf mehr als eine Handlungsoption zurückgreifen zu können als männliche.

---

167 Chi-Quadrat=67,392; df=1; p<0,001.
168 Chi-Quadrat=5,555; df=1; p<0,01.
169 Chi-Quadrat=6,705; df=1; p<0,01.
170 Vgl. dazu Mansel (1994); Heintz (1968). Letzterer sieht eine mögliche Erklärung in den unterschiedlichen Erziehungsstilen gegenüber Mädchen und Knaben. Während sich der Erziehungsstil gegenüber den Mädchen durch „love-oriented techniques of discipline" auszeichnet, der zur Herausbildung eines schuldgeplagten Gewissens führt, das im Umgang mit Frustrationen sich selbst die Schuld zuweist, wird bei den Knaben ein durch „punishment oriented techniques of discipline" charakterisierter Erziehungsstil angewendet, welcher dazu beiträgt, dass Knaben ein mit persönlicher Schwäche belastetes Gewissen herausbilden und dadurch im Umgang mit Frustrationen nicht sich selbst, sondern anderen Personen die Schuld zuweisen.
171 Chi-Quadrat=5,427; df=1; p<0,05.

Tabelle 8: Anzahl möglicher Handlungsoptionen im Falle von Wut differenziert nach Geschlecht, Angaben in Prozent und absolut (in Klammern)

Anzahl Handlungsoptionen	weibliche Jugendliche	männliche Jugendliche	Chi^2	Sig.
1 Handlungsoption	71,6 (136)	92,8 (155)	26,596	<0,001
2 bis 3 Handlungsoptionen	28,4 (54)	7,2 (12)		
Total	100 (190)	100 (167)		

N=357.

Insgesamt zeigen sich zwischen den Geschlechtern Differenzen *quantitativer* und *qualitativer* Art: Weibliche Jugendliche weisen mehr Handlungsoptionen auf als männliche und die Handlungsoptionen der weiblichen Jugendlichen sind weniger gewalttätig oder aggressiv als jene der männlichen.

Wie gestalten sich die Unterschiede zwischen den Schultypen? Am auffälligsten sind die Differenzen beider Geschlechter bei der physischen Gewalt. Diese Reaktionsweise nimmt mit *auf*steigendem Schultyp *ab*: Ein Drittel der statustiefsten (34,7 Prozent), ein Fünftel der statusmittleren (20,3 Prozent) und ein Siebtel der statushöchsten Schulstufe (14,4 Prozent) geben vor, im Falle von Wut mit physischer Gewalt zu reagieren.[172]

Ebenfalls statistisch signifikant unterscheiden sich die AbsolventInnen der verschiedenen Schultypen in der Handlungsoption „Zusammen mit dem Frustrationsauslöser eine Lösung suchen". Am meisten wird diese Reaktionsweise von der statustiefsten (17,3 Prozent), am wenigsten von der statushöchsten (4,5 Prozent) und statusmittleren Schulstufe (3,3 Prozent) gewählt.[173] Dieses Ergebnis zeigt, dass neben der im statustiefsten Schultyp am stärksten verbreiteten Handlungsoption „physische Gewalt" auch eine nicht unbedeutende Anzahl von SchülerInnen – im Unterschied zu den AbsolventInnen der übrigen Schulstufen – vorhanden ist, welche eine Konfliktsituation

---

[172] Chi-Quadrat (Sekundar/Real)=7,921; df=1; p<0,01; Chi-Quadrat (Real/Gymnasium) =3,287; df=1; nicht signifikant; Chi-Quadrat (Sekundar/Gymnasium)=19,189; df=1; p<0,001.
[173] Chi-Quadrat (Sekundar und Real/Gymnasium)=23,035; df=1; p<0,001.

ohne Gewalt oder Aggression konstruktiv mit derjenigen Person, die sie verärgert hat, zu lösen versucht.

Nach dieser ausführlichen Darstellung der Befunde zum geschlechtsspezifischen Umgang mit Wut sollen nun einige qualitative Aspekte weiblicher Gewalt näher betrachtet werden. Da es sich um Einzelfälle handelt, kann die Analyse nicht verallgemeinert werden.

Eine Gymnasiastin assoziiert weibliche Gewalt als *physische* Gewalt gegen einen *jüngeren* männlichen Jugendlichen:

„Dies geschah einmal bei einem Fußballspiel: Meine Freundin hatte Streit mit einem Nachbarn, der auch mitspielte. Meine Freundin ist 15 und der Nachbar ist jünger, etwa 10. Sie stritten sich, und meine Freundin schlug ihn auf einmal. Da fing er an, Steine auf sie zu werfen. Sie schlugen sich, bis der Kleine anfing zu weinen. Meine Freundin hätte ihn nicht schlagen sollen, schließlich ist er ja jünger als sie."

Eine Realschülerin versucht ihr eigenes gewalttätiges Verhalten zu rechtfertigen. Sie negiert Gewalt. Da sie sich aber als Opfer sieht, legitimiert sie physische Gewalt als Gegengewalt. Es handelt sich um eine Argumentationsweise, wie sie sonst eher bei männlichen Jugendlichen anzutreffen ist:

„Also ich finde es Scheiße, dass es Gewalt hat. Ich würde auch lieber auf die Straße gehen ohne Stress. Aber es gibt halt so komische Typen und dann muss man sich halt wehren. Ich prügle mich auch nicht gern, aber manchmal muss man es, um seine Ehre zu halten und dass jemand Respekt vor dir hat."

Ebenfalls aus der Opferhaltung rechtfertigt eine Gymnasiastin ihre Gewaltbereitschaft gegen eine Jugendliche:

„Ich schlage die Leute nicht, ich bin eher sanft einzustufen. Aber wenn jemand Leute verletzt, die ich mag, tut mir das auch weh. Eine blöde Zicke aus diesem Schulhaus will, um mir und ihm weh zu tun, mit meinem Ex-Freund gehen. Wenn sie es schafft, dann kann sie selbst sehen, wie sie sich dann wieder auskuriert."

Und eine weitere Gymnasiastin reduziert ihr gewalttätiges Verhalten auf „Notfälle":

„Ich gehe Gewaltsituationen eigentlich aus dem Weg, wende sie nur in Notfällen an."

Obwohl Gewalt weiblicher Jugendlicher untereinander in den Assoziationen beider Geschlechter wie bereits erwähnt eine relativ marginale Rolle einnimmt,[174] lohnt es sich, einen Blick auf die Perzeptionen dieses bis anhin unerforschten Gebietes der Gewaltforschung zu werfen.

Genannt werden von den befragten SchülerInnen physische und psychische Gewaltarten. Letztere umfasst leichte bis schwere Handlungen wie be-

---

[174] Es sind insgesamt 13 (11 weibliche und 2 männliche) Jugendliche, welche Gewalt weiblicher Jugendlicher untereinander im Lebensbereich Freizeit oder Schule assoziieren.

schimpfen, beleidigen, drohen, fertigmachen, erpressen/nötigen und jemanden ablehnen. Erstere beschränkt sich auf leichte bis mittelschwere Handlungen wie Ohrfeigen und Prügeleien. Schwere Formen physischer Gewalt werden nicht erwähnt. Exemplarisch die Schilderungen einer Gymnasiastin und einer Realschülerin:

> *„Vor dem Pausenhof schnauzt ein Mädchen ein anderes Mädchen an. Sie ziehen sich an den Haaren. Eine schlägt der anderen eine schmerzhafte Ohrfeige. Sie schlagen sich zusammen."*

> *„Petra sagt zu einem anderen Mädchen: ‚He du, gib mir dein Päckchen Zigaretten!' ‚Oh nein, das geht doch nicht, die rauch ich selber.' ‚Was sagst du da? Du freche Göre, dich schlag ich windelweich, dass du nicht mehr gehen kannst.'"*

Für eine Realschülerin ist Gewalt weiblicher Jugendlicher untereinander keine Seltenheit. Sie spricht aus eigener Erfahrung über ihre Ängste vor weiblicher Gewalt in der Schule:

> *„Ich höre ziemlich über Gewalt in der Schule, zum Beispiel, dass (vor allem) Mädchen andere Mädchen schlagen oder nicht in Ruhe lassen. Oder ihnen wird gedroht oder geblockt, weil sie nicht akzeptieren können, dass andere Mädchen was Besseres oder anderes haben, was sie nicht haben. Die Mädchen haben Spaß damit andere zu plagen. Sie merken eben nicht, wie man sich dabei fühlt und hören damit nicht auf. Das ist bei mir der Fall. Man hat vor allem Terror, zur Schule zu gehen."*

Gewalt weiblicher Jugendlicher untereinander wird auch als Gewalt von beziehungsweise unter Freundinnen oder Kolleginnen wahrgenommen:

> *„Wenn ich mit meiner Freundin Schlägerei mache und vielleicht nach einer Woche kann ich es nicht mehr aushalten. Ich gehe wieder zur Freundin und mache Frieden."*

> *„Wenn eine Kollegin mit der anderen eine Meinungsverschiedenheit hat oder einem die Freundin weggenommen wird, dann wird die andere böse und greift manchmal sogar mit brutalen Mitteln ein."*

Auffällig ist, dass diese Gewaltform wiederum ausschließlich von Schülerinnen der statustiefen Schulstufen assoziiert wird,[175] was die Hypothese stützt, wonach das Perzeptionsmuster „Gewalt von FreundInnen" vorwiegend von weiblichen Jugendlichen statustiefer Schultypen perzipiert wird.

Mit diesem Kapitel versuchte ich die Assoziationen weiblicher Gewalt näher zu beleuchten. Es folgt nun eine Zusammenfassung und Diskussion der wichtigsten Befunde.

---

175 Die Fallzahlen sind sehr gering (N Realschülerinnen=2; N Sekundarschülerinnen=2), was eine Bewertung des Ergebnisses nur in Form einer Hypothesenbildung zulässt.

7.10 Zusammenfassung

Zur Untersuchung der Perzeption von Gewalt bei Jugendlichen ist eine Analyse von Schilderungen einer Gewaltsituation in den Lebensbereichen Schule und Freizeit vorgenommen worden, mit dem Ziel die qualitativen und quantitativen Aspekte des Gewaltbegriffs der Jugendlichen des Samples zu erfassen und den Zusammenhang zwischen der Lebenswelt und der Herausbildung von spezifischen Gewaltperzeptionsmustern zu betrachten. Im folgenden sollen die empirischen Befunde resümiert und anschließend auf die Relevanz der theoretischen Überlegungen verwiesen werden.

Grundlegend hat sich gezeigt, dass die befragten Basler Jugendlichen über einen *personenzentrierten Gewaltbegriff* verfügen: Gewalt wird mit einer ein- oder gegenseitigen, auf Personen beschränkten Interaktion assoziiert. Sachbeschädigungen werden zwar als Problem wahrgenommen, aber kaum mit dem Begriff Gewalt assoziiert. In den Äußerungen der SchülerInnen widerspiegelt sich deutlich die in der öffentlichen und wissenschaftlichen Diskussion vorherrschende Debatte um eine *Einschränkung* von Gewalt auf physische Formen beziehungsweise eine *Weitfassung* durch den Einbezug psychischer und im weitesten Sinn struktureller Formen von Gewalt.[176] Letztere, die strukturelle Gewalt, ist in den Assoziationen der Jugendlichen nicht enthalten, was vermutlich darauf zurückzuführen ist, dass es sich um eine Form beziehungsweise um einen Begriff handelt, welcher vorwiegend im wissenschaftlichen Kreis wahrgenommen und diskutiert wird. Zudem könnte die Wahrscheinlichkeit, dass Jugendliche strukturelle Formen assoziieren, durch die auf die Lebensbereiche eingegrenzte Fragestellung eingeschränkt worden sein. Im Gegensatz zur strukturellen Gewalt nehmen psychische Gewaltformen in den Assoziationen der Jugendlichen eine wichtige Rolle ein. Davon ausgehend, dass mit der Assoziation psychischer Gewalt ein gewisses Bewusstsein gegenüber Gewalt einhergeht, kann dieses Ergebnis als Hinweis für die These einer *Sensibilisierung* der Jugendlichen gegenüber Gewalt (siehe Einleitung) gesehen werden. In diesem Zusammenhang drängt es sich auf, die von Neidhardt (1986) aufgestellte, an die Sensibilisierungsthese anknüpfende Hypothese zu verfolgen, welche annimmt, dass in der Gesellschaft Bestrebungen vorhanden sind, nach gelungener Ächtung von physischer Gewalt auch die psychische Gewalt zu bannen. Es würde interessieren, ob sich diese Tendenz in den Perzeptionsmustern der Jugendlichen ausmachen ließe.

Die der vorliegenden Studie zugrundeliegende Hypothese, wonach sich die *weiblichen* und *männlichen Jugendlichen* durch einen *spezifischen Ge-*

---

176 Ob und inwieweit beim Gewaltbegriff der Jugendlichen ein Dissens auszumachen ist, lässt sich mit den vorliegenden Daten nicht erfassen. Dazu müsste ein anderes methodisches Verfahren angewandt werden, welches sich nicht auf Assoziationen beschränkt, sondern das gesamte Spektrum an perzipierten Gewaltformen erfasste.

waltbegriff unterscheiden, konnte mehrfach belegt werden. Neu an dieser Untersuchung ist, dass sie aufzuzeigen vermag, inwiefern sich der Gewaltbegriff zwischen den weiblichen und den männlichen Jugendlichen unterscheidet. Zusammengefasst lassen sich die geschlechtsspezifischen Unterschiede in den folgenden drei Konfigurationen lokalisieren: Erstens konnten *spezifische Handlungskontexte* analysiert werden, die in den Gewaltassoziationen der beiden Geschlechter einen unterschiedlichen Stellenwert einnehmen. Erinnert sei hierbei an den Bereich Sport, welcher von den männlichen Jugendlichen deutlich häufiger in Zusammenhang mit Gewalt wahrgenommen wird als von den weiblichen. Zweitens sind es *spezifische Gewaltformen,* die den geschlechtsspezifischen Gewaltbegriff charakterisieren. Erinnert sei an Gewalt sexueller Art. Diese wird – erwartungsgemäß – häufiger von weiblichen als von männlichen Jugendlichen assoziiert. Zudem fokussieren männliche Jugendliche sexuelle Gewalt vorwiegend auf Vergewaltigungen, während weibliche Jugendliche insgesamt ein differenzierteres Perzeptionsmuster sexueller Gewalt aufweisen. Weibliche Jugendliche assoziieren häufiger als männliche neben Vergewaltigungen Formen sexueller Belästigung.

Zu einem dritten verweisen *spezifische Gewaltzuschreibungen* auf Unterschiede zwischen dem weiblichen und dem männlichen Gewaltbegriff. Zu den aufschlussreichsten Ergebnissen dieser Studie gehört die Täter- und Opferzuschreibung im Zusammenhang mit ethnischer Gewalt. Entlang dieser Dimension konnte nachgewiesen werden, dass weibliche Jugendliche ausländische Staatsangehörige in der Opfer-, männliche hingegen in der Täterrolle perzipieren. In einem weiteren zeigte sich, dass weibliche Jugendliche im Kontext ethnischer Gewalt den Sammelbegriff Ausländer verwenden, während die männlichen konkrete Nationenzuschreibungen vornehmen. Ob sich allerdings dadurch bei den männlichen Jugendlichen auf eine Affinität zu einer fremdenfeindlichen Einstellung schließen lässt oder ob sich in den Befunden lediglich der reale Erfahrungshintergrund widerspiegelt, bleibt unbeantwortet und bedarf weiterer Abklärungen.

Auf dem Hintergrund der genannten Konfigurationen erfährt der geschlechtsspezifische Gewaltbegriff weitere Differenzierungen, welche sich zusammengefasst auf die Variablen *Lebensbereich* und *Schultyp* zurückführen lassen. In der empirischen Analyse äußern sich die genannten Differenzierungen beispielsweise dadurch, dass ethnische Gewalt im Lebensbereich Freizeit am ausgeprägtesten von den männlichen Gymnasiasten wahrgenommen und artikuliert wird. Oder während in Bezug auf sexuelle Gewalt im Lebensbereich Schule keine geschlechtsspezifischen Unterschiede feststellbar sind, hat sich gezeigt, dass diese Gewaltform im Lebensbereich Freizeit signifikant häufiger von den weiblichen Jugendlichen assoziiert wird als von den männlichen.

Zusammenfassend lässt sich festhalten: Die differenzierten Befunde hinsichtlich der untersuchten Gewaltassoziationsmuster widerspiegeln die komplexen *Strukturen der Lebenswelt* der Jugendlichen. Bedingt durch die in der Lebenswelt verankerten Distinktionen erfährt der Gewaltbegriff der Jugendlichen eine geschlechtsspezifische Ausdifferenzierung. In diesem Sinn – so lässt sich schließen – haben sich die theoretischen Überlegungen für die Gewaltperzeptionsforschung als fruchtbar erwiesen.

Kapitel 8
Selbstberichtete Gewalt*erfahrungen* und *-ängste* der Jugendlichen auf dem Hintergrund ihrer *Perzeption*

In der folgenden Schlussanalyse werden die Gewalterfahrungen und diesbezüglichen Ängste der Jugendlichen näher untersucht. Diese Weiterführung mag auf den ersten Blick als Widerspruch erscheinen. Der Widerspruch löst sich auf, wenn Erfahrungen mit Gewalt nicht *als* Perzeptionen, sondern als *von* Perzeptionen determiniert betrachtet werden. Gründe für diese Annahme lassen sich aus der folgenden Methodenkritik in der Kriminologie herleiten: Die Jugendgewaltforschung bedient sich zur Untersuchung der Frage, ob, wie oft und welcher Art Jugendliche selber Gewalt ausüben beziehungsweise erfahren, sogenannter Selbstbericht-Verfahren.[177] Diese in der kriminologischen Forschung üblichen Verfahren sind nicht unbestritten. Die Kritik richtet sich auf die *Zuverlässigkeit* der Daten. Es wird einerseits angenommen, dass einzelne Gewalthandlungen angegeben werden, ohne dass sie begangen worden sind, um damit zu prahlen (Mansel 1995:110). Andererseits wird vermutet, dass einzelne Gewaltformen von den Befragten nicht angegeben werden, weil sie a) nicht erinnert werden oder b) bewusst verschwiegen werden, da es sich um persönliche Angelegenheiten handelt oder c) sich darunter etwas anderes vorstellen. Weiter kann angenommen werden, dass das An- beziehungsweise Nicht-Angeben von Gewalthandlungen mit der Schwereeinschätzung der jeweiligen Gewaltform zusammenhängt. So wird möglicherweise eine Gewalthandlung, welche von der befragten Person als nicht gravierend eingestuft wird, eher bejaht als eine als schwerwiegend wahrgenommene Gewalthandlung.

Vergleichen wir die einzelnen Argumentationen, fällt auf, dass sie eine gemeinsame Begründung aufweisen: Selbstberichtete Gewalterfahrungen werden als unzuverlässige Datenquellen betrachtet, da die Äußerungen davon abhängen, wie das Individuum seine Erfahrungen mit Gewalt *wahrnimmt* und auslegt. Dieses Argument führt uns zur folgenden Fragestellung: Inwiefern

---

177 In der Methodik der Kriminologie spricht man im Zusammenhang mit der Erfassung von (Täter-)Erfahrungen von „self-reports" (vgl. beispielsweise Killias; Villettaz & Rabasa 1994). In der vorliegenden Studie wurde den Befragten eine Liste von Gewalthandlungen vorgelegt, bei der anzugeben war, ob und wie oft sie die einzelnen Handlungen in den letzten 12 Monaten ausgeführt haben. Die SchülerInnen wurden aufgefordert, die Fragen nach ihrem eigenen Gewalthandeln ehrlich zu beantworten.

lassen sich in den von den Jugendlichen berichteten Gewalterfahrungen spezifische Wahrnehmungsmuster erkennen?

8.1 Gewalterfahrungen aus der *Täter*perspektive

Eindeutig am verbreitetsten unter Stadtbasler Jugendlichen scheint *verbale Gewalt* zu sein (Tabelle 9). An erster Stelle mit über 84 Prozent der Antwortenden stehen „Beleidigungen und Beschimpfungen anderer Personen". Diese Gewalthandlung wird von einem Großteil der Jugendlichen mehr als einmal ausgeübt: Von jenen Jugendlichen, welche in den letzten 12 Monaten andere Personen beschimpft oder beleidigt haben, geben 78,6 Prozent an, dies mehrmals praktiziert zu haben.

Mit großem Abstand folgen – ebenfalls auf der verbalen Ebene – Verleumdungen, welche von 43,6 Prozent der Befragten im letzten Jahr mindestens einmal ausgeführt worden sind. Zu einem ähnlichen Ergebnis gelangt eine Studie zur Gewalt an bayerischen Schulen, wonach verbale Gewalt unter SchülerInnen am häufigsten auftritt (Fuchs; Lamnek & Luedtke 1996). Die Autoren kommen aufgrund von Altersvergleichen zu dem interessanten Schluss, dass verbale Gewalt ein vorübergehend auftretendes, jugendtypisches Phänomen darstellt, das bis einschließlich der 16- bis 18-Jährigen deutlich zunimmt, um mit steigendem Alter wieder abzuklingen, wenngleich sie von allen Gewaltformen noch immer am häufigsten praktiziert wird.

Dass verbale Gewalt unter Jugendlichen die mit Abstand am häufigsten ausgeübte Gewaltform darstellt, kann mit dem Argument relativiert werden, wonach diese Form von Gewalt möglicherweise eher als leicht und unproblematisch wahrgenommen und deshalb von den SchülerInnen ohne weiteres bejaht wird.

Weitere *Formen leichterer Gewalt* sind unter Basler Jugendlichen ebenfalls recht verbreitet. Etwa jede dritte Person gab an, schon mindestens einmal Sachen von anderen absichtlich beschädigt zu haben. Leicht weniger häufig berichten Jugendliche, eine Person mit Worten unter Druck gesetzt zu haben, damit sie etwas Bestimmtes mache. Bei der physischen Gewalt rangiert an erster Stelle „Allein eine Person verprügelt": Etwas mehr als ein Viertel der befragten Jugendlichen hat dies in den letzten 12 Monaten mindestens einmal ausgeführt. Weniger praktiziert werden schwerere Gewaltformen wie Verletzungen bei Prügeleien und Gruppenschlägereien. Trotzdem erstaunt, dass ein Fünftel aller Jugendlichen bei einer Schlägerei schon einmal einer Person Verletzungen zugefügt hat.

Tabelle 9: Tätererfahrungen: „Wie oft hast du selbst in den letzten 12 Monaten diese Sachen gemacht?" Anteile „mindestens einmal" differenziert nach Geschlecht, nach Häufigkeiten (in Prozent) geordnet, Signifikanztest

Gewaltformen	Jugendl. insg.	weibl. Befragte	männl. Befragte	Chi^2	Sig.[1]
• Andere Personen beschimpft oder beleidigt	84,6	86,4	82,8	1,117	n.s.
• Über andere Personen Unwahrheiten verbreitet	43,6	43,8	43,5	0,003	n.s.
• Sachen von anderen absichtlich kaputt gemacht	35,0	26,4	43,2	14,039	***
• Eine Person mit Worten unter Druck gesetzt, damit sie etwas Bestimmtes macht	30,5	28,4	32,6	0,932	n.s.
• Allein eine Person verprügelt	29,7	15,4	43,5	42,594	***
• Jemandem eine Sache mit Gewalt weggenommen	28,4	25,8	30,9	1,429	n.s.
• Sachen absichtlich beschädigt	26,9	15,8	37,5	27,270	***
• Eine Person mit Worten unter Druck gesetzt, um von ihr etwas zu erhalten	24,7	22,9	26,5	0,811	n.s.
• Eine Person bei einer Prügelei verletzt	19,4	8,2	30,1	34,602	***
• An einer Schlägerei mit einer anderen Gruppe teilgenommen	11,9	6,3	17,2	12,822	***
• In einer Gruppe eine einzelne Person verprügelt	9,7	3,2	15,9	20,944	***
• Eine andere Gruppe angegriffen	9,5	3,2	15,5	20,226	***
• Zum Stehlen eingebrochen	7,9	5,0	10,8	5,265	*
• Eine Person mit einer Waffe verletzt	4,8	0,9	8,6	14,662	***
• Eine Person geschlagen oder mit Waffen bedroht, um ihr Geld oder sonst etwas wegzunehmen	4,2	2,7	5,6	2,410	n.s.
• Eine Person sexuell belästigt	3,4	1,4	5,4	5,505	*

N zwischen 440 und 454.

1) *** $p<0,001$; * $p<0,05$; n.s. bedeutet nicht signifikant.

Eine kleine Minderheit von Jugendlichen ist mit *schwerwiegenden Gewaltformen* konfrontiert. 4,8 Prozent der Befragten bekennen sich dazu, mindestens einmal eine Person mit einer Waffe verletzt zu haben. Ähnlich häufig gaben Jugendliche zu, schon einmal eine Person geschlagen oder mit Waffen bedroht zu haben, um ihr Geld oder sonst etwas zu rauben (4,2 Prozent). Eindeutig am wenigsten verbreitet ist sexuelle Gewalt. Jede neunundzwanzigste Person hat selber schon sexuelle Gewalt ausgeübt.

Vergleich der Geschlechter
Analysieren wir die angegebenen Gewalthandlungen in Bezug auf das Geschlecht, zeigt sich deutlich, dass – mit zwei Ausnahmen – die Prozentwerte der männlichen Jugendlichen höher, teilweise sogar beachtlich höher liegen als jene der weiblichen Befragten (Tabelle 9). In 10 von 16 Fällen sind die Unterschiede statistisch signifikant. Männliche Jugendliche sind – so lässt sich folgern – insgesamt gewalttätiger als weibliche Jugendliche.

Am größten sind die Geschlechterunterschiede bei eher *schwereren physischen Gewaltformen*. Fast neun Prozent der männlichen Jugendlichen sagten, sie hätten schon einmal jemanden mit einer Waffe verletzt, bei den weiblichen hingegen gaben nur etwa ein Prozent der Befragten an, dieses Gewaltdelikt mindestens einmal begangen zu haben. Weniger ausgeprägte, aber dennoch signifikante Unterschiede sind bei Gewalthandlungen vorzufinden, welche von mehreren Jugendlichen ausgehen. Es sind dies: „in der Gruppe eine einzelne Person verprügelt" (15,9 zu 3,2 Prozent) und „eine andere Gruppe angegriffen" (15,5 zu 3,2 Prozent).

Verbale Gewalt scheint eine ausgeprägte Domäne *beider* Geschlechter zu sein. In einem Bereich geben sich die weiblichen Jugendlichen – allerdings statistisch nicht signifikant – leicht aktiver als die männlichen Jugendlichen: Während 86,4 Prozent der weiblichen Jugendlichen im letzten Jahr andere Personen beschimpft oder beleidigt haben, bekennen sich bei den männlichen 82,8 Prozent dazu. Keine Unterschiede zwischen den Geschlechtern zeigen sich bei den Verleumdungen: 43,8 Prozent der weiblichen und 43,5 Prozent der männlichen Jugendlichen haben diese Gewaltform schon mindestens einmal in den vergangenen 12 Monaten praktiziert. Diese Befunde stützen die bereits geäußerte Vermutung, wonach verbale Gewalt von den befragten SchülerInnen als harmlos wahrgenommen[178] und deshalb leichter zugegeben wird.

---

178 In Kapitel 8.5.1 wird aufgezeigt, dass Ängste vor verbaler Gewalt im Vergleich zu anderen Gewaltängsten relativ selten sind.

Vergleich der Schultypen[179]
Deutliche schulspezifische Unterschiede bestehen bei der *verbalen Gewalt* (Abbildung 6). Handlungen dieser Art sind unter SekundarschülerInnen am wenigsten verbreitet. Die spezifische Form „Verbreitung von Lügen" nimmt mit *auf*steigender Schulstufe *zu*. „Beschimpfungen, Beleidigungen" sind bei RealschülerInnen und GymnasiastInnen am häufigsten anzutreffen, während deutlich weniger SekundarschülerInnen über diese Handlung berichten.

Abbildung 6: Tätererfahrungen: *verbale Gewalt* differenziert nach Schultyp, Anteile „mindestens einmal", Signifikanztest[1)]

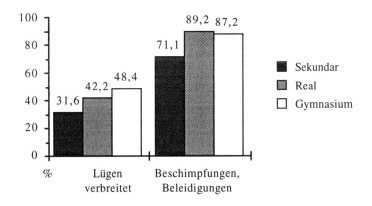

N zwischen 440 und 448.

1) *„Lügen verbreitet"*: Chi-Quadrat=6,248; df=2; p=0,439 (*). *„Beschimpfungen, Beleidigungen"*: Chi-Quadrat=14,615; df=2; p=0,000 (***).

Ist verbale Gewalt auf der statushöchsten Schulstufe tatsächlich verbreiteter als auf der statustiefsten Schulstufe? Die Frage führt uns zurück zum Ausgang der vorliegenden Arbeit nach dem Einfluss von Perzeptionen auf die geäußerten Erfahrungen. Es lässt sich einerseits vermuten, dass AbsolventInnen der statustiefen Schultypen verbale Gewalt weniger als solche perzipieren als

---

179 Wenn im folgenden Vergleiche zwischen den Schularten aufgezeigt werden, beziehen sie sich auf die Typen „Sekundar", „Real" und „Gymnasium". Die Einschränkung hängt damit zusammen, dass bei den Kleinklassen Sekundar und Real die Anzahl SchülerInnen für einen statistischen Unterschiedstest zu gering sind. Zur Hierarchie der Schultypen siehe Tabelle 5, Anmerkung 1.

AbsolventInnen statushoher Schultypen. Beschimpfungen und Beleidigungen gehören auf dieser Schulstufe zum Alltag, man hat sich daran gewöhnt und nimmt sie dadurch nicht mehr wahr. Dieser Gewöhnungseffekt führt dazu, dass die betroffenen Jugendlichen kaum oder wenig berichten, sie hätten verbale Gewalt praktiziert. Weiter könnte es sein, dass jene AbsolventInnen statushoher Schultypen, welche sich selbst kaum als gewalttätig wahrnehmen, eher bereit sind anzugeben, sie hätten verbale Gewalt praktiziert, gleichsam um ihr „Gewaltdefizit", das sich durch die Vorgabe eines (zu) *breiten* Spektrums von Gewalthandlungen im Fragebogen ergibt, mit leichten Formen von Gewalt zu kompensieren.

Umgekehrt zur verbalen Gewalt verhalten sich die schulspezifischen Unterschiede bei mittleren bis schwerwiegenden und vorwiegend physische Gewalt betreffende Handlungen (Abbildung 7). Diese nehmen bei beiden Geschlechtern von den Sekundar- über die RealschülerInnen zu den GymnasiastInnen kontinuierlich ab. Eine Ausnahme bildet das Delikt „Einbruch", das in der Realschule verbreiteter ist als in den anderen Schultypen.

Analysiert man die Geschlechter getrennt, so sind bei den weiblichen Jugendlichen schulspezifische Unterschiede nur in einem Fall zu verzeichnen: In Bezug auf „Beleidigungen, Beschimpfungen" unterscheiden sich die weiblichen Jugendlichen dahingehend, dass die Werte mit *auf*steigender Schulstufe tendenziell *zu*nehmen.[180] Bei den männlichen Jugendlichen hingegen sind bildungsspezifische Unterschiede häufiger und äußern sich darin, dass – im Gegensatz zu den weiblichen Jugendlichen – die Täterwerte mit *auf*steigender Schulstufe *ab*nehmen.[181]

---

180 Chi-Quadrat=8,808; df=2; p=0,012 (*).
181 Bei folgenden Gewalthandlungen sind die Unterschiede zwischen den *männlichen* Absolventen der drei Schultypen signifikant: „*Einbruch*": Chi-Quadrat=10,003; df=2; p=0,006 (**); „*Eine Person mit Worten unter Druck gesetzt, damit sie etwas Bestimmtes macht*": Chi-Quadrat=6,732; df=2; p=0,034 (*), „*Mit Waffe jemanden verletzt*": Chi-Quadrat= 10,077; df=2; p=0,006 (**); „*Allein jemanden verprügelt*": Chi-Quadrat=16,093; df=2; p=0,000 (***); „*In Gruppe jemanden verprügelt*": Chi-Quadrat=11,226; df=2; p=0,003 (**); „*Schlägerei mit anderer Gruppe*": Chi-Quadrat=11,264; df=2; p=0,003 (**); „In Schlägerei jemanden verletzt": Chi-Quadrat=11,243; df=2; p=0,003 (**); „*Andere Gruppe angegriffen*": Chi-Quadrat=10,235; df=2; p=0,005 (**). Bei den weiteren Gewalthandlungen zeichnet sich – außer bei *verbaler Gewalt* und „*Jemandem mit Gewalt etwas wegnehmen*" – tendenziell das selbe Ergebnis ab, wonach die Täterwerte mit *auf*steigender Schulstufe *ab*nehmen.

Abbildung 7: Tätererfahrungen: *mittlere* bis *schwerwiegende, physische Gewalthandlungen* differenziert nach Schultyp, Anteile „mindestens einmal", Signifikanztest[1)]

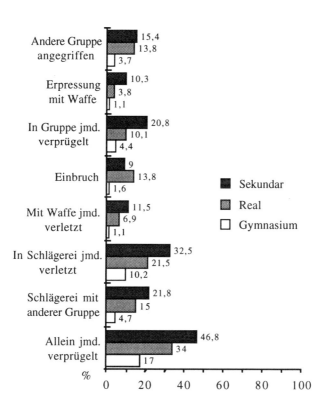

N zwischen 446 und 454.

1) *„Allein jemanden verprügelt"*: Chi-Quadrat=26,904; df=2; p=0,000 (***). *„Schlägerei mit anderer Gruppe"*: Chi-Quadrat=18,026; df=2; p=0,000 (***). *„In Schlägerei jemanden verletzt"*: Chi-Quadrat=19,363; df=2; p=0,000 (***). *„Mit Waffe jemanden verletzt"*; Chi-Quadrat=13,880; df=2; p=0,000 (***). *„Einbruch"*: Chi-Quadrat=18,673; df=2; p=0,000 (***). *„In Gruppe jemanden verprügelt"*: Chi-Quadrat=17,574; df=2; p=0,000 (***). *„Erpressung mit Waffe"*: Chi-Quadrat–12,858; df–2; p=0,001 (**). *„Andere Gruppe angegriffen"*: Chi Quadrat=13,632; df=2; p=0,001 (**).

Betrachten wir in einem weiteren Schritt die *Selbst-* und *Fremdbilder* der befragten Jugendlichen, so stoßen wir wiederum auf die vermutete Perzeptionsbedingtheit von selbstberichteten Gewalterfahrungen: Dass physische Gewalt unter den männlichen Absolventen der Sekundarschule am verbreitetsten sein soll, spiegelt sich nämlich in den Wahrnehmungen der befragten Jugendlichen wider. Fast zwei Drittel (65 Prozent) nennen auf die Frage, welche Kategorie von SchülerInnen am meisten Gewalt ausübe, die *männlichen Jugendlichen der Sekundarschule*. Dieser Meinung ist jeder zweite der angesprochenen Schüler: 51,3 Prozent der Sekundarschüler geben an, sie selbst seien von allen Schultypen die gewalttätigsten.[182]

Inwieweit decken sich die vorliegenden Ergebnisse zu den Tätererfahrungen mit Befunden ähnlicher Befragungen? Eine Gegenüberstellung mit Studien aus Deutschland ist aus verschiedenen Gründen nicht möglich.[183] Für die Schweiz bietet sich die Studie zur Jugenddelinquenz in der Stadt Zürich zu einem Vergleich an (Branger & Liechti 1995).[184]

8.2 Vergleich der Tätererfahrungen zwischen Basler und Zürcher Jugendlichen

Sind Basler Jugendliche gewalttätiger als Jugendliche aus der Stadt Zürich? Die Beantwortung dieser Frage bedarf einer differenzierten Analyse.

Insgesamt sind die Unterschiede zwischen den Basler und den Zürcher Jugendlichen in der Altersphase 15/16 Jahre hinsichtlich der Verbreitung von Gewalt statistisch *nicht* signifikant (Tabelle 10). Basler Jugendliche sind demzufolge nicht gewalttätiger als Zürcher Jugendliche. In Bezug auf die Häufigkeitsreihenfolge der Delikte zeigen sich einige Unterschiede. Basler Jugendliche nennen am häufigsten das Delikt „Allein eine Person verprügeln", Zürcher Jugendliche hingegen „Erpressung". Gerade bei der letztgenannten Gewaltform, der Erpressung, sind leichte Häufigkeitsunterschiede feststellbar: Während knapp ein Drittel (31,5 Prozent) der Zürcher Jugendlichen in den letzten 12 Monaten mindestens einmal eine Person mit Worten

---

182 Beide Befunde stimmen mit den Ergebnissen der Brugger Studie zur Gewaltperzeption überein (siehe dazu von Felten 1994).

183 Die Gewalt-Studie von Heitmeyer (1996) lässt beispielsweise keinen Vergleich zu, da Jugendliche im Alter von 15 bis 22 Jahren befragt worden sind und die Ergebnisse nicht nach Jahrgangsstufen unterschieden werden. Weitere Studien (wie Fuchs; Lamnek & Luedtke 1996 und Funk 1995) verunmöglichen eine Kontrastierung durch die Einschränkung der Gewalterfahrungen auf den Lebensbereich Schule.

184 Da eine relativ kurze Zeitspanne von drei Jahren zwischen den beiden Erhebungen liegt, können zeitbedingte Veränderungen ausgeschlossen werden. Beide Untersuchungen befragen die gleiche Altersstufe (durchschnittlich 15 Jahre) und verwenden dieselbe Methode (schriftliche Befragung von Schulklassen) und Frageeinheit.

unter Druck gesetzt hat, um etwas von ihr zu erhalten, beträgt der Anteil bei den Basler Jugendlichen ein Viertel (24,7 Prozent).

Tabelle 10: Vergleich der Tätererfahrungen zwischen Basler und Zürcher Jugendlichen insgesamt[1] und differenziert nach Geschlecht[2], Angaben in Prozent, Rangreihenfolge der Häufigkeiten in Klammern

Gewaltformen	Basler Jugendl.	Anteil weibl.	Anteil männl.	Zürcher Jugendl.	Anteil weibl.	Anteil männl.
• Allein eine Person verprügelt	29,7 (1)	25,4	74,6	31,0 (2)	30,9	69,1
• Sachen absichtlich beschädigt oder angezündet	26,9 (2)	36,9	63,1	29,3 (3)	19,9	80,1
• Eine Person mit Worten unter Druck gesetzt, um von ihr etwas zu erhalten	24,7 (3)	45,5	54,5	31,5 (1)	39,9	60,1
• An Schlägerei mit anderer Gruppe mitgemacht	11,9 (4)	25,9	74,1	16,6 (4)	32,3	67,7
• In Gruppe einzelne Person verprügelt	9,7 (5)	15,9	84,1	9,6 (5)	33,9	66,1
• Zum Stehlen in Gebäude eingebrochen	7,9 (6)	30,6	69,4	4,9 (6)	13,8	86,2
• Eine Person mit Waffe verletzt	4,8 (7)	9,1	90,9	3,4 (7)	10,0	90,0
• Eine Person geschlagen oder mit Waffen bedroht, um ihr Geld oder sonst etwas wegzunehmen	4,2 (8)	31,6	68,4	3,4 (7)	15,0	85,0

N Jugendliche Basel=458, N Jugendliche Zürich=594.

1) Signifikanztest zwischen den Basler und den Zürcher Jugendlichen: Chi-Quadrat=13,192; df=7; nicht signifikant.
2) Signifikanztest zwischen den weiblichen Basler und Zürcher Jugendlichen: Chi-Quadrat=16,288; df=7; p<0,05 (*).

Deutliche Unterschiede bestehen hingegen zwischen den *weiblichen* Jugendlichen der beiden Städte. Insgesamt erweisen sich die weiblichen Basler Jugendlichen kaum gewalttätiger als die weiblichen Jugendlichen aus der Stadt Zürich (26,6 zu 24,5 Prozent). Bei *physischen Gewalttätigkeiten allein oder in der Gruppe* sind die weiblichen *Zürcher* Jugendlichen allerdings statistisch signifikant aktiver als die weiblichen Basler Jugendlichen. Gerade umgekehrt zeigt sich dieses Verhältnis in einem anderen Bereich: Bei den tendenziell eher den *psychischen* als auch den *Sachbereich* betreffenden Formen von Gewalt geben sich die *weiblichen* Jugendlichen aus der Stadt *Basel* statistisch signifikant aktiver als die weiblichen Zürcher Jugendlichen. Worauf dieses unterschiedliche Gewaltverhalten zurückzuführen ist und inwieweit differierende Wahrnehmungen eine Rolle spielen, lässt sich schwer erklären und bedürfte weiterer Nachforschungen. Was das Ergebnis betrifft, so mag es verdeutlichen, dass trotz höherem Gewaltpotential der männlichen Jugendlichen der Blick auf die weiblichen Ausprägungen von Gewalt nicht vergessen werden sollte.

Da Jugendliche nicht nur Täter, sondern auch Opfer von Gewalt werden können, sollen im folgenden die Opfererfahrungen der befragten Basler Jugendlichen – wiederum auf dem Hintergrund ihrer Perzeptionen – genauer beleuchtet werden.

8.3   Gewalterfahrungen aus der *Opfer*perspektive

Verschiedene Studien haben gezeigt, dass zwischen der Täter- und der Opferrolle eine Beziehung vorhanden ist. Fuchs; Lamnek & Luedtke (1996) kommen in ihrer Untersuchung zur Gewalt an Schulen zum Schluss, dass, wer häufig Opfer von Gewalt wird, auch öfter Gewalt anwendet. Heitmeyer et al. (1996:184f) weisen differenziertere Ergebnisse auf: In ihrer Gewaltstudie können die AutorInnen nachweisen, dass sowohl weibliche wie auch männliche Jugendliche mit den Gewalterfahrungen „Schläge" oder „Erniedrigungen" am häufigsten weder als Täter noch als Opfer reagieren. Am seltensten reagieren beide Geschlechter nur mit eigener Gewalttätigkeit. Geschlechtsspezifische Unterschiede zeigen sich darin, dass weibliche Jugendliche am zweithäufigsten nur mit erneuter Opferschaft reagieren, männliche Jugendliche am zweithäufigsten sowohl mit Täter- als auch mit erneuter Opferschaft. Ein solches geschlechtsspezifisches Umkehrmuster ist auch bei Gewalterfahrungen wie „Einsperren" und „sexuelle Übergriffe" erkennbar. Der Hauptunterschied zwischen den Geschlechtern liegt aber nach den Aussagen der AutorInnen darin, dass weibliche Jugendliche, insbesondere in Reaktion auf Schläge, signifikant häufiger als männliche Jugendliche weder als Täterinnen noch als erneute Opfer in Erscheinung treten. Männliche Jugendliche hingegen reagieren häufiger als weibliche mit eigener Gewalttätigkeit, beidem (sowohl Täter- wie auch Opferschaft) und auch leicht häufiger mit erneuter Opferschaft. Inwieweit die Selbst- und Fremdwahrnehmung in dieser Wechselbeziehung zwischen Täter- und Opferrolle von Bedeutung ist, ist noch nicht untersucht worden.

Den befragten SchülerInnen der vorliegenden Studie wurde eine Liste mit Gewalthandlungen vorgelegt, bei der anzugeben war, ob ihnen in den letzten 12 Monaten die einzelnen Handlungen ohne ihren Willen durch Jugendliche in der Schule oder in der Freizeit widerfahren sind.

Tabelle 11: Opfererfahrungen: „Wie oft sind dir in den letzten 12 Monaten diese Sachen passiert, ohne dass du es gewollt hast?" Anteile „mindestens einmal" insgesamt und differenziert nach Geschlecht, Angaben in Prozent, Signifikanztest

Gewaltformen	Jugendl. insgesamt	weibl. Befragte	männl. Befragte	Chi^2	Sig.[1]
• Jemand hat mich beschimpft oder beleidigt.	75,2	78,7	71,7	2,976	n.s.
• Jemand hat Unwahrheiten über mich verbreitet.	69,1	74,4	64,0	5,588	n.s.
• Jemand hat Sachen von mir absichtlich zerstört.	32,4	27,9	36,7	3,945	*
• Jemand hat mich ausgestoßen.	28,6	34,4	23,0	7,077	n.s.
• Jemand hat mich mit Worten unter Druck gesetzt, damit ich etwas gebe.	20,6	19,4	21,7	0,39	n.s.
• Jemand hat mich mit Worten unter Druck gesetzt, damit ich etwas Bestimmtes mache.	18,8	19,8	17,9	0,270	n.s.
• Jemand hat mich verprügelt.	15,1	10,9	19,2	6,021	*
• Jemand hat mich bedroht und mir etwas weggenommen.	8,7	8,2	9,3	0,160	n.s.
• Eine Gruppe hat mit meiner Gruppe gekämpft.	8,0	3,2	12,7	13,678	***
• Jemand hat mich sexuell belästigt.	7,7	12,4	3,1	13,731	***
• Ich bin in einer Prügelei verletzt worden.	6,2	3,2	9,2	6,881	n.s.
• Jemand hat mich mit einer Waffe verletzt.	4,7	1,8	7,4	7,966	n.s.
• Eine Gruppe hat mich verprügelt.	3,4	0,9	5,7	7,996	n.s.

N zwischen 440 und 452.
1) *** p<0,001; * p<0,05; n.s. bedeutet nicht signifikant.

Mit Abstand am häufigsten werden die befragten Jugendlichen Opfer *verbaler Gewalt* in Form von Beleidigungen, Beschimpfungen oder Verleumdungen (Tabelle 11). Untersuchungen zur Gewalt an Schulen bestätigen dieses Ergebnis: Verbale Gewalt steht bezüglich Opfererfahrungen bei den SchülerInnen an der Spitze der Skala (Fuchs; Lamnek & Luedtke 1996; Greszik; Hering & Euler 1995).

Wird verbale Gewalt erfahren, geschieht dies häufiger mehrmals als nur einmal. So geben 52,6 Prozent der Befragten, welche in den letzten 12 Monaten Opfer von Beleidigungen und Beschimpfungen wurden, an, sie hätten diese Gewaltform mehrmals erlebt, während 22,6 Prozent sie einmal erfahren haben. Dasselbe zeigt sich bei der Verleumdung: 40,7 Prozent haben dies im letzten Jahr mehrmals, 28,4 Prozent einmal erlebt.

Deutlich weniger häufig werden Jugendliche Opfer von *Gewalt gegen Sachen*. Ein Drittel aller Jugendlichen gibt an, dass ihnen im letzten Jahr Sachen absichtlich zerstört worden seien. In diesem Fall sind die Täter und Opfererfahrungen annähernd kongruent (35 und 32,4 Prozent). Ziehen wir das Ergebnis hinzu, wonach 58,6 Prozent der Jugendlichen Angst haben, ihnen könnte etwas zerstört werden (siehe Kapitel 8.5.2), zeigt sich, dass ungefähr *ein Viertel* der Jugendlichen diese Art von Angst äußert, *ohne* dass sie in diesem Bereich über direkte Erfahrungen als Täter oder Opfer verfügen.

Die Antworten zur Verbreitung der Opfererfahrungen lassen erkennen, dass Jugendliche häufiger Opfer von *psychischer* als von physischer Gewalt werden. Deutlich weniger verbreitet sind *schwerwiegende physische Gewalthandlungen*. Trotzdem hat jede/r dreizehnte der befragten Jugendlichen in den vorangehenden 12 Monaten mindestens einmal sexuelle Belästigungen erfahren und jede/r siebenzehnte Jugendliche ist bei einer Prügelei verletzt worden. Sexuelle Belästigungen werden leicht häufiger *mehrmals* erlebt als nur einmal (4,3 zu 3,4 Prozent), Prügeleien häufiger *einmal* als mehrmals (3,1 zu 1,6 Prozent).

Vergleich der Geschlechter
Insgesamt zeigt sich, dass *weibliche* Jugendliche signifikant häufiger Opfer von *verbaler* und *sexueller Gewalt* werden als männliche. *Männliche* Jugendliche werden auffällig häufiger als weibliche Opfer von *physischer Gewalt* (mit Ausnahme sexueller Gewalt). Physische Gewalt wird – so kann gefolgert werden – sowohl bezüglich den Täter- als auch den Opfererfahrungen von den männlichen Jugendlichen beherrscht. In diesem Bereich der physischen Gewalt bestätigt sich der von Heitmeyer et al. (1996) geäußerte Zusammenhang, wonach männliche Jugendliche deutlich häufiger die Täterrolle einnehmen als weibliche, jedoch auch häufiger in die Opferrolle geraten. Betrachten wir weitere Befunde, wird diese These allerdings in Frage gestellt. Es zeigt sich nämlich, dass weibliche Jugendliche in ihrer Täter-Opfer-Bilanz ein ausgeglichenes Verhältnis aufweisen, während männliche Jugendliche

nur halb so oft Opfer von Gewalt werden wie sie als Täter in Erscheinung treten. Betrachten wir die Opfererfahrungen insgesamt, verdeutlicht sich der obige Befund: Männliche Jugendliche werden *nicht* häufiger Opfer von Gewalt als weibliche. Inwiefern diese Ergebnisse auf spezifische Wahrnehmungen der Jugendlichen zurückzuführen sind, soll hier nicht erläutert werden. Eine ausführliche Analyse der Täter- und Opfererfahrungen im anschließenden Kapitel bringt diesbezüglich mehr Aufschluss.

Vergleich der Schultypen
An den verschiedenen Schultypen sind Unterschiede auch hinsichtlich des Opferstatus zu verzeichnen. Dabei zeigt sich, dass männliche wie weibliche Jugendliche der verschiedenen Schulstufen insgesamt keine statistisch bedeutsamen Unterschiede in den Opfererfahrungen aufweisen. Betrachten wir die einzelnen Gewaltformen sowie die Geschlechter getrennt, sehen die Opferbilder in einigen Fällen anders aus.

Abbildung 8: Weibliche Opfererfahrungen differenziert nach Schultyp, Anteile „mindestens einmal", Signifikanztest[1]

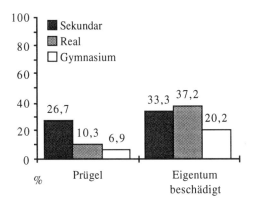

N zwischen 210 und 212.

1) *„Prügel":* Chi-Quadrat=9,383; df=2; p=0,009 (**). *„Eigentum beschädigt":* Chi-Quadrat=6,774; df=2; p=0,033 (*). Weitere Gewalthandlungen weisen keine statistisch bedeutsamen Unterschiede auf. Sie werden in der Abbildung nicht aufgeführt.

Bei den weiblichen Jugendlichen sind – im Gegensatz zu den männlichen – statistisch bedeutsame Unterschiede bei der Beschädigung eigenen Besitzes auszumachen (Abbildung 8). Von dieser Gewaltform sind die RealschülerInnen am deutlichsten betroffen, gefolgt von den Sekundarschülerinnen. Die Gymnasiastinnen befinden sich wiederum am Ende der Skala.

Abbildung 9: Männliche Opfererfahrungen differenziert nach Schultyp, Anteile „mindestens einmal", Signifikanztest[1]

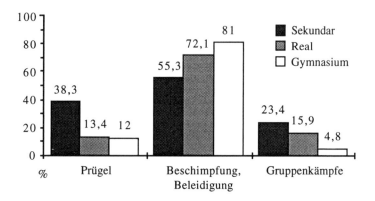

N zwischen 210 und 212.

1) *„Prügel"*: Chi-Quadrat=15,983; df=2; p=0,003 (***). *„Beschimpfungen, Beleidigungen"*: Chi-Quadrat=9,806; df=2; p=0,007 (**). *„Gruppenkämpfe"*: Chi-Quadrat=9,858; df=2; p=0,007 (**). Weitere Gewalthandlungen weisen keine statistisch bedeutsamen Unterschiede auf. Sie werden deshalb in der Abbildung nicht aufgeführt.

Deutliche bildungsspezifische Unterschiede zeigen sich sowohl bei den weiblichen wie auch den männlichen Jugendlichen, was Prügel betrifft (Abbildungen 8 und 9). Die Prozentwerte der weiblichen Jugendlichen nehmen mit *auf*steigender Schulstufe *ab*. Bei den männlichen Jugendlichen werden ebenfalls die Absolventen der der statustiefsten Schulstufe, die Sekundarschüler, am häufigsten verprügelt, die Realschüler und Gymnasiasten hingegen deutlich weniger und in etwa gleichem Ausmaß.

Nur bei den männlichen Jugendlichen existieren schulspezifische Unterschiede bei verbaler Gewalt in Form von Beschimpfungen und Beleidigungen (Abbildung 9). In diesem Fall sind es die Gymnasiasten, die von allen Schultypen am häufigsten Opfer von verbaler Gewalt werden, gefolgt von den Sekundarschülern: Die Werte nehmen mit *auf*steigender Schulstufe signifikant zu.

Wahrnehmungstheoretisch lässt sich der Befund, wonach Gymnasiasten am häufigsten Opfer verbaler Gewalt werden, mit der folgenden Hypothese erklären: Es hat sich gezeigt, dass – im Gegensatz zu anderen Schultypen – die männlichen Gymnasiasten ebenso häufig Opfer von verbaler Gewalt werden wie die Gymnasiastinnen. Da mehr weibliche als männliche Jugendliche ein Gymnasium absolvieren, ist es wahrscheinlich, dass männliche Jugendliche vorwiegend mit weiblichen Beschimpfungen und Beleidigungen konfrontiert werden. Es lässt sich nun vermuten, dass Gymnasiasten die verbalen Äußerungen ihrer Mitschülerinnen eher als Gewalt wahrnehmen als die verbalen Äußerungen ihrer Mitschüler.

8.4 Gewalterfahrungen aus der *Täter*- und *Opfer*perspektive im Vergleich

Kontrastieren wir in einem weiteren Schritt die Täter- und Opfererfahrungen, gelangen wir zu einem Ergebnis, das wiederum auf die Wahrnehmungsbedingtheit von selbstberichteten Gewalterfahrungen schließen lässt. Die Analyse zeigt, dass die befragten SchülerInnen insgesamt häufiger als GewalttäterInnen in Erscheinung treten, als sie selber Opfer von Gewalt werden.[185] Eine geschlechtsspezifische Analyse bringt ausgeprägte Unterschiede zutage: Während sich die männlichen Jugendlichen deutlich häufiger als Täter denn als Opfer wahrnehmen, weisen die weiblichen Jugendlichen eine ausgeglichene Täter-Opfer-Bilanz aus. Warum diese Diskrepanz bei den männlichen Jugendlichen? Wahrnehmungstheoretisch lässt sich einerseits mutmaßen, dass sich in diesem Ergebnis der männlichen Jugendlichen eine spezifische Haltung gegenüber der Opferrolle widerspiegelt, wonach männliche Jugendliche eher in der Täter- als in der Opferrolle gesehen werden wollen. Diese Haltung ist vermutlich in enger Verbindung mit ihrem Geschlechtsrollenbild zu sehen, welches Männlichkeit mit Stärke assoziiert.

Eine andere Erklärung könnte darin gesehen werden, dass ein häufiges Praktizieren von Gewalt dazu führt, dass Opfererfahrungen weniger als solche wahrgenommen werden.

Eine nachfolgende Analyse zu schulspezifischen Unterschieden bringt weitere Aufschlüsse: Die Diskrepanz zwischen den männlichen Täter- und

---

[185] Eine optimale Vergleichbarkeit der Täter- und Opfererfahrungen konnte dadurch hergestellt werden, dass im Fragebogen 12 identische Handlungen – mit Ausnahme der aktiven und passiven Frageformulierung – vorgegeben wurden (vgl. Appendix II: Fragen 52 und 53).

Opfererfahrungen ist auf der statustiefsten Schulstufe am höchsten und auf der statushöchsten Schulstufe am tiefsten. Oder anders ausgedrückt: Die Schüler der statustiefsten Schulstufe sehen sich genau so oft in der Opferrolle wie die Schüler der statushöchsten Schulstufe, obwohl sich erstere deutlich häufiger in der Täterrolle wahrnehmen als letztere.

Analog dazu könnte sich auch bei den männlichen Absolventen statustiefer Schulstufen jene spezifische Haltung gegenüber der Opferrolle widerspiegeln, Opfererfahrungen weniger als solche wahrzunehmen. Auch die zweite Vermutung, wonach das häufige Praktizieren von Gewalt dazu führt, dass Opfererfahrungen bis zu einem gewissen Grad ausgeblendet werden, erscheint in diesem Kontext plausibel, zumal sich die männlichen Jugendlichen der statustiefsten Schulstufen als am gewalttätigsten ausgeben.

Bei den weiblichen Jugendlichen greift dieses Erklärungsmuster zu kurz. Schultypenspezifisch zeigt sich nämlich folgendes Ergebnis: Obwohl die Schülerinnen der verschiedenen Schulstufen sich in ihren Äußerungen über das Ausmaß an praktizierter Gewalt *nicht* unterscheiden, nehmen sich die Absolventinnen statustiefer Schulstufen in der Tendenz leicht häufiger als *Opfer* denn als Täterin wahr, die Absolventinnen der statushöchsten Schulstufe hingegen leicht häufiger als *Täterin* denn als Opfer. Wie lässt sich dieses schultypenspezifisch unterschiedliche Perzeptionsmuster bei den weiblichen Jugendlichen erklären? Da sich die weiblichen Jugendlichen der verschiedenen Schulstufen in Bezug auf ihre selbstberichteten Tätererfahrungen nicht unterscheiden, sind Erklärungen möglicherweise in ihrer *Lebenswelt* beziehungsweise der Wahrnehmung derselben zu suchen. Schülerinnen statushoher Schulstufen sehen sich leicht gewalttätigeren Mitschülern gegenüber, Schülerinnen statustiefer Schulstufen hingegen werden mit einem deutlich höheren Ausmaß an praktizierter Gewalt ihrer männlichen Mitschüler konfrontiert. Diese *indirekten* Gewalterfahrungen könnten dazu führen, dass die eigenen Opfererfahrungen unterschiedlich wahrgenommen werden. Es lässt sich vermuten, dass in einem gewalttätigen Umfeld Opfererfahrungen stärker als solche erfahren werden als in einem Umfeld, welches kaum oder wenig Gewalt aufweist.

Fassen wir zusammen: Im Gegensatz zu den männlichen Jugendlichen der statustiefen Schulstufen, welche sich deutlich häufiger als *Täter* denn als Opfer perzipieren, nehmen sich die weiblichen Jugendlichen derselben Schulstufen leicht häufiger als *Opfer* denn als Täterin wahr. Im Vergleich dazu sind bei den AbsolventInnen der statushöchsten Schulstufe *keine* Geschlechterunterschiede auszumachen: Sowohl die weiblichen als auch die männlichen Gymnasiasten sehen sich leicht häufiger in der Täter- als in der Opferrolle. Diese divergierenden Wahrnehmungsmuster lassen sich vermutlich auf den folgenden geschlechts- und schulstufenübergreifenden Erklärungsfaktor zurückführen: das *Selbstwertgefühl* der Jugendlichen. Jugendliche mit niedrigem Selbstwertgefühl weisen im Vergleich zu ihren Opfererfahrungen ein deutliches Übergewicht an Tätererfahrungen oder im Vergleich zu ihren Tätererfahrungen ein leichtes Übergewicht an Opfererfahrungen auf. Jugendliche mit ausgeprägtem Selbstwertgefühl hingegen zeigen in ihrem Erfahrensbereich ein relativ ausgeglichenes Täter-Opfer-Verhältnis beziehungsweise ein leichtes Übergewicht an Tätererfahrungen.

Betrachten wir abschließend die einzelnen Gewalthandlungen, fallen weitere wahrnehmungsbedingte Ergebnisse auf. Es zeigt sich, dass Beleidigungen und Beschimpfungen von den Jugendlichen häufiger als begangen denn als erlitten angegeben werden (84,6 zu 75,2 Prozent). Womit hängt dies zusammen? Eine mögliche Erklärung könnte sein, dass Beleidigungen und Beschimpfungen als am wenigsten schwerwiegend wahrgenommen und deshalb ohne weiteres zugegeben werden. Denkbar ist auch die bereits geäußerte Vermutung, wonach sich Jugendliche weniger als Opfer dieser Gewaltform wahrnehmen, weil sie diese relativ häufig selbst praktizieren. Bei Verleumdungen gestaltet sich das Täter-Opfer-Verhältnis umgekehrt: Jugendliche geben häufiger an, dass jemand Unwahrheiten über sie erzählt habe als dass sie diese Form von Gewalt selber ausgeführt hätten (69,1 zu 43,6 Prozent). Analog dazu lässt sich vermuten, dass Verleumdungen als schwerwiegendere Gewaltform wahrgenommen werden als Beschimpfungen und Beleidigungen und sich die Jugendlichen daher eher als Opfer denn als Täter sehen.

Ziel dieser Kapitel war, die Gewalterfahrungen der Jugendlichen auf dem Hintergrund ihrer Perzeption zu untersuchen. Die Befunde lassen den Schluss zu, dass Selbstberichte über Erfahrungen mit Gewalt davon abhängen, *wie* sie *wahrgenommen* werden, und deshalb *kein Abbild* der *objektiven Realität* darstellen.

8.5 Angst vor Gewalt

In einem weiteren Schritt wurde ein für die Gewaltperzeptionsforschung wichtiges Element untersucht: die Angst vor Gewalt. Es interessiert a) ob die SchülerInnen der Stadt Basel Gewalt in ihrer Lebenswelt als ein Problem wahrnehmen, das sie betrifft und ihnen Angst bereitet und b) wie sich die wahrgenommenen Ängste der Jugendlichen zu ihren selbstgeäußerten Gewalterfahrungen verhalten.

Hinsichtlich der Zuverlässigkeit der erhobenen Daten stellt sich die Frage, ob die perzipierten Ängste vor Gewalt auch als solche geäußert werden. Ängste gehören zum intimsten Bereich einer Person und werden deshalb in der Regel nicht öffentlich kommuniziert. Im Gegensatz zu den eigenen Tätererfahrungen bieten sie keinen Anlass zu Prahlereien. Es lässt sich daher vermuten, dass es Jugendliche gibt, denen es schwer fällt, ihre eigenen Ängste vor Gewalt mitzuteilen. Dieses Mitteilungsproblem dürfte unter den männlichen Jugendlichen verbreiteter sein als unter den weiblichen.

8.5.1 Personenzentrierte Angst vor Gewalt

Vor welchen Personen fürchten sich Jugendliche? Die SchülerInnen wurden gefragt, ob sie Angst hätten, dass ihnen 1) ihre Freunde oder Freundinnen, 2) Schüler oder Schülerinnen ihrer Schule, 3) andere Jugendliche und 4) Erwachsene Gewalt antun könnten.

Am verbreitetsten ist die *Angst vor Gewalt anderer Jugendlicher* (Abbildung 10). Insgesamt haben mehr als die Hälfte aller befragten SchülerInnen Angst (55,3 Prozent) – allerdings mit unterschiedlicher Intensität –, dass ihnen Jugendliche Gewalt antun könnten. Jugendgewalt scheint für die Jugendlichen selbst ein nicht zu unterschätzendes Problem darzustellen. Aus dieser Sicht ist die sowohl von der Öffentlichkeit wie auch von einem Großteil der Gewaltforschung getragene Haltung, Jugendgewalt auf den Bereich der Schule zu reduzieren, nicht verständlich.

Abbildung 10:   „Hast du Angst, dass dir ... Gewalt antun könnten?"

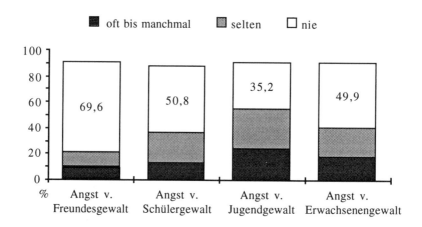

N zwischen 451 und 454.
An 100 fehlende Prozent betreffen die „weiß-nicht"-Antworten.

Deutlich weniger SchülerInnen haben *Angst vor Gewalt von Erwachsenen* (41,3 Prozent) und *Gewalt in der Schule* (37,1 Prozent). Diese Befunde lassen den Schluss zu, dass Gewalt unter Jugendlichen als ein schwerwiegenderes Problem wahrgenommen wird als Gewalt in der Schule.

Am wenigsten Angst zeigen die befragten SchülerInnen vor *Freundesgewalt*. Dennoch hat ein Fünftel aller Jugendlichen (21,1 Prozent) Angst vor Gewalt aus dem Freundeskreis.

Vergleich der Geschlechter
Das Angstprofil stellt sich etwas anders dar, wenn die Antworthäufigkeiten nach Geschlecht differenziert betrachtet werden. Weibliche Jugendliche haben insgesamt *häufiger* Angst vor Gewalt als männliche.

Abbildung 11: „Hast du Angst, dass dir ... Gewalt antun könnten?" differenziert nach Geschlecht, Anteile „oft", „manchmal" und „selten", Signifikanztest[1)]

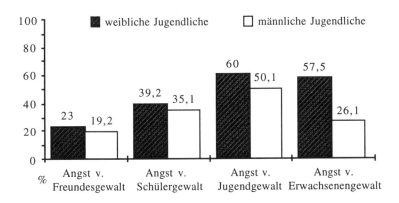

N zwischen 398 und 413.

1) *„Angst vor Gewalt von FreundInnen"*: Chi-Quadrat=0,957; df=1; p=0,327 (nicht signifikant). *„Angst vor Gewalt von SchülerInnen"*: Chi-Quadrat= 0,825; df=1; p=0,363 (nicht signifikant). *„Angst vor Gewalt von Jugendlichen"*: Chi-Quadrat =3,836; df=1; p=0,050 (nicht signifikant). *„Angst vor Gewalt von Erwachsenen"*: Chi-Quadrat=46,207; df=1; p=0,000 (***).

Hinsichtlich der Angst vor Gewalt von FreundInnen wie auch der Angst vor SchülerInnengewalt stehen die männlichen Jugendlichen jedoch den weiblichen kaum nach. Dieser Befund ist unter anderem auf die AbsolventInnen der statushöchsten Schulstufe zurückzuführen: Während sich die Gymnasiastinnen in diesen beiden Bereichen am wenigsten ängstigen, fürchten sich männliche Gymnasiasten häufiger vor SchülerInnengewalt und Gewalt aus dem Feundeskreis als ihre weiblichen Mitschülerinnen (34,5 zu 24 Prozent beziehungsweise 13,3 zu 7,7 Prozent).

In Anbetracht der Tatsache, dass männliche Gymnasiasten vorwiegend Opfer von verbaler Gewalt werden, erstaunt, dass jeder dritte Gymnasiast sich vor SchülerInnengewalt fürchtet. Wahrnehmungstheoretisch lässt sich die folgende Erklärung heranführen. Bei den Gymnasiastinnen ist eine auffällige Diskrepanz zwischen der eigenen Ausübung verbaler Gewalt und der Angst davor (in Form von Angst vor SchülerInnengewalt) erkennbar: Gymnasiastinnen praktizieren Gewalt vorwiegend im verbalen Bereich, sie fürchten sich jedoch kaum vor dieser Gewaltform. Es liegt die Vermutung nahe, dass weibliche Jugendliche des Gymnasiums verbale Gewalt als weniger schlimm wahrnehmen als ihre männlichen Mitschüler.

Deutlichere, wenn auch statistisch nicht signifikante Geschlechterunterschiede zeigen sich bei der Angst vor Gewalt von Jugendlichen. Während sich bei den weiblichen Jugendlichen 60 Prozent der Befragten vor Jugendgewalt ängstigen, sind es bei den männlichen Jugendlichen 50,1 Prozent. Hoch signifikant sind die geschlechtsspezifischen Unterschiede bei der Angst vor Erwachsenengewalt. Deutlich mehr als die Hälfte der weiblichen Jugendlichen fürchtet sich vor Erwachsenengewalt (57,5 Prozent), bei den männlichen Jugendlichen beträgt der Anteil etwas mehr als ein Viertel (26,1 Prozent). Wie lässt sich dieser Unterschied interpretieren? Als Erklärungsfaktor kann der Umstand, dass Frauen in stärkerem Maß von sexueller Gewalt betroffen sind als Männer, herangezogen werden. Die Folge ist, dass beim weiblichen Geschlecht Angst vor sexueller Gewalt relativ ausgeprägt ist. Ein Hinweis zur Klärung dieser ausgeprägten weiblichen Angst vor sexueller Gewalt kann möglicherweise darin gesehen werden, dass Mädchen bereits im frühen Kindesalter zu dieser Angst erzogen und mit Ratschlägen bedacht werden, welche ihre Bewegungsfreiheit und ihren Lebensraum einschränken. Diese anerzogene und gelernte Angst vor Gewalt gegen Frauen kann gemäß der Eidgenössischen Kommission für Jugendfragen (1991) auch die wiederholt gemachte Feststellung erklären, wonach weibliche Jugendliche eher zu einer introvertierten Freizeitgestaltung neigen.

Die geschlechtsspezifischen Unterschiede verstärken sich zusätzlich, wenn die *Intensität* der Ängste betrachtet wird: Weibliche Jugendliche geben signifikant häufiger als männliche an, sich „manchmal bis oft" vor Gewalt von FreundInnen (51 zu 25 Prozent), SchülerInnen (43,7 zu 28,4 Prozent) und Erwachsenen (50 zu 32,8 Prozent) zu ängstigen.[186]

Vergleich der Schultypen
Die SchülerInnen der verschiedenen Schulstufen unterscheiden sich insgesamt signifikant in ihren Ängsten vor Gewalt (Tabellen 12 und 13).
AbsolventInnen der statushöchsten Schulstufe fürchten sich am häufigsten vor Jugendgewalt (61,5 Prozent). Mit Abstand folgen Angst vor Erwachsenengewalt (46,5 Prozent), mit nochmals deutlicher Distanz Angst vor SchülerInnengewalt (28,7 Prozent). Eindeutig am wenigsten fürchten sie sich vor Gewalt aus dem Freundeskreis (10,2 Prozent).

Tabelle 12: Personenzentrierte Angst vor Gewalt, Anteile „oft", „manchmal" und „selten", differenziert nach Schultyp, Angaben in Prozent, Signifikanztest

Angstformen	Sekundar	Real	Gymnasium	Chi^2	Sig.[1]
Angst v. Freundesgewalt	34,2	22,8	10,2	22,451	***
Angst v. Schülergewalt	43,8	43,0	28,7	9,571	**
Angst v. Jugendgewalt	44,4	54,4	61,5	6,806	*
Angst v. Erwachsenengewalt	30,9	42,1	46,5	5,655	n.s.

N zwischen 424 und 426.
1) *** $p<0,001$; ** $p<0,01$; * $p<0,05$; n.s. bedeutet nicht signifikant.

AbsolventInnen der statusmittleren Schulstufe fürchten sich ebenfalls am meisten vor Jugendgewalt (54,4 Prozent), jedoch nicht so ausgeprägt wie die AbsolventInnen der höheren Schulstufe. Mit geringem Abstand folgen die Ängste vor Schüler- und Erwachsenengewalt (43 und 42,1 Prozent). Im Vergleich dazu sind die Angstwerte auf der statustiefsten Schulstufe relativ ausgeglichen: So ängstigen sich SekundarschülerInnen etwa gleich oft vor Ju-

---

[186] Signifikanztest zwischen den weiblichen und männlichen Jugendlichen hinsichtlich der *Intensität* der Angst („manchmal bis oft" und „selten"): *„Angst vor Gewalt von FreundInnen"*. Chi-Quadrat=6,705; df=1; p=0,009 (**). *„Angst vor Gewalt von SchülerInnen"*: Chi-Quadrat=4,236; df=1; p=0,039 (*). *„Angst vor Gewalt von Erwachsenen"*: Chi-Quadrat=4,933; df=1; p=0,026 (*). Beim Item *„Angst vor Gewalt von Jugendlichen"* sind die Unterschiede statistisch nicht signifikant: Chi-Quadrat=0,285; df=1; p=0,593.

gend- wie vor Schülergewalt (44,4 und 43,8 Prozent) und nur gering weniger oft vor Gewalt von Freunden und Erwachsenen (34,2 und 30,9 Prozent).
Die schulspezifischen Ängste verändern sich in ihrem Gesamtbild, wenn die *Intensität* der Ängste beigezogen wird (Tabelle 13): Die *stärksten* Gewaltängste nehmen mit *auf*steigender Schulstufe deutlich *ab*.[187]

Tabelle 13: Stärkste Ausprägungen („manchmal und oft") der personenzentrierten Angst differenziert nach Schultyp, Angaben in Prozent, Signifikanztest

Angstformen	Sekundar	Real	Gymnasium	Chi^2	Sig.[1]
Angst v. Freundesgewalt	63,0	30,6	10,5	14,222	***
Angst v. Schülergewalt	54,3	39,7	14,8	16,161	***
Angst v. Jugendgewalt	63,9	43,0	38,3	7,352	*
Angst v. Erwachsenengewalt	52,0	46,3	36,0	2,774	n.s.[2]

N zwischen 82 und 237.
1) *** p<0,001; * p<0,05; n.s. bedeutet nicht signifikant.
2) Obwohl die Unterschiede statistisch nicht signifikant sind, ist auch bei diesem Item die Tendenz einer Abnahme der stärksten Angstausprägungen mit aufsteigender Schulstufe erkennbar.

Betrachten wir die verschiedenen Schultypen geschlechtsspezifisch, beschränken sich die Unterschiede bei den weiblichen Jugendlichen auf Angst vor Gewalt aus dem Freundeskreis und der Schule. In diesen beiden Fällen nehmen die Angstwerte mit *auf*steigender Schulstufe *ab* (Abbildung 12).
Am häufigsten ängstigen sich Sekundarschülerinnen (53,3 Prozent) vor Freundesgewalt, am wenigsten die Gymnasiastinnen (7,7 Prozent); die Realschülerinnen liegen mit ihren Werten dazwischen (29,5 Prozent).
Das selbe Verhältnis zeigt sich bei der Angst vor Schülergewalt. Während Sekundarschülerinnen mit einem Anteil von fast zwei Dritteln (63,3 Prozent) am meisten Angst vor Gewalt in der Schule äußern, ängstigen sich genau die Hälfte der Realschülerinnen (50 Prozent) und knapp ein Viertel der Gymnasiastinnen (24 Prozent) vor Gewalt, die von SchülerInnen ausgeht.
Während sich Schülerinnen der statustiefsten Schulstufe leicht häufiger vor Schüler- als vor Jugendgewalt ängstigen, kehrt sich das Verhältnis bei den Schülerinnen der statushohen Schulstufe: Gymnasiastinnen fürchten sich

---

187 Aufgrund geringer N-Werte bei einzelnen Zellen lassen sich die verschiedenen Schultypen nicht geschlechtsspezifisch analysieren.

deutlich häufiger vor Gewalt von Jugendlichen als vor Gewalt in der Schule (61,2 und 24 Prozent). Letzter Befund führt zur Vermutung, dass das Gymnasium als Lebensbereich wahrgenommen wird, der relativ gewaltfrei ist und in dem die eigenen Gewalttätigkeiten als harmlos eingestuft werden.

Abbildung 12: Weibliche Ängste vor Gewalt: „Hast du Angst, dass dir ... Gewalt antun könnten?" differenziert nach Schultyp, Anteile „oft", „manchmal" und „selten", Signifikanztest[1)]

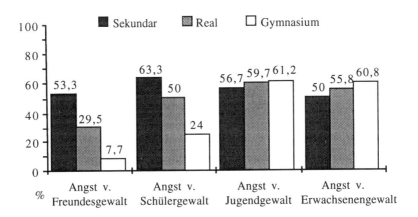

N zwischen 209 und 212.

1) „*Angst vor Gewalt von FreundInnen*": Chi-Quadrat=31,938; df=2; p=0,000 (***). „*Angst vor Gewalt von SchülerInnen*": Chi-Quadrat=21,188; df=2; p= 0,000 (***). „*Angst vor Gewalt von Jugendlichen*": Chi-Quadrat=0,199; df=2; p=0,905 (nicht signifikant). „*Angst vor Gewalt von Erwachsenen*": Chi-Quadrat =1,225; df=2; p=0,541 (nicht signifikant).

Vergleichen wir die ausgeprägte bildungsspezifische Angst der weiblichen Jugendlichen vor Schüler- und Freundesgewalt mit den eigenen *Täter-* und *Opfererfahrungen*, lässt sich folgendes Ergebnis ausmachen: Jugendliche aller Schulstufen ängstigen sich deutlich häufiger vor Schüler- und Freundesgewalt als sie selber Gewalt praktizieren oder Opfer davon werden. Bildungsspezifische Unterschiede zeigen sich jedoch im *Ausmaß* der Diskrepanz zwischen den Angst- und den Täter-/Opferwerten: Bei den Schülerinnen der statustiefen Schulstufen unterscheiden sich die Angstwerte *stärker* von den Täter-/Opferwerten als bei den Schülerinnen statushoher Schulstufen. Konkret heißt das, dass sich Sekundarschülerinnen deutlich häufiger vor Schüler-

und Freundesgewalt ängstigen als Gymnasiastinnen, obwohl sie gleich oft selber Gewalt praktizieren wie die Gymnasiastinnen und nur leicht häufiger Opfer von Gewalt werden. Eine Erklärung lässt sich wiederum in der *Lebenswelt* der weiblichen Jugendlichen beziehungsweise in der Wahrnehmung derselben auffinden. Wie bei den Opfererfahrungen aufgezeigt wurde, werden Schülerinnen statustiefer Schultypen mit einem deutlich höheren Ausmaß an Gewalt ihrer männlichen Mitschüler konfrontiert als Schülerinnen statushoher Schultypen. Analog der Vermutung, dass in einem gewalttätigen Umfeld Opfererfahrungen stärker als solche wahrgenommen werden als in einem Umfeld, welches kaum bis wenig Gewalt aufweist, lässt sich ebenfalls mutmaßen, dass mit dem Ausmaß indirekter Gewalterfahrungen auch die Ängste zunehmen.

Abbildung 13: Männliche Ängste vor Gewalt: „Hast du Angst, dass dir ... Gewalt antun könnten?" differenziert nach Schultyp, Anteile „oft", „manchmal" und „selten", Signifikanztest[1)]

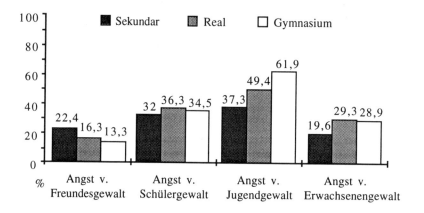

N zwischen 212 und 216.

1) „*Angst vor Gewalt von FreundInnen*": Chi-Quadrat=1,896; df=2; p=0,387; (nicht signifikant). „*Angst vor Gewalt von SchülerInnen*": Chi-Quadrat=0,245; df=2; p=0,884 (nicht signifikant). „*Angst vor Gewalt von Jugendlichen*": Chi-Quadrat=7,927; df=2; p=0,018 (*). „*Angst vor Gewalt von Erwachsenen*": Chi-Quadrat=1,786; df=2; p=0,409 (nicht signifikant).

Im Gegensatz zu den weiblichen Jugendlichen weisen die männlichen signifikante schulspezifische Unterschiede in der Angst vor Jugendgewalt auf, hinsichtlich der Angst vor Gewalt von FreundInnen, SchülerInnen und Erwachsenen unterscheiden sich die Absolventen der verschiedenen Schulstufen nicht.

Vergleichen wir wiederum die Befunde zur Gewaltangst mit den eigenen *Opfer*erfahrungen, lässt sich für die männlichen Jugendlichen folgendes bildungsspezifische Ergebnis ausmachen: Obwohl Absolventen statushoher Schulstufen kaum weniger oft Opfer von Jugendgewalt werden als Absolventen statustiefer Schulstufen, ängstigen sie sich deutlich häufiger davor, Opfer von Gewalt Jugendlicher zu werden. Der Befund lässt sich wiederum auf *indirekte Gewalterfahrungen* in der *Lebenswelt* der Jugendlichen zurückführen: Gymnasiasten perzipieren in ihrer Freizeit ein im Vergleich zu ihren eigenen Gewaltaktivitäten höheres Ausmass an Gewalt von Jugendlichen, welches – wie die referierten Ergebnisse in Kapitel 8.1 zeigen – vorwiegend auf das Konto der Absolventen *statustiefer* Schulstufen geht.

8.5.2 Formenzentrierte Angst vor Gewalt

Vor welchen Gewaltformen fürchten sich Jugendliche? Den SchülerInnen wurden im Anschluss an die Darstellung von Fallbeispielen die Fragen gestellt, ob sie Angst davor hätten, dass 1) ihnen jemand etwas zerstören, 2) sie jemand erpressen, 3) sie jemand nötigen, 4) sie FreundInnen zu etwas zwingen und 5) sie jemand beleidigen könnte(n).[188]

Die Ergebnisse zeigen deutlich, dass Jugendliche in erster Linie Angst vor *Beschädigungen eigenen Besitzes* haben: 58,6 Prozent der Befragten sagen, sie hätten Angst, dass ihnen jemand etwas zerstören könnte; davon 7,7 Prozent „oft" und die Hälfte (50,9 Prozent) „ab und zu" (Tabelle 14). Die Brugger Untersuchung zur Gewaltperzeption im Jugendalter kommt auf ein ähnliches Resultat: Sachbeschädigung nimmt bei den weiblichen wie auch bei den männlichen Jugendlichen einen höheren Stellenwert ein als Erpressung und Nötigung (siehe dazu Kapitel 3.5). Deutet dieses Ergebnis, wonach Gewalt gegen Sachen bei den befragten Jugendlichen mit größeren Ängsten verbunden ist als Angst vor Gewalt gegen Personen auf eine ausgeprägte materialistische Orientierung der Jugendlichen hin?

---

188 Da die erwähnten Fallbeispiele darauf ausgerichtet sind, Reaktionen auf psychische/verbale Gewalt und Gewalt gegen Sachen zu untersuchen, fehlt die Variable „Angst vor *physischer* Gewalt". Weiter muss angemerkt werden, dass die Fragen nach Angst vor verschiedenen Gewaltformen im Kontext von Fallbeispielen erhoben wurden, weshalb die Antworten nur bedingt verallgemeinert werden können.

Tabelle 14: Angst vor verschiedenen Gewaltformen, Anteile „oft", „ab und zu" und „nie", Angaben in Prozent

Angstformen	Anteile „oft" und „ab und zu" insgesamt	Anteile „*oft*"	Anteile „*ab und zu*"	Anteile „*nie*"
Angst vor Beschädigung eigenen Besitzes	58,6	7,7	50,8	25,2
Angst vor Erpressung mit Waffe	48,3	9,5	38,8	34,6
Angst vor Nötigung durch fremde Jugendliche	33,0	4,2	28,8	44,0
Angst vor Nötigung durch FreundInnen	20,7	2,4	18,2	64,0
Angst vor Beleidigungen durch jüngere SchülerInnen	19,7	3,1	16,6	66,4

N zwischen 450 und 456.
An 100 fehlende Prozent betreffen die „weiß-nicht"-Antworten.

Vergleich der Geschlechter
Bei beiden Geschlechtern ist die *Angst vor Beschädigung eigenen Besitzes* am ausgeprägtesten (Abbildung 14). Hinsichtlich der *Intensität* lassen sich signifikante geschlechtsspezifische Unterschiede erkennen: Weibliche Jugendliche geben leicht häufiger als männliche an, *oft* Angst davor zu haben, dass ihnen jemand etwas zerstören könnte (17,3 zu 8,6 Prozent).[189]

Unter weiblichen Jugendlichen ist die Angst vor Erpressung mit einer Waffe fast ebenso verbreitet ist wie die Angst vor Beschädigung eigenen Besitzes (62,3 beziehungsweise 60,5 Prozent).

Bei den männlichen Jugendlichen hingegen ist die Angst vor Beschädigung eigenen Besitzes am häufigsten, während Angst vor Erpressung mit einer Waffe deutlich seltener vorkommt (54,9 beziehungsweise 36,8 Prozent). Diese Befunde verweisen auf ausgeprägte Unterschiede zwischen den Geschlechtern, welche sich zusammengefasst darin zeigen, dass *weibliche* Jugendliche bei allen vorgegebenen Gewaltformen deutlich *höhere* Angstwerte aufweisen als männliche.

---

189 Chi-Quadrat=4,400; df=1; p=0,035 (*). N=267. Bei den übrigen Items („*Angst vor Erpressung mit Waffe*", „*Angst vor Nötigung durch fremde Jugendliche*", „*Angst vor Nötigung durch FreundInnen*" und „*Angst vor Beleidigung durch jüngere SchülerInnen*" sind die geschlechtsspezifischen Unterschiede statistisch nicht signifikant.

Abbildung 14: Angst vor verschiedenen Gewaltformen differenziert nach Geschlecht, Anteile „oft" und „ab und zu", Signifikanztest[1)]

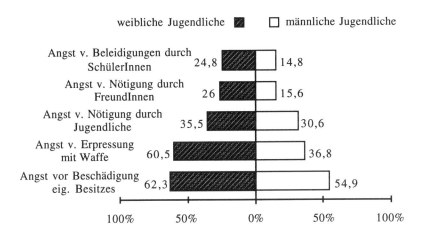

N zwischen 450 und 456.

1) *„Angst vor Beleidigungen durch jüngere SchülerInnen"*: Chi-Quadrat=7,132; df=1; p=0,007 (**). *„Angst vor Nötigung durch FreundInnen"*: Chi-Quadrat= 7,477; df=1; p=0,006 (**). *„Angst vor Nötigung durch fremde Jugendliche"*: Chi-Quadrat=1,202; df=1; p=0,272 (nicht signifikant). *„Angst vor Erpressung mit Waffe"*: Chi-Quadrat=25,255; df=1; p=0,000 (***). *„Angst vor Beschädigung eigenen Besitzes"*: Chi-Quadrat=2,568; df=1; p=0,109 (nicht signifikant).

Vergleich der Schultypen
Weitere Unterschiede bestehen in geschlechtsspezifischer Hinsicht zwischen den verschiedenen Schultypen. Auffällig ist, dass bei allen Gewaltformen außer „Beschädigung eigenen Besitzes" – hier halten die Realschülerinnen mit 74,4 Prozent den höchsten Angstwert aller befragten Jugendlichen inne – die Angstwerte mit *auf*steigendem Schultyp *ab*nehmen. Während beispielsweise 40 Prozent der Sekundarschülerinnen Angst vor Beleidigungen durch jüngere SchülerInnen äußern, sind es bei den Realschülerinnen etwas mehr als ein Viertel (28,6 Prozent), bei den Gymnasiastinnen ein Siebtel (15,2 Prozent).

Abbildung 15: „Hast du Angst, dass dich deine FreundInnen zu etwas zwingen könnten?" differenziert nach Schultyp und Geschlecht, Anteile „oft" und „ab und zu", Signifikanztest[1])

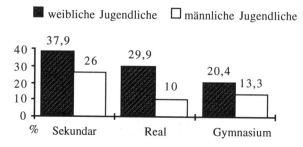

N=422.

1) Signifikanztest zwischen den *weiblichen* Schülern der verschiedenen Schulstufen: Chi-Quadrat=5,997; df=2; p=0,049 (*). Signifikanztest zwischen den *männlichen* Schülern der verschiedenen Schulstufen: Chi-Quadrat=6,550; df=2; p=0,037 (*).

Bei den männlichen Jugendlichen zeigt sich schultypenspezifisch ein anderes Bild. Nur bei einer Gewaltform unterscheiden sich die männlichen Absolventen der verschiedenen Schultypen: hinsichtlich der *Angst vor Nötigung aus dem Freundeskreis* (Abbildung 15). Ähnlich den weiblichen Jugendlichen weisen die *Sekundarschüler* bei dieser Gewaltform die höchsten Angstwerte auf (26 Prozent). Deutlich weniger von dieser Art Angst betroffen sind die Gymnasiasten (13,3 Prozent), gefolgt von den Realschülern, welche die tiefsten Angstwerte aufweisen (10 Prozent). Demzufolge ängstigen sich sowohl die weiblichen als auch die männlichen Absolventen der Sekundarschule mit Abstand am häufigsten davor, dass sie von ihren FreundInnen zu etwas gezwungen werden könnten. Tragen wir dem Umstand Rechnung, dass die weiblichen Jugendlichen höhere Angstwerte aufweisen als die männlichen, so lässt sich schließen, dass die Angst vor einer Nötigung durch FreundInnen bei den *Sekundarschülerinnen* am verbreitetsten ist (47,8 Prozent). [190]

In Bezug auf die *Intensität* der Ängste zeigt sich schultypenspezifisch wiederum das aufschlussreiche Bild, wonach die stärkste Angstausprägung

---

190 Das selbe Bild zeigt sich, wie aufgezeigt wurde, bei der Angst vor Gewalt von FreundInnen allgemein: Die Sekundarschülerinnen weisen auch hier die höchsten Angstwerte auf (53,3 Prozent).
Interessant wäre die Frage, ob sich die Angst der Sekundarschülerinnen auf männliche und/oder weibliche Freunde bezieht.

mit *auf*steigender Schulstufe *ab*nimmt:[191] SekundarschülerInnen geben häufiger als RealschülerInnen und RealschülerInnen häufiger als GymnasiastInnen an, oft Angst davor zu haben, dass ihnen jemand etwas beschädigen (21,7 zu 17 zu 5,9 Prozent) oder dass sie jemand mit einer Waffe erpressen könnte (37,2 zu 17,1 zu 11,3 Prozent).[192]

Insgesamt lässt sich festhalten, dass unter Basler Jugendlichen Ängste vor Gewalt recht verbreitet sind. Was das Ausmaß dieser Ängste betrifft, zeigt sich eine Diskrepanz zu den von den Jugendlichen geäußerten Täter- und Opfererfahrungen: Es werden deutlich häufiger Ängste genannt als selbsterfahrene Täter- oder Opfererlebnisse. Nähere Betrachtungen lassen die Vermutung zu, dass die Gewaltängste der Jugendlichen unter anderem auf *indirekte Erfahrungen* zurückzuführen sind. Albrecht (1997:70f) bestätigt diese Vermutung. Seinen Ausführungen zufolge stellen Gewalterfahrungen keinen aussagekräftigen Erklärungsfaktor für die Entstehung von Kriminalitätsangst dar. Ausschlaggebender sind Faktoren wie indirekte Erfahrungen aus dem sozialen Nahraum, die Medienberichterstattung und auch bestimmte Persönlichkeitsmerkmale (erwähnt wird beispielsweise eine negative Lebenseinstellung).[193]

Die Kriminalitätsfurcht, welche sich in den Äußerungen der Jugendlichen widerspiegelt, zeigt sich verstärkt bei Frauen (Albrecht 1997:69f), obwohl das Risiko, Opfer eines Gewaltdeliktes zu werden, deutlich geringer ist als bei Männern.[194] Dass in dieser Untersuchung die Diskrepanz zwischen den Angst- und den Opferwerten bei den weiblichen Jugendlichen größer ist als bei den männlichen, untermauert diese Vermutung. Bestätigung erhält sie auch aus der Zürcher Untersuchung zu Delinquenz und Gewalt (Branger & Liechti 1995), welche aufzeigt, dass männliche Jugendliche, obwohl sie deutlich häufiger als weibliche Jugendliche Opfer von physischer Gewalt in der Schule werden, weniger als die weiblichen Jugendlichen Angst äußern, sie könnten in der Schule oder auf dem Schulweg von MitschülerInnen geschlagen werden.

---

191 Aufgrund geringer N-Werte bei einzelnen Zellen lassen sich die verschiedenen Schultypen nicht geschlechtsspezifisch analysieren.
192 „Angst vor Beschädigung eigenen Besitzes": Chi-Quadrat=8,749; df=2; p=0,012 (*).
„Angst vor Erpressung mit Waffe": Chi-Quadrat=12,571; df=2; p=0,001 (***).
193 Im weiteren ist Kriminalitätsangst in der großstädtischen Bevölkerung verbreiteter als in der Landbevölkerung.
194 Gemäß Albrecht (1997:60) ist das Risiko, Opfer eines Gewaltdeliktes zu werden, bei *jungen Männern* am größten. Die Argumentation des Autors ist allerdings fragwürdig, fußt sie doch auf dem seit längerer Zeit in Frage gestellten Geschlechterstereotyp, wonach Männer als aktiv und Frauen als passiv gelten: „Danach sind nach außen orientierte, aktive Menschen, die häufig ausgehen und insbesondere auch abenteuerlichen Situationen nicht abgeneigt sind, eher dem Risiko ausgesetzt, Opfer zu werden."

Kapitel 9
Zusammenfassung der Befunde zur Gewaltperzeption bei Jugendlichen

9.1 Ergebnis-/Thesenverzeichnis

Im Bereich der Gewaltperzeptionsforschung bei Jugendlichen liegen differenzierte und für die Entwicklung einer Soziologie der Gewalt aufschlussreiche Resultate und weiterführende Hypothesen vor. Im folgenden soll anhand einer Kompilation ein *Verzeichnis* der zentralen *empirischen Befunde* beziehungsweise *Thesen zur Gewaltperzeption* geschaffen werden. Das Verzeichnis erhebt keinen Anspruch auf Vollständigkeit, vielmehr ist es im Verlauf des wissenschaftlichen Diskurses zu ergänzen und zu revidieren.

(Die beigefügten Klammern verweisen auf die Kapitel, in denen die Ergebnisse/Thesen ausführlicher besprochen werden.)

A) Ergebnisse/Thesen zum Gewaltbegriff der Jugendlichen

- Jugendliche beurteilen Gewalt negativ (3.5).
- Jugendliche beurteilen Gewalt weniger schwerwiegend als Erwachsene (3.5).
- Mit zunehmendem Alter wird Gewalt schwerwiegender beurteilt (3.5).
- Im Gegensatz zu den Erwachsenen zeigt sich bei Jugendlichen der Trend zu einer höheren Toleranzschwelle gegenüber Gewalt: Jugendliche beurteilen Gewalt zunehmend weniger schlimm (3.5).
- Bei Jugendlichen ist eine zunehmende Sensibilisierung gegenüber psychischer Gewalt erkennbar (7.10).
- AbsolventInnen statustiefer Schulstufen beurteilen Gewalt gleich negativ wie AbsolventInnen statushoher Schulstufen (3.5).
- Weibliche Jugendliche beurteilen Gewalt negativer/schlimmer als männliche (3.5).
- Bei der Beurteilung von Gewalt ist eine Annäherung zwischen den Geschlechtern festzustellen: Weibliche Jugendliche schätzen Gewalt zunehmend weniger schlimm ein, männliche Jugendliche hingegen zunehmend schlimmer (3.5).

- Weibliche Jugendliche schätzen verbale Gewalt schlimmer ein als männliche. Männliche Jugendliche schätzen Strafen schlimmer ein als weibliche (3.5).
- Sachbeschädigung wird von Jugendlichen beider Geschlechter als schwerwiegender beurteilt als Gewalt gegen Personen (3.5).
- Jugendliche nehmen Sachbeschädigung nicht als eine Gewalthandlung wahr. Sie verfügen über einen personenzentrierten Gewaltbegriff (7.6).
- Bei Jugendlichen ist die Thematik „Gewalt in der Familie" mit einem Tabu behaftet: Äußerungen dazu werden verweigert oder stereotypisiert (7).
- Männliche Jugendliche assoziieren häufiger als weibliche ethnische Gewalt (7.4).
- Männliche Jugendliche schweizerischer Herkunft assoziieren häufiger als männliche Jugendliche ausländischer Herkunft ethnische Gewalt (7.4).
- Im Rahmen ethnischer Gewalt perzipieren weibliche Jugendliche ausländische Staatsangehörige tendenziell in der Rolle der Opfer. Männliche Jugendliche hingegen perzipieren ausländische Staatsangehörige tendenziell in der Rolle der Täter (7.4).
- Männliche Jugendliche assoziieren häufiger als weibliche Gewalt im Sport und im Zusammenhang mit Sport (7.7).
- AbsolventInnen statushoher Schulstufen assoziieren häufiger Gewalt im Sport und im Zusammenhang mit Sport als AbsolventInnen statustiefer Schulstufen (7.7).
- Weibliche Jugendliche assoziieren häufiger als männliche sexuelle Gewalt (7.8).

B) Ergebnisse/Thesen zur Gewalt- und Aggressionsbereitschaft

- Männliche Jugendliche sind eher bereit, physische Gewalt anzuwenden als weibliche (3.5).
- Männliche Jugendliche weisen in Bezug auf Gewalt punitivere Einstellungen auf als weibliche: Sie sind eher bereit, eine Gewalthandlung zu bestrafen (3.5).
- Jugendliche, welche Gewalt befürworten, sind vorwiegend männlichen Geschlechtes und besuchen eher statustiefe Schulstufen (3.5).

- In Wutsituationen besteht bei männlichen Jugendlichen eine höhere Bereitschaft zu gewalttätigen oder aggressiven Handlungen als bei weiblichen (7.9).
- In Wutsituationen besteht bei männlichen Jugendlichen eine höhere Bercitschaft zu physischer Gewalt als bei weiblichen (7.9).
- In Wutsituationen besteht bei weiblichen Jugendlichen eine höhere Bereitschaft, Aggressionen gegen sich selbst zu richten als bei männlichen (7.9).
- In Wutsituationen besteht bei weiblichen Jugendlichen eine höhere Bereitschaft zu Ersatzhandlungen – aggressiver oder nicht-aggressiver Art – als bei männlichen (7.9).
- In Wutsituationen nimmt die Bereitschaft zu physischer Gewalt mit aufsteigender Schulstufe ab: Während AbsolventInnen der statustiefsten Schulstufe am häufigsten vorgeben, im Falle von Wut mit physischer Gewalt zu reagieren, ist diese Handlungsoption bei AbsolventInnen der statushöchsten Schulstufe am wenigsten verbreitet (7.9).
- In Wutsituationen verfügen weibliche Jugendliche über eine höhere Anzahl Handlungsoptionen als männliche (7.9).

C) Ergebnisse/Thesen zu den Gewalterfahrungen der Jugendlichen

- Männliche Jugendliche sind gewalttätiger als weibliche Jugendliche (8.1).
- Die Tätererfahrungen der weiblichen Jugendlichen nehmen stärker zu als jene der männlichen Jugendlichen (7.9).
- Geschlechtsspezifische Tätererfahrungen stehen im Zusammenhang mit der Schwere der Gewaltform: Je schwerwiegender eine Gewalthandlung, desto größer sind die Unterschiede zwischen den Geschlechtern; der Anteil männlicher Jugendlicher nimmt zu (8.1).
- Das Ausüben schwerwiegender physischer Gewaltformen nimmt mit aufsteigender Schulstufe ab. Am verbreitetsten ist diese Gewaltform bei AbsolventInnen der statustiefsten Schulstufe, am wenigsten praktizieren sie AbsolventInnen der statushöchsten Schulstufe (8.1).
- Die Tätererfahrungen widerspiegeln sich in den Täterzuschreibungen: Jugendliche, welche am häufigsten Gewalt praktizieren, bezeichnen sich selbst als am gewalttätigsten (8.1).
- Am häufigsten praktizieren Jugendliche verbale Gewalt (8.1).

- Im Bereich der verbalen Gewalt sind weibliche Jugendliche nicht aktiver als männliche Jugendliche (8.1).
- Die Sensibilisierung gegenüber verbaler Gewalt nimmt mit aufsteigender Schulstufe zu (8.1).
- Männliche Jugendliche werden nicht häufiger Opfer von Gewalt als weibliche (8.3).
- Männliche Jugendliche werden häufiger als weibliche Opfer von physischer Gewalt – mit Ausnahme sexueller Gewalt (8.3).
- Weibliche Jugendliche werden häufiger Opfer von verbaler wie auch sexueller Gewalt als männliche Jugendliche (8.3).
- Am häufigsten werden Jugendliche Opfer von verbaler Gewalt (8.3).

D) *Ergebnisse/Thesen zu den Täter- und Opfererfahrungen im Vergleich*
- Häufiges Praktizieren von Gewalt führt dazu, dass eigene Opfererfahrungen weniger als solche wahrgenommen werden (8.4).
- Indirekte Erfahrungen mit Gewalt führen dazu, dass eigene Opfererfahrungen verstärkt als solche wahrgenommen werden (8.4).
- Männliche Jugendliche nehmen sich häufiger in der Täter- als in der Opferrolle wahr. Weibliche Jugendliche hingegen sehen sich gleich oft in der Täter- wie in der Opferrolle (8.4).
- Männliche Jugendliche statustiefer Schulstufen nehmen sich gleich oft in der Opferrolle wahr wie männliche Jugendliche statushoher Schulstufen, obwohl erstere sich als gewalttätiger geben als letztere (8.4).
- Weibliche Jugendliche statustiefer Schultypen nehmen sich häufiger in der Opfer- als in der Täterrolle wahr, weibliche Jugendliche statushoher Schulstufen hingegen häufiger in der Täter- als in der Opferrolle (8.4).

E) *Ergebnisse/Thesen zur Jugendgewalt zweier Schweizer Städte im Vergleich*
- Jugendliche der Stadt Basel sind nicht gewalttätiger als Jugendliche der Stadt Zürich (8.2).
- Die Tätererfahrungen weiblicher Basler Jugendlichen unterscheiden sich von jenen weiblicher Zürcher Jugendlichen: Bei den tendenziell eher den psychischen als auch den Sachbereich betreffenden Formen von Gewalt erweisen sich weibliche Basler Jugendliche aktiver als weibliche Zürcher Jugendliche. Gerade umgekehrt verhält es sich bei physischen Gewalttä-

tigkeiten allein oder in der Gruppe. Diese Formen von Gewalt praktizieren weibliche Zürcher Jugendliche häufiger als weibliche Basler Jugendliche (8.2).

F) Ergebnisse/Thesen zu den Ängsten der Jugendlichen vor Gewalt

- Gewaltängste sind eher auf *indirekte* als auf direkte Gewalterfahrungen zurückzuführen (8.5).
- Weibliche Jugendliche äußern häufiger Angst vor Gewalt als männliche Jugendliche (8.5).
- Weibliche Jugendliche haben stärkere Ängste vor Gewalt als männliche Jugendliche (8.5).
- Weibliche Jugendliche haben stärkere Ängste vor Beschädigungen eigenen Besitzes als männliche (8.5).
- Jugendliche beider Geschlechter ängstigen sich häufiger vor Beschädigungen eigenen Besitzes als vor Gewalt von Personen (8.5).
- Angst vor Gewalt nimmt mit aufsteigender Schulstufe ab: AbsolventInnen der statustiefsten Schulstufe ängstigen sich am häufigsten vor Gewalt, am wenigsten AbsolventInnen der statushöchsten Schulstufe (8.5).

9.2 Schlussbemerkungen und Ausblick

Die vorliegende Studie hat einerseits zum Ziel, auf explorative Weise die qualitativen und quantitativen Aspekte der Gewaltperzeption der Jugendlichen im Zusammenhang mit der Lebenswelt zu untersuchen. Andererseits soll ein methodisches Instrumentarium zur Erfassung von Gewaltperzeptionsmustern entwickelt und empirisch getestet werden.

Im Mittelpunkt standen 462 SchülerInnen der 8. Klasse in der Stadt Basel. Basel bietet als zweitgrößte Schweizer Stadt die Gelegenheit, einen repräsentativen Querschnitt einer bestimmten Bevölkerungsgruppe zu erfassen – in diesem Fall Jugendliche im Alter von 15 Jahren im urbanen Raum. Die Einschränkung auf eine Altersgruppe ermöglicht eine maximale Vergleichbarkeit, bedingt jedoch, dass keine Alterskontrastierungen vorgenommen werden können.

Ein exploratives Vorgehen wurde notwendig, weil der Stand der Gewaltperzeptionsforschung sowohl in methodischer wie auch inhaltlicher Hinsicht für die Bearbeitung der Fragestellung nicht die Möglichkeit bot, auf elaborierte und konsolidierte Befunde zurückzugreifen. Des weiteren sollten theoretische Ansätze, Diskussionen und Ergebnisse der (Jugend-)Gewaltforschung in die Untersuchung einfließen, die bisher in der Gewaltperzeptionsforschung unberücksichtigt geblieben sind.

Die Fragestellung, wie Jugendliche Gewalt perzipieren, wurde auf ein Strukturmerkmal der Gewaltperzeption beziehungsweise des Gewaltkonzeptes eingeschränkt: den Gewaltbegriff. So war zusammenfassend zu explorieren, wie sich *erstens* der Gewaltbegriff der Jugendlichen äußert, *zweitens*, welche geschlechts- (und bildungsspezifischen)[195] Ausprägungen sich explizieren lassen und ob sich *drittens* dieselben hinsichtlich der Lebenswelt, spezifisch der verschiedenen Lebensbereiche und deren Handlungskontexte in Bezug auf den Gewaltbegriff dimensionieren.

Ausgangspunkt des theoretischen Argumentationsrahmens bildet eine aus verschiedenen Aspekten bestehende theoretische Erfassung der Untersuchungsgegenstände Jugend und Gewalt, mit dem Ziel, dieselben begrifflich zu bestimmen. Der Zugriff auf die angesprochene Thematik geschieht durch eine historisch und soziologisch angelegte Auseinandersetzung mit dem Wandel der Ausgestaltung der Jugendphase sowie einer vertieften Diskussion um das Phänomen (Jugend-)Gewalt. Neben dieser Annäherung ist – mangels theoretischer Ansätze zur Erfassung der jugendlichen Gewaltperzeption – auf dem Hintergrund zweier sozialphilosophischer Ansätze ein Konzept erarbeitet worden, welches darauf ausgerichtet ist, die Entstehung von (Gewalt-)Perzeptionen zu ergründen und divergierende Ausprägungsmuster zu erklären.

Mit der Schützschen Lebenswelt-Theorie und des Distinktions-Ansatzes von Bourdieu ist es gelungen, aufzuzeigen, dass geschlechts- (und bildungsspezifische) Differenzen der Gewaltperzeption bereits in den Grundstrukturen der Lebenswelt der Jugendlichen vorhanden und dort verankert sind. Zudem gewinnt das Konzept durch seine spezifische Ausrichtung, in umgekehrter Richtung von der Lebenswelt auf die differenten Gewaltperzeptionen zu schließen, zusätzlich an Erklärungskraft.

Erweiterungsmöglichkeiten beziehungsweise Schwächen des Theoriekonzeptes lassen sich im Bereich des Bourdieuschen Distinktions-Ansatzes ausmachen: Obwohl Unterschiede zwischen den Geschlechtern (als auch im Bildungsstatus) aufgezeigt werden konnten, ist die Ausgestaltung der Distinktionsmechanismen ungenügend ausdifferenziert und in der Argumentation fehlt es an einer theoretischen Erklärung derselben.[196] Letzteres könnte

---

195 Der Schwerpunkt dieser Untersuchung liegt auf der Erfassung des geschlechtsspezifischen Gewaltbegriffs, was bedingt, dass der bildungsspezifische Aspekt eine Nebenrolle innehält und deshalb in Klammern beigefügt wird.

196 Ersteres kann vermutlich darauf zurückgeführt werden, dass Bourdieu den Begriff Distinktion unklar beziehungsweise mehrdeutig bestimmt (vgl. dazu Kapitel 4.3). Eine solche Ausgangslage erschwert die Entwicklung eines differenzierten theoretischen Konzeptes. Eine ähnliche Problematik ist uns ebenfalls beim Schützschen Lebenswelt-Ansatz begegnet (vgl. dazu Kapitel 4.1.3).

durch eine Verknüpfung des Distinktions-Ansatzes mit dem von Krais (1993) erweiterten, Bourdieuschen Habitus-Konzept[197] geleistet werden, wonach der geschlechts- (und bildungsspezifische) Habitus[198] den Mechanismus der Distinktion zu erklären vermag. Da dieses Konzept Bourdieus neben anderem den Blick auf kulturelle Konstruktionen richtet – der Habitus wird, durch Internalisierung vor allem während der familiären Sozialisation geprägt, als Produkt kollektiver Geschichte und individueller Erfahrung verstanden – drängt es sich auf, das Habitus-Konzept mit der konstruktivistischen Geschlechtertheorie[199] zu verbinden und den geschlechtsspezifischen Habitus beziehungsweise den zwischen den Geschlechtern vorherrschenden Distinktionsmechanismus als soziale Konstruktion und gesellschaftliches Verhältnis zu begreifen.

Auf dem Hintergrund des dargestellten theoretischen Argumentationsrahmens erfolgte im weiteren Verlauf der Untersuchung die Diskussion und Auswahl einer geeigneten Methode. Die explorative Fragestellung einerseits sowie der Umstand andererseits, dass aufgrund der wenigen zur Jugendgewaltperzeptionsthematik vorhandenen Untersuchungen nicht auf ein elaboriertes methodisches Instrumentarium zurückgegriffen werden konnte, führten dazu, neue Wege einzuschlagen und ein eigenes Verfahren zu entwickeln und zu testen. Dieses Verfahren sollte sich dadurch auszeichnen, dass *erstens* die qualitativen (und quantitativen) Aspekte der Basisstruktur der Gewaltperzeption (das heißt konkret des Gewaltbegriffs), *zweitens* weitere Strukturmerkmale (wie beispielsweise die Legitimation von Gewalt)[200] sowie *drittens* ergänzende soziodemographische Informationen über die befragten Jugendlichen erfasst werden können. Durch die Konstruktion eines Verfahrens, welches aus der Kombination der beiden Techniken *schriftliche Befragung* sowie *Verfassen eines Textes* besteht, wurde eine Methode gefunden, welche die genannten Forderungen zu erfüllen vermag. Beide Erhebungstechniken wei-

---

197 Das Habitus-Konzept zeichnet sich leider ebenfalls (vgl. die vorhergehende Fußnote) durch eine ungenaue Begriffsbestimmung aus. Grundlegend versteht Bourdieu (1987:112) unter dem Habitus ein die *Perzeption* vorbedingendes, „subjektives, aber nichtindividuelles System verinnerlichter Strukturen, gemeinsamer Wahrnehmungs-, Denk- und Handlungsschemata". Das System ist „subjektiv, aber nichtindividuell", weil es klassen- (oder gruppengebunden) ist.
198 In ihren Ausführungen zur Geschlechterproblematik übernimmt Krais (1993) den Versuch, mit Hilfe des Habitus-Konzeptes die soziale Kraft der Geschlechterverhältnisse zu erfassen und für die Analyse symbolischer Gewalt fruchtbar zu machen. Die Autorin spricht in diesem Zusammenhang von einem „geschlechtsspezifischen Habitus".
199 Die konstruktivistische Geschlechtertheorie – dies wurde in Kapitel 4.4 kurz erwähnt – hinterfragt die biologisch begründete Theorie der Zweigeschlechtlichkeit und verweist stattdessen auf verschiedene kulturelle Konstruktionen von Geschlecht.
200 Hierbei ist anzumerken, dass sich die empirische Analyse auf die Auswertung des Gewaltbegriffs beschränkt und somit die weiteren Strukturmerkmale der Gewaltperzeption, welche im Fragebogen mittels Fallbeispielen erhoben wurden, nicht einbeziehet.

sen zudem den Vorteil auf, dass sie sich in das Medium des „Fragebogens"[201] integrieren lassen.

Neben der innovativen Ausrichtung in der Methodenwahl wurden auch bei der inhaltlichen Ausgestaltung der einen Erhebungstechnik, der Textverfassung, neue Wege verfolgt. Mit der *Aufgabenstellung*, zu den drei Lebensbereichen Schule, Freizeit und Familie eine Gewaltsituation zu schildern, ist ein Vorgehen geschaffen worden, mittels Assoziationen den Gewaltbegriff der Jugendlichen empirisch zu erfassen. Die Analyse der Befragungsdaten, welche ein facettenreiches Bild des jugendlichen Gewaltbegriffs zutage gebracht haben, lassen hierbei auf ein für die Gewaltperzeptionsforschung fruchtbares methodisches Instrumentarium schließen. Beim Testen des Verfahrens sind einige Problematiken – genereller (im Zusammenhang mit dem Verfahren allgemein) und spezifischer Art (im Zusammenhang mit der Aufgabenstellung) – aufgetaucht: Eine *erste* Problematik betrifft allgemein die Methode des Verfassens von Texten. Im Vorfeld der Befragung konnte festgestellt werden, dass bei den Jugendlichen die *Bereitschaft* relativ gering ist, einen eigenen Text zu verfassen – unabhängig von der zu behandelnden Thematik. In der vorliegenden Untersuchung hat es sich als sinnvoll erwiesen, das Verfahren dahingehend einzuschränken, als die Befragung nicht ausschließlich auf die Textverfassung fokussiert, sondern der Umfang dieses Aufgabenteils auf einem für die Studie ausreichenden Minimum gehalten und mit einer schriftlichen Befragung ergänzt wurde. Dadurch hat sich die Bereitschaft der Jugendlichen, einen eigenen Text zu verfassen, erhöht. Im Zusammenhang mit der Bereitschaft zum Verfassen eines Textes steht eine *zweite* Problematik, welche sich nicht durch einen methodischen Eingriff verändern lässt: die *Fremdsprachigkeit*. Die Fremdsprachigkeit stellt insofern ein Problem dar, als sie ausgeprägt schultypenspezifisch vorhanden ist. In Bezug auf das Textverfassen bedingt dies, dass vorwiegend Texte von SchülerInnen der statustiefen Schulstufen aufgrund mangelnder Sprachkenntnisse nicht ausgewertet werden konnten, was schultypenspezifische Verzerrungen zur Folge hat. Zudem kann Fremdsprachigkeit als ein Erklärungsfaktor für die verweigernde Haltung gegenüber dem Schreiben eines Textes herangezogen werden. Es stellt sich die Frage, wie die Jugendforschung die Problematik der Fremdsprachigkeit bei Befragungen handhabt.

Eine *dritte* Problematik bezieht sich nicht auf die Methode des Textverfassens als solches, sondern spezifisch auf die *Aufgabenstellung*. Die SchülerInnen wurden aufgefordert, zu den drei Lebensbereichen Schule, Familie und Freizeit je eine Situation zu schildern, mit der sie Gewalt assoziieren. Die lebensbereichsspezifische Ausrichtung hat sich insofern als wertvoll erwiesen,

---

201 Da das Medium der genannten Methode streng genommen kein Fragebogen ist – ein Fragebogen im eigentlichen Sinn enthält Fragen mit offenen und/oder geschlossenen Antwortmöglichkeiten und ist nicht auf das Verfassen von Texten ausgerichtet –, ihm aber dennoch sehr nahe kommt, wird der Begriff in Anführungszeichen gesetzt.

als die Jugendlichen „dort abgeholt werden konnten, wo sie sind" nämlich in ihrer spezifischen Lebenswelt. Andererseits hat sich gezeigt, dass das lebensbereichsspezifische Vorgehen im Bezugsfeld *Familie* nicht vorbehaltlos angewandt werden kann. Zu diesem Befund führt einerseits das Ergebnis, wonach der Anteil an Verweigerungen in diesem Lebensbereich höher ist als in den anderen beiden Lebensbereichen, was, bedingt durch die geschlechtsspezifischen Unterschiede,[202] nicht auf Ermüdungserscheinungen zurückzuführen ist. Andererseits konnte festgestellt werden, dass die familienspezifischen Gewaltschilderungen der Jugendlichen weitgehend dem Klischee des (alkoholisierten) Vaters entsprechen, der die Mutter und/oder die Kinder schlägt. Letzteres führt zu der Vermutung, dass bei den SchülerInnen ein *Tabu* vorhanden ist, sich über Gewalt in der Familie zu äußern. Worauf ein solches Tabu zurückzuführen ist und ob es sich um ein jugendspezifisches Phänomen handelt, wäre Gegenstand weiterer Forschung.

Auf der Grundlage der empirischen Ergebnisse, welche in den vorangehenden Kapiteln resümiert worden sind, können für eine *weiterführende Jugendgewalt(perzeptions)forschung* folgende Aspekte als zentral betrachtet werden:

a) Die selbstberichteten Gewalterfahrungen der Jugendlichen sind abhängig davon, *wie* sie von den Jugendlichen *wahrgenommen* werden und stellen demzufolge kein Abbild der objektiven Realität dar. Diese Wahrnehmungsabhängigkeit ist bislang von der Jugendgewaltforschung, welche sich gegenwärtig vorwiegend mit selbstberichteten Gewalterfahrungen beschäftigt, kaum beachtet worden.

b) Die Analyse des Gewaltbegriffs der Jugendlichen verweist auf ausgeprägte geschlechtsspezifische (und bildungsspezifische) Unterschiede. Die Unterschiede manifestieren sich im Lebensbereich *Freizeit*, im Bereich der Schule hingegen sind kaum Unterschiede in den Gewaltvorstellungen der weiblichen und männlichen Jugendlichen vorhanden. Ähnliche Ergebnisse sind uns bei den selbstberichteten Gewalterfahrungen und -ängste der Basler Jugendlichen begegnet. Erinnert sei der Befund, wonach sich die Geschlechter hinsichtlich ihrer Angst vor Gewalt in der Schule nicht unterscheiden, während Angst vor Gewalt in der Freizeit *einerseits* bei beiden Geschlechtern ausgeprägter vorhanden ist als diejenige in der Schule und *andererseits* bei den weiblichen Jugendlichen signifikant höher ist als bei den männlichen (siehe Kapitel 8.5.1).

Auf diesem Hintergrund können abschließend zwei Folgerungen gezogen werden: *Erstens* lässt die Fokussierung des geschlechtsspezifischen Gewaltbegriffs auf den Bereich Freizeit annehmen, dass Vorstellungen von Gewalt in engem Zusammenhang mit der *Lebenswelt* beziehungsweise mit dem *per*

---

202 Die männlichen Jugendlichen weisen einen signifikant höheren Anteil an Verweigerungen auf als die weiblichen (siehe dazu Kapitel 6.6).

sonenspezifischen Erfahrungshintergrund stehen. Diesbezüglich müsste die Beziehung zwischen der Perzeption und den *direkten* wie auch *indirekten* Erfahrungen mit Gewalt näher untersucht werden. *Zweitens* weist die für die geschlechtsspezifische Perzeption von Gewalt nachgewiesene Relevanz des Faktors Freizeit darauf hin, die vom Mainstream der Jugendgewaltforschung betriebene, einseitige Ausrichtung auf Gewalt an Schulen aufzugeben und Jugendgewalt wieder im *umfassenderen Sinn* zu betrachten.

Bibliographie

Albrecht, H.-J. (1997). Kriminalitätsumfang, Opferrisiken und Kriminalitätsfurcht in der Schweiz. In: Kunz, K.-L. & Moser, R. (Hrsg.). Innere Sicherheit und Lebensängste. Referate einer Vorlesungsreihe des Collegium generale der Universität Bern im Sommersemester 1996. Bern; Stuttgart; Wien: Haupt. 37–84.

Albrecht, P.-A. & Backes, O. (Hrsg.) (1990). Verdeckte Gewalt. Plädoyers für eine „Innere Abrüstung". Frankfurt a. Main: Suhrkamp.

Allerbeck, K. & Rosenmayr, L. (1976). Einführung in die Jugendsoziologie: Theorien, Methoden und empirische Materialien. Heidelberg: Quelle und Meyer.

Atteslander, P. (1985). Methoden der empirischen Sozialforschung. Berlin; New York: de Gruyter.

Axelrod, R. (Ed.) (1976). Structure of Decision. Princeton University Press: New Jersey.

Benesch, H. (1993). Wahrnehmung. In: dtv-Atlas zur Psychologie. 3. Auflage. Vol. 2. München: Deutscher Taschenbuch Verlag. 475.

Bergmann, W. (1981). Lebenswelt, Lebenswelt des Alltags oder Alltagswelt. Ein grundbegriffliches Problem „alltagstheoretischer" Ansätze. In: Kölner Zeitschrift für Soziologie und Sozialpsychologie. Jg. 33. 50–72.

Bilden, H. (1989). Geschlechterverhältnis und Individualität im gesellschaftlichen Umbruch. In: Keupp, H. & Bilden, H. (Hrsg.). Verunsicherungen. Das Subjekt im gesellschaftlichen Wandel. Göttingen; Toronto; Zürich. 19–46.

Birsl, U. (1994). Rechtsextremismus: weiblich – männlich? Eine Fallstudie. Opladen: Leske und Budrich.

Blasius, J. & Winkler, J. (1989). Gibt es die „feinen Unterschiede"? Eine empirische Überprüfung der Bourdieuschen Theorie. In: Kölner Zeitschrift für Soziologie und Sozialpsychologie. Jg. 41. 72–94.

Böhnisch, L. (1994). Ist Gewalt männlich? In: Thiersch, H.; Wertheimer, J. & Grunwald, K. (Hrsg.). „...Überall, in den Köpfen und Fäusten": auf der Suche nach Ursachen und Konsequenzen von Gewalt. Darmstadt: Wissenschaftliche Buchgesellschaft. 103–113.

Bornewasser, M. (1993). Geschlecht, soziale Rolle und aggressives Handeln: Sind Männer aufgrund ihrer physischen Ausstattung aggressiver als Frauen? In: Zeitschrift für Sozialpsychologie. Vol. 24. (1). 51–65.

Bornschier, V. (1991). Soziale Schichtung im keynesianischen Gesellschaftsmodell. In: Bornschier, V. (Hrsg.). Das Ende der sozialen Schichtung? Zürcher Arbeiten zur gesellschaftlichen Konstruktion von sozialer Lage und Bewusstsein in der westlichen Zentrumsgesellschaft. Zürich: Seismo. 37–72.

Bourdieu, P. (1974). Zur Soziologie der symbolischen Formen. Frankfurt a. Main: Suhrkamp.
Bourdieu, P. (1983). Ökonomisches Kapital, kulturelles Kapital und soziales Kapital. In: Kreckel, R. (Hrsg.). Soziale Ungleichheiten. Sonderband 2 von Soziale Welt. Göttingen: Schwartz. 183–198.
Bourdieu, P. (1987). Sozialer Sinn. Kritik der theoretischen Vernunft. Frankfurt a. Main: Suhrkamp.
Bourdieu, P. (1993). Die feinen Unterschiede. Kritik der gesellschaftlichen Urteilskraft. Frankfurt a. Main: Suhrkamp.
Branger, K. & Liechti, F. (1995). Jugenddelinquenz in der Stadt Zürich. Lizentiatsarbeit am Soziologischen Institut der Universität Zürich.
Buchmann, M. (1989). Jugend – ein integrativer Erklärungsaufsatz. Biographie im Spannungsfeld von sozialer und personaler Identität. In: Nave-Herz, R. & Markefka, M. (Hrsg.). Handbuch der Familien- und Jugendforschung. Neuwied; Frankfurt: Luchterhand. 103–110.
Butterwegge, Ch. (1994). Jugend, Gewalt und Gesellschaft. In: deutsche Jugend. Jg. 42. (9). 384–394.
Butterwegge, Ch. (1996). Rechtsextremismus, Rassismus und Gewalt. Erklärungsmodelle in der Diskussion. Darmstadt: Primus.
Crouzet-Pavan, E. (1996). Eine Blume des Bösen: Jugend im mittelalterlichen Italien (13. bis 15. Jahrhundert). In: Levi, G. & Schmitt, J.-C. (Hrsg.). Geschichte der Jugend. Von der Antike bis zum Absolutismus. Frankfurt a. Main: S. Fischer. 229–295.
Dosenrode, Sören Z. von (1993). Zum Begriff Perzeption. In: Dosenrode, Sören Z. von. Westeuropäische Kleinstaaten in der EG. Chur; Zürich: Rüegger. 125–127.
Dubet, F. (1997). Die Logik der Jugendgewalt. Das Beispiel der französischen Vorstädte. In: Trotha, Trutz von (Hrsg.) (1997). Soziologie der Gewalt. Kölner Zeitschrift für Soziologie und Sozialpsychologie. Sonderheft 37. 220–234.
Duden. Das Bedeutungswörterbuch (1985). Herausgegeben von W. Müller unter Mitwirkung zahlr. Mitarbeiter der Dudenredaktion. Vol. 10. 2., völlig neu bearb. u. erw. Auflage. Mannheim; Zürich; Wien: Dudenverlag.
Duden. Das Fremdwörterbuch (1990). Bearb. vom Wiss. Rat der Dudenredaktion unter Mitwirkung von: M. Dose u. zahlr. Fachwissenschaftlern. Vol. 5. 5., neu bearb. u. erw. Auflage. Mannheim; Wien; Zürich: Dudenverlag.
Eckert, R. & Willems, H. (1993). Gewaltdiskurs und Gewaltforschung. In: Schönfeld, G. (Hrsg.). Gewalt in der Gesellschaft. Eine Dokumentation zum Stand der sozialwissenschaftlichen Forschung seit 1985. Bonn: Informationszentrum Sozialwissenschaften. 27–31.
Eidgenössische Kommission für Jugendfragen (Hrsg.) (1991). Zusammenleben: ein Thema für Jugendliche? Vorstellungen, Ideen, Wünsche, Situationen und Realitäten zu den Themen: Rassismus, Wohnen, Rollenverteilung und Aids. Bericht der Eidgenössischen Kommission für Jugendfragen. Bern.
Eidgenössische Kommission für Jugendfragen (Hrsg.) (1998). Prügeljugend – Opfer oder Täter? Bericht der Eidgenössischen Kommission für Jugendfragen. Bern.
Eisenberg, G. & Gronemeyer, R. (1993). Jugend und Gewalt. Der neue Generationenkonflikt oder Der Zerfall der zivilen Gesellschaft. Reinbek bei Hamburg: Rowohlt.

Eisner, M. (1993). Alltägliche Gewalt in Schweizer Städten. Bericht 51 des NFP Stadt und Verkehr. Zürich.
Eisner, M. (1996). Das Ende der zivilisierten Stadt? Die Auswirkungen von Modernisierung und urbaner Krise auf Gewaltdelinquenz. Frankfurt; New York: Campus.
Eisner, M. (1998). Die Zunahme von Jugendgewalt – Fakt oder Artefakt? In: Eisner, M. & Manzoni, P. (Hrsg.). Gewalt in der Schweiz. Studien zu Entwicklung, Wahrnehmung und staatlicher Reaktion. Chur; Zürich: Rüegger. 13–40.
Elias, N. (1976). Über den Prozess der Zivilisation. Soziogenetische und psychogenetische Untersuchungen. Vol. 1–2. Frankfurt a. Main: Suhrkamp.
Engel, M. & Menke, B. (Hrsg.) (1995). Weibliche Lebenswelten – gewaltlos? Analysen und Praxisbeiträge für die Mädchen- und Frauenarbeit im Bereich Rechtsextremismus, Rassismus, Gewalt. Münster: Agenda.
Erziehungsdepartement des Kantons Basel-Stadt (Hrsg.) (1996). Die Schule für Ihr Kind. Informationen für Eltern. Basel-Stadt.
Felten, M. von & Wüest, U. (1994). Jugend und Gewalt. Zur Gewaltperzeption Jugendlicher. Forschungsbericht über eine empirische Studie an den 3. Klassen der Oberstufe Brugg im Juni 1993. Soziologisches Institut der Universität Zürich.
Felten, M. von (1995). Gewaltperzeption im Jugendalter unter besonderer Berücksichtigung des Faktors Geschlecht. Eine empirische Untersuchung an den 3. Klassen der Oberstufe Brugg AG. Lizentiatsarbeit am Soziologischen Institut der Universität Zürich.
Felten, M. von (1998). Geschlechtsspezifische Perzeption von Gewalt im Jugendalter. In: Eisner, M. & Manzoni, P. (Hrsg.). Gewalt in der Schweiz. Studien zu Entwicklung, Wahrnehmung und staatlicher Reaktion. Chur; Zürich: Rüegger. 93–119.
Fend, H. (1990). Entwicklungspsychologie und Pädagogik im Jugendalter. Vorlesung am Pädagogischen Institut der Universität Zürich. WS 90/91. Unveröffentlichtes Vorlesungsmanuskript.
Ferchhoff, W. (1990). Strukturwandel der Jugendphase. In: Ferchhoff, W. (Hrsg.). Jugendkulturen im 20. Jahrhundert. Von den sozialmilieuspezifischen Jugendsubkulturen zu den individualitätsbezogenen Jugendkulturen. Frankfurt a. Main; Bern: Peter Lang. 126–144.
Flitner, A. (1963). Soziologische Jugendforschung. Heidelberg: Quelle und Meier.
Fraschetti, A. (1996). Die Welt der jungen Römer. In: Levi, G. & Schmitt, J.-C. (Hrsg.). Geschichte der Jugend. Von der Antike bis zum Absolutismus. Frankfurt a. Main: S. Fischer. 70–112.
Freitag, M. & Hurrelmann, K. (1993). Gewalt an Schulen: In erster Linie ein Jungen-Problem. Forschungsbericht. Universität Bielefeld.
Friedrichs, J. (1985). Methoden der empirischen Sozialforschung. 13. Auflage. Opladen: Westdeutscher Verlag.
Frindte, W. (1993). Die Gewalt herrscht... – Aspekte einer sozialpsychologischen Betrachtung. In: Kempf, W. et al. (Hrsg.). Gewaltfreie Konfliktlösungen. Interdisziplinäre Beiträge zu Theorie und Praxis friedlicher Konfliktbearbeitung. Heidelberg. 17–34.
Fuchs, M.; Lamnek, S. & Luedtke, J. (Hrsg.) (1996). Schule und Gewalt. Realität und Wahrnehmung eines sozialen Problems. Opladen: Leske und Budrich.

Fuchs, W. (1988). Methoden und Ergebnisse der qualitativ orientierten Jugendforschung. In: Krüger, H.-H. (Hrsg.). Handbuch der Jugendforschung. Opladen: Leske und Budrich. 181–204.

Funk, W. (Hrsg.) (1995). Nürnberger Schüler-Studie 1994: Gewalt an Schulen. Regensburg: S. Roderer.

Gabler, H. (1994). Gewalt, Jugend und Sport – Ein sportspezifisches oder ein allgemeines gesellschaftliches Phänomen? In: Thiersch, H.; Wertheimer, J. & Grunwald, K. (Hrsg.). „...Überall in den Köpfen und Fäusten": auf der Suche nach Ursachen und Konsequenzen von Gewalt. Darmstadt: Wissenschaftliche Buchgesellschaft. 195–215.

Galtung, J. (1975). Strukturelle Gewalt: Beiträge zur Friedens- und Konfliktforschung. Reinbek bei Hamburg: Rowohlt.

Garfinkel, H. (1967). Studies in Ethnomethodology. Englewood Cliffs: Prentice Hall.

Gillis, J. R. (1980). Geschichte der Jugend. Weinheim; Basel: Beltz.

Greszik, B.; Hering, F. & Euler, H.-A. (1995). Gewalt in den Schulen. Ergebnisse einer Befragung in Kassel. In: Zeitschrift für Pädagogik. Vol. 41 (2). 265–284.

Grunder, H.-U. (1992). Brutalos aus der Sicht der Medienpädagogik. Für ein „entwicklungsförderndes Verstehen" der jugendlichen Konsumenten. In: Neue Zürcher Zeitung vom 14. Februar. 34–35.

Hagemann-White, C. (1988). Wir werden nicht zweigeschlechtlich geboren.... In: Hagemann-White, C. & Rerrich, M. S. (Hrsg.). FrauenMännerBilder. Männer und Männlichkeit in der feministischen Diskussion. Bielefeld: AJZ. 224–235.

Heintz, B. (1992). Soziologie der Geschlechterdifferenz. Vorlesung am Soziologischen Institut der Universität Zürich. WS 91/92. Unveröffentlichtes Vorlesungsmanuskript.

Heintz, P. (1968). Einführung in die soziologische Theorie. 2., erw. Auflage. Stuttgart: Enke.

Heitmeyer, W. et al. (1996). Gewalt. Schattenseiten der Individualisierung bei Jugendlichen aus unterschiedlichen Milieus. 2. Auflage. Weinheim; München: Juventa.

Hilgers, A. (1996). Jugendgewalt: Auch die Mädchen schlagen zu(rück)! In: Sozialwissenschaftliche Informationen. (2). 136–141.

Hille, B. (1989). Jugendsoziologie. In: Endruweit, G. & Trommsdorff, G. (Hrsg.). Wörterbuch der Soziologie. Vol. 2. Stuttgart: Ferdinand Enke. 314–320.

Hofmann, J. (1985). Anmerkungen zur begriffsgeschichtlichen Entwicklung des Gewaltbegriffs. In: Schöpf, A. (Hrsg.). Aggression und Gewalt. Anthropologische und sozialwissenschaftliche Beiträge. Würzburg.

Holzkamp, Ch. & Rommelspacher, B. (1991). Frauen und Rechtsextremismus. Wie sind Mädchen und Frauen verstrickt? In: päd. extra & demokratische Erziehung. (1). 33–39.

Honneth, A. (1984). Die zerrissene Welt der symbolischen Formen. Zum kultursoziologischen Werk Pierre Bourdieus. In: Kölner Zeitschrift für Soziologie und Sozialpsychologie. Jg. 36. 126–146.

Hopf, Ch. et al. (1995). Familie und Rechtsextremismus. Familiale Sozialisation und rechtsextreme Orientierungen junger Männer. Weinheim; München: Juventa.

Hurrelmann, K.; Rosewitz, B. & Wolf, H. K. (1989). Lebensphase Jugend. Eine Einführung in die sozialwissenschaftliche Jugendforschung. 2. Auflage. Weinheim; München: Juventa.

Inhetveen, K. (1997). Gesellige Gewalt. Ritual, Spiel und Vergemeinschaftung bei Hardcorekonzerten. In: Trotha, T. von (Hrsg.) (1997). Soziologie der Gewalt. Kölner Zeitschrift für Soziologie und Sozialpsychologie. Sonderheft 37. 235–260.
Janning, F. (1991). Pierre Bourdieus Theorie der Praxis. Opladen: Westdeutscher Verlag.
Kaiser, A. & Kaiser, R. (1994). Studienbuch Pädagogik. Kapitel 4: Soziologische Dimension der Erziehung. 7. Auflage. Frankfurt a. Main: Cornelsen Scriptor. 115–156.
Keppler, A. (1997). Über einige Formen der medialen Wahrnehmung von Gewalt. In: Trotha, T. von (Hrsg.) (1997). Soziologie der Gewalt. Kölner Zeitschrift für Soziologie und Sozialpsychologie. Sonderheft 37. 380–400.
Kersten, J. (1997). Gut und (Ge)schlecht. Männlichkeit, Kultur und Kriminalität. Berlin; New York: de Gruyter.
Kielholz, A. (1998). Jugend und Internet. Geschlechtsunterschiede in Nutzungsart, Nutzungsmotiven und Einstellung. Lizentiatsarbeit am Institut für Psychologie der Universität Bern.
Killias, M.; Villettaz, P. & Rabasa, J. (1994). Self-Reported Delinquency in Switzerland. In: Junger-Tas, J.; Terlouw, G. J. & Klein, M. W. (Hrsg.). Delinquent Behavior Among Young People in the Western World. First Results of the International Self-Report Delinquency Study. Amsterdam; New York. 186–211.
Killias, M. (1995). Situative Bedingungen von Gewaltneigungen Jugendlicher. Zur Rolle von physisch-materiellen Voraussetzungen der Gewalt unter Jugendlichen im Lichte der schweizerischen Untersuchung zur selbstberichteten Delinquenz. In: Lamnek, S. (Hrsg.). Jugend und Gewalt. Devianz und Kriminalität in Ost und West. Opladen: Leske und Budrich. 189–206.
Kleining, G. (1982). Umriss zu einer Methodologie qualitativer Sozialforschung. In: Kölner Zeitschrift für Soziologie und Sozialpsychologie. Vol. 34. 224–253.
Knorr-Cetina, K. (1989). Spielarten des Konstruktivismus. Einige Notizen und Anmerkungen. In: Soziale Welt. (40). 86–96.
Kolip, P. (1994). Freundschaften im Jugendalter. Mädchen und Jungen im Vergleich. In: Zeitschrift für Sozialisationsforschung und Erziehungssoziologie. (1). Juventa. 20–37.
Kraak, B. (1996). Wer Gewalt gut findet. Selbst- und Weltbilder gewaltbejahender Jugendlicher. In: Sozialpädagogik. (2). 76–80.
Krais, B. (1993). Geschlechterverhältnis und symbolische Gewalt. In: Gebener, G. & Wulf, Ch. (Hrsg.). Praxis... Ästhetik. Neue Perspektiven im Denken Pierre Bourdieus. Frankfurt a. Main: Suhrkamp. 208–250.
Kreutz, H. (1974). Soziologie der Jugend. München: Juventa.
Krüger, H.-H. (Hrsg.) (1988). Handbuch der Jugendforschung. Opladen: Leske und Budrich.
Krüger, H.-H. (1988). Theoretische und methodische Grundlagen der historischen Jugendforschung. In: Krüger, H.-H. (Hrsg.). Handbuch der Jugendforschung. Opladen: Leske und Budrich. 207–230.
Kühnel, St. & Rohlinger, H. (1988, 1993, 1994, 1995). Empirische Sozialforschung. Eine Dokumentation. Zentralarchiv für Empirische Sozialforschung an der Universität zu Köln in Zusammenarbeit mit Informationszentrum Sozialwissenschaften (Hrsg.). Frankfurt; New York: Campus.

Kuhn, Th. S. (1973). Die Struktur wissenschaftlicher Revolutionen. Frankfurt a. Main: Suhrkamp.

Kuhn, Th. S. (1977). Objektivität, Werturteil und Theoriewahl. In: Krüger, L. (Hrsg.). Die Entstehung des Neuen: Studien zur Struktur der Wissenschaftsgeschichte. 1. Auflage. Frankfurt a. Main: Suhrkamp.

Kuhnke, R. (1995). Gewalttätige Jugendliche. Ergebnisse einer Längsschnittstudie bei Jugendlichen im Raum Leipzig. In: Lamnek, S. (Hrsg.). Jugend und Gewalt. Devianz und Kriminalität in Ost und West. Opladen: Leske und Budrich. 155–170.

Lamnek, S. (1995). Jugend und Gewalt – A Never Ending Story. In: Lamnek, S. (Hrsg.). Jugend und Gewalt. Devianz und Kriminalität in Ost und West. Opladen: Leske und Budrich. 11–24.

Lamprecht, M.; Ruschetti, P. & Stamm, H. (1991). Sport und soziale Lage: Sportaktivität, Sportkonsum und Einstellungen zum Fairplay junger Schweizer Männer. Gesellschaft zur Förderung der Sportwissenschaften an der ETH Zürich. Zürich.

Lenz, K. (1988). Die vielen Gesichter der Jugend: jugendliche Handlungstypen in biographischen Portraits. Frankfurt a. Main; New York: Campus.

Levi, G. & Schmitt, J.-C. (Hrsg.) (1996). Geschichte der Jugend. Von der Antike bis zum Absolutismus. Frankfurt a. Main: S. Fischer.

Luckmann, Th. (1979). Phänomenologie und Soziologie. In: Sprondel, W. M. & Grathoff, R. (Hrsg.). Alfred Schütz und die Idee des Alltags. Stuttgart: Enke. 196–205.

Mansel, J. & Hurrelmann, K. (1994). Außen- und innengerichtete Formen der Problemverarbeitung Jugendlicher. Aggressivität und psychosomatische Beschwerden. In: Soziale Welt. Vol. 15. (2). 147–179.

Mansel, J. (1995). Quantitative Entwicklung von Gewalthandlungen Jugendlicher und ihrer offiziellen Registrierung. Ansätze schulischer Prävention zwischen Anspruch und Wirklichkeit. In: Zeitschrift für Sozialisationsforschung und Erziehungssoziologie. (2). 101–121.

Mayring, P. (1997). Qualitative Inhaltsanalyse. Grundlagen und Techniken. 6., durchgesehene Auflage. Weinheim: Deutscher Studien Verlag.

Mitterauer, M. (1986). Sozialgeschichte der Jugend. Frankfurt a. Main: Suhrkamp.

Möller, K. (1989). Jugend und Gewalt – versagt Jugendpolitik, verzagt Jugendarbeit? In: Heitmeyer, W.; Möller, K. & Sünker, H. (Hrsg.). Jugend – Staat – Gewalt. Politische Sozialisation von Jugendlichen, Jugendpolitik und politische Bildung. Weinheim; München: Juventa. 277–298.

Müller, H.-P. (1986). Kultur, Geschmack und Distinktion. Grundzüge der Kultursoziologie Pierre Bourdieus. In: Neidhardt, F.; Lepsius, R. M. & Weiss, J. (Hrsg.). Kultur und Gesellschaft. Kölner Zeitschrift für Soziologie und Sozialpsychologie. Sonderheft 27. 162–190.

Narr, W.-D. (1980). Physische Gewaltsamkeit, ihre Eigentümlichkeit und das Monopol des Staates. In: Leviathan. Jg. 8. 541–573.

Nedelmann, B. (1997). Gewaltsoziologie am Scheideweg. In: Trotha, Trutz von (Hrsg.). Soziologie der Gewalt. Kölner Zeitschrift für Soziologie und Sozialpsychologie. Sonderheft 37. 59–85.

Neidhardt, F. (1970). Bezugspunkte einer soziologischen Theorie der Jugend. In: Neidhardt, F. (Hrsg.). Jugend im Spektrum der Wissenschaften. München: Juventa. 11–48.

Neidhardt, F. (1986). Gewalt – Soziale Bedeutungen und sozialwissenschaftliche Bestimmungen des Begriffs. In: Bundeskriminalamt (Hrsg.). Was ist Gewalt? Auseinandersetzungen mit einem Begriff. Strafrechtliche und sozialwissenschaftliche Darlegungen von Volker Krey und Friedhelm Neidhardt. Sonderband der BKA Forschungsreihe. Wiesbaden. 109–147.

Niebergall, B. (1995). Der mädchenspezifische Umgang mit Gewalt innerhalb rechter Jugendgruppen. In: Frindte, W. (Hrsg.). Jugendlicher Rechtsextremismus und Gewalt zwischen Mythos und Wirklichkeit. Sozialpsychologische Untersuchungen. Münster; Hamburg.

Nunner-Winkler, G. (1996). Formen von Gewalt. Kommentar zu Wilhelm Heitmeyer: „Gewalt bei Jugendlichen aus unterschiedlichen sozialen Milieus". In: Honegger, C. et al. (Hrsg.). Gesellschaften im Umbau: Identitäten, Konflikte, Differenzen; Hauptreferate des Kongresses der Schweizerischen Sozialwissenschaften, Bern 1995. Zürich: Seismo. 405–425.

Oberwittler, D. (1993). Quantitative Aspekte der sozialwissenschaftlichen Gewaltforschung 1985–1992. In: Schönfeld, G. (Hrsg.). Gewalt in der Gesellschaft. Eine Dokumentation der sozialwissenschaftlichen Gewaltforschung seit 1985. Bonn: Informationszentrum Sozialwissenschaften. 9–25.

Olk, Th. (1984). Jugend und gesellschaftliche Differenzierung. Zur Entstrukturierung der Jugendphase. In: Zeitschrift für Pädagogik. Beiheft.

Pilzer, J. (1995). Semantische Aspekte des Gewaltbegriffes. In: Funk, W. (Hrsg.). Nürnberger Schüler-Studie 1994: Gewalt an Schulen. Regensburg: Roderer. 77–100.

Plate, M. & Schneider, H. (1989). Schwereeinschätzung von Gewalthandlungen. Ergebnisse zweier repräsentativer Bevölkerungsbefragungen. Bundeskriminalamt Wiesbaden.

Postman, N. (1983). Das Verschwinden der Kindheit. Frankfurt a. Main: Fischer.

Preglau, M. (1989). Phänomenologische Soziologie: Alfred Schütz. In: Morel, J. (Hrsg.). Soziologische Theorie. München; Wien: Oldenburg. 64–86.

Reinhold, G. (Hrsg.) (1991). Wahrnehmung. In: Soziologie-Lexikon. München; Wien: Oldenburg. 647.

Rombach, H. (Hrsg.) (1970). Lexikon der Pädagogik. Vol. 2. Freiburg; Basel; Wien: Herder.

Roski, G.; Starke, U. & Winkler, K. (1994). Jugend in Leipzig vor und nach der Wende. Zur Situation Jugendlicher in einer ostdeutschen Großstadt. Berlin: trafo verlag dr. wolfgang weist.

Saner, H. (1982). Hoffnung und Gewalt. Zur Ferne des Friedens. Basel.

Schelsky, H. (1957). Die skeptische Generation. Eine Soziologie der deutschen Jugend. Düsseldorf; Köln: Diederichs.

Schilling, J. (1977). Freizeitverhalten Jugendlicher. Eine empirische Untersuchung ihrer Gesellungsformen und Aktivitäten. Weinheim; Basel: Beltz.

Schindler, N. (1996). Die Hüter der Unordnung. Rituale der Jugendkultur in der frühen Neuzeit. In: Levi, G. & Schmitt, J.-C. (Hrsg.). Geschichte der Jugend. Von der Antike bis zum Absolutismus. Frankfurt a. Main: S. Fischer. 319–382.

Schnabel, K. U. (1993). Ausländerfeindlichkeit bei Jugendlichen in Deutschland. Eine Synopse empirischer Befunde seit 1990. In: Zeitschrift für Pädagogik. Vol. 39. 799–822.

Schnapp, A. (1996). Das Bild der Jugend in der griechischen Polis. In: Levi, G. & Schmitt, J.-C. (Hrsg.). Geschichte der Jugend. Von der Antike bis zum Absolutismus. Frankfurt a. Main: S. Fischer. 21–69.

Schönfeld, G. (1993). Gewalt und Jugend. In: Schönfeld, G. (Hrsg.). Gewalt in der Gesellschaft. Eine Dokumentation zum Stand der sozialwissenschaftlichen Forschung seit 1985. Bonn: Informationszentrum Sozialwissenschaften. 370–400.

Schütz, A. (1971). Gesammelte Aufsätze 1. Das Problem der Wirklichkeit. Den Haag: Martinus Nijhoff.

Schütz, A. & Luckmann, Th. (1991a,b). Strukturen der Lebenswelt. Vol. 1–2. Frankfurt a. Main: Suhrkamp.

Schwind, H.-D.; Baumann, J. et al. (Hrsg.) (1990). Ursachen, Prävention und Kontrolle von Gewalt, Analysen und Vorschläge der Unabhängigen Regierungskommission zur Verhinderung und Bekämpfung von Gewalt. Vol. 1. Endgutachten und Zwischengutachten der Arbeitsgruppen. Berlin: Duncker und Humblot.

Spender, D. (1989). Mit Aggressivität zum Erfolg: Über den doppelten Standard, der in den Klassenzimmern operiert. In: Trömel-Plötz, S. (Hrsg.). Gewalt durch Sprache. Die Vergewaltigung von Frauen in Gesprächen. Frankfurt a. Main: Fischer. 71–89.

Spöhring, W. (1995). Qualitative Sozialforschung. 2. Auflage. Stuttgart: Teubner.

Statistisches Amt des Kantons Basel-Stadt (Hrsg.) (1996). Öffentliche Schulen von Basel-Stadt anfangs Schuljahr 1996/97. 58–62.

Steinert, H. & Karazman-Morawetz, I. (1995). Über Gewalterfahrungen in der Jugend. Zustandsbeschreibungen und Vergleich der Generationen. In: Bundesministerium für Unterricht und kulturelle Angelegenheiten (Hrsg.). Jugend heute. Politikverständnis. Werthaltungen. Lebensrealitäten. Informationen zur politischen Bildung. (9). 99–109.

Stutz, M. (1998). „Reden Sie nicht über Gewalt, sondern mit den Jugendlichen." Jugendgewalt: Jugendkommission präsentiert Bericht und fordert Umdenken. In: Aargauer Zeitung vom 11. November. 3.

Tenbruck, F. H. (1965). Jugend und Gesellschaft. Soziologische Perspektiven. Freiburg i. Breisgau: Rombach.

Theunert, H. (1992). Zwischen Vergnügen und Angst – Fernsehen im Alltag von Kindern. Berlin: Vistas.

Treibel, A. (1993). Einführung in soziologische Theorien der Gegenwart. Vol. 3. Opladen: Leske und Budrich.

Trotha, Trutz von (1997). Zur Soziologie der Gewalt. In: Trotha, Trutz von (Hrsg.). Soziologie der Gewalt. Kölner Zeitschrift für Soziologie und Sozialpsychologie. Sonderheft 37. 9–56.

Utzmann-Krombholz, H. (1994). Rechtsextremismus und Gewalt: Affinitäten und Resistenzen von Mädchen und jungen Frauen. Studie im Auftrag des Ministeriums für die Gleichstellung von Frau und Mann des Landes Nordrhein-Westfalen. Düsseldorf.

Welter, R. (1986). Der Begriff der Lebenswelt. Theorien vortheoretischer Erfahrungswelt. München: Wilhelm Fink.

Weber, V. (1983). Das Verstehen von Lebensläufen. Ist A. Schütz' Phänomenologie geeignet für die Erfassung von Alltagserfahrungen? In: Schweizerische Zeitschrift für Soziologie. (9). 45–65.
Windling, S. (1997). Gewalt unter Kindern. Tatort Schule. Brutalität, Terror und sexuelle Nötigung. In: Facts. Das Schweizer Nachrichtenmagazin vom 6. Februar. Nr. 6. 18–24.

Appendix I: Variablen- und Kategorienraster

A. Variable „ethnische Gewalt" (V10)

1) Hauptkategorie: *ethnische Gewalt*
1a) Definition:
Unter „ethnischer Gewalt" werden Gewalthandlungen von, gegen oder zwischen Personen unterschiedlicher Herkunft (Staatsangehörigkeit) oder Religion verstanden.
1b) Ankerbeispiele:
- *„Rechtsradikale Skinheads und Ausländer."*
- *„Da kamen plötzlich zwei Türken auf uns zu."*
- *„In der Stadt kommen so ein paar Kanaken (...). Wir haben den Ausländern (...)."*
- *„Ein Junge kommt und sagt, dass wir 'Drecksausländer' seien (...)."*
- *„Ich wurde durch Sprüche wie 'Dreckschweizer' angemacht."*
- *„In der Badi gab es schon Schlägereien wegen der Abstammung."*
- *„Meistens sind es Rassenschlägereien."*
- *„Ein Jude verprügelt einen Antisemit (...)."*
- *„(...) verprügeln eine/n, der/die ihnen nicht passt (Ausländer oder einfach sonst anders ist als sie, z.B. Christ ...)."*
- *„(...) eine Schlägerei, die unter den Religionen laufen."*
- *„Außerdem besitzt er eine andere Hautfarbe."*
- *„Ein Schwarzer geht an einer Gruppe Skins (Jugendlicher) vorbei."*
- *„Kürzlich wurde ein Freund von mir 'Nigger' genannt."*
- *„Wenn ein Lehrer/Schüler rassistische Sprüche fallen lässt."*

2) Feinkategorie: *Ausländische Staatsangehörige als Täter/als Opfer* (V11)
2a) Code und Ausprägung:
1 Ausländische Staatsangehörige als Täter
2 Ausländische Staatsangehörige als Opfer
2b) Ankerbeispiele:

(1) Ausländische Staatsangehörige als Täter
- *„Einmal sind drei Albaner einfach ohne Grund auf mich gekommen und haben mich geschlagen."*
- *„(...) dann schlug dieser Türke gleich drein."*

(2) Ausländische Staatsangehörige als Opfer
- „*Eine Gruppe von Rechtsradikalen verhauen einen Türken.*"
- „*Die Neonazis schlagen die Ausländer fast spitalreif.*"

2c) Kodierregel(n):
Als Täter werden diejenigen Personen bestimmt, welche mit einer Gewalthandlung beginnen.

3) Feinkategorie: *Zuschreibung der Herkunft der Täter/Opfer* (V13)

3a) Code und Ausprägung:
1 spezifische Zuschreibung der Herkunft der Täter/Opfer
2 unspezifische Zuschreibung der Herkunft der Täter/Opfer

3b) Definition(en):
- Unter „spezifischer Zuschreibung der Herkunft der Täter/Opfer" werden Zuschreibungen verstanden, welche aufgrund der Benennung einer oder mehrerer *Nationalitäten* vorgenommen werden.
- Unter „unspezifischer Zuschreibung der Herkunft der Täter/Opfer" werden Zuschreibungen verstanden, welche aufgrund der Verwendung eines *Oberbegriffs* wie AusländerInnen oder Schwarze/r vorgenommen werden.

3c) Ankerbeispiele:
(1) spezifische Zuschreibung der Herkunft der Täter/Opfer
- „*Wir hatten einen Jugoslawen in der Klasse.*"
- „*(...) zwischen Albanern und Türken am meisten.*"

(2) unspezifische Zuschreibung der Herkunft der Täter/Opfer
- „*Wenn Ausländergruppen mit Inländergruppen streiten.*"
- „*Ein Schwarzer geht an einer Gruppe (Jugendlicher) vorbei.*"

3d) Kodierregel(n):
Wird in einer Schilderung der Begriff AusländerInnen sowie eine oder mehrere Nationen erwähnt, erfolgt eine Zuordnung zur Kategorie „spezifische Zuschreibung der Herkunft der Täter/Opfer".

B. Variable „Erpressung/Nötigung" (V20)

1) Hauptkategorie: *Erpressung/Nötigung*

1a) Definition und Begriffsbestimmung:
Im Schweizerischen Strafgesetzbuch (1997) wird der Begriff Erpressung den *Vermögensdelikten*, der Begriff Nötigung den *Delikten gegen die Freiheit* zugeordnet und wie folgt definiert:

Art. 156. Erpressung: „In der Absicht, sich oder einen andern unrechtmäßig zu bereichern, jemanden durch Gewalt oder Androhung ernstlicher Nachteile zu einem Verhalten bestimmen, wodurch dieser sich selber oder einen andern am Vermögen schädigt."

Art. 181. Nötigung: „Jemanden durch Gewalt oder Androhung ernstlicher Nachteile oder durch andere Beschränkung seiner Handelsfreiheit nötigen, etwas zu tun, zu unterlassen oder zu dulden."
Die Verwendung der beiden Begriffe erachte ich für die sozialwissenschaftliche Forschung als problematisch, da Erpressungen und Nötigungen in der Empirie vielfach zusammen auftreten oder ineinander greifen und dadurch eine analytische Einzelbestimmung erschweren. Werfen wir einen Blick auf die aktuelle Jugendgewaltforschung, fällt eine Vielzahl verschiedener Handhabungen der beiden Begriffe auf: a) Erpressung und Nötigung werden als zwei verschiedene Handlungen operationalisiert, b) wie bei a), jedoch mit Einschränkung des Begriffs Nötigung auf sexuelle Nötigung, c) Einschränkung auf den Begriff Erpressung, Nötigung wird nicht analysiert, d) Nötigung und Erpressung werden im Begriff Nötigung/Erpressung vereint und e) Nötigung wird dem Begriff Erpressung untergeordnet.[1]
Die obgenannten Gründe führen dazu, dass in der vorliegenden Untersuchung die beiden Begriffe Erpressung und Nötigung zur Kategorie Erpressung/Nötigung zusammengefasst werden. Zudem scheint es sinnvoll, Nötigungen sexueller Art der Kategorie sexuelle Gewalt beziehungsweise der Feinkategorie sexuelle Nötigung zuzuordnen.

1b) Ankerbeispiele:
- *„Wenn ein Schüler eine schlechte Note bekommt und er den Lehrer bedroht, damit dieser seine Note verbessert."*
- *„(...) wenn mich eine Gruppe auffordert, ihnen Geld zu geben unter der Androhung mich sonst zu verprügeln."*
- *„(...) wenn man jemanden erpresst."*
- *„(...) wenn Schüler zu irgend etwas gezwungen werden, was sie nicht machen wollen."*
- *„(...) kam ein Typ zu meinem Freund und verlangte Geld. Da mein Freund sich weigerte, ihm Geld zu geben, wurde er zusammengeschlagen."*
- *„Ich kenne jemanden, der in der Klasse mit einem Messer bedroht wurde, wenn er nicht irgendetwas tat."*
- *„Wenn jemand möchte, dass der andere etwas tun sollte, was der nicht will und dabei auch Gewalt wie schlagen anwendet."*
- *„Die Banden zwingen andere Kinder, sie sollen jede Woche Geld abgeben, sonst werden sie von der Bande abgeschlagen."*
- *„(...) 'He du, gib mir dein Päckchen Zigaretten!' 'Oh, nein, das geht doch nicht, die rauch ich selber.' 'Was sagst du da? Du freche Göre, dich schlag ich windelweich, dass du nicht mehr gehen kannst.'"*
- *„(,..) und ihn zwingt, etwas Unbequemes zu machen."*
- *„Wenn ein Junge zu einem Kollegen sagt: 'Mach mir die Aufgaben' und der Junge sie nicht macht. Dann wird er zusammengeschlagen, weil er sie nicht gemacht hat."*

---

1   Zu a) Fuchs; Lamnek & Luedtke (1996:98), zu b) Funk (1995: Anhang: XVIII), zu c) Schwindt (1995:104), zu d) Meier; Melzer; Schubarth & Tillmann (1995:173), zu e) Heitmeyer (1996:461).

C. Variable „Gewalt gegen Sachen" (V30)

1) Hauptkategorie: *Gewalt gegen Sachen*
1a) Definition:
Unter „Gewalt gegen Sachen" wird gemäß Art. 144 des Schweizerischen Strafgesetzbuches (1997) die Beschädigung, Zerstörung oder Unbrauchbarmachung einer fremden Sache verstanden.
1b) Ankerbeispiele:

- *„(...) nahmen sie mir meine Mütze weg und zerrissen oder zerschnitten sie."*
- *„(...) und machten ihr das Radiogerät kaputt."*
- *„(...) die Fenstertüre eingeschlagen und (...)."*
- *„(...) meine Sachen schmutzig machen und meine Sachen kaputt machen."*

D. Variable „Gewalt im Sport und im Zusammenhang mit Sport" (V40)

1) Hauptkategorie: *Gewalt im Sport und im Zusammenhang mit Sport*
1a) Definition:
Unter „Gewalt im Sport und im Zusammenhang mit Sport" werden Gewalthandlungen im Rahmen von Sportveranstaltungen, organisierten Sportarten in der Schule oder Freizeit, nicht organisierten Mannschafts- (wie Basketball, Fußball) oder Einzelsportarten (Jogging, Krafttraining) in der Schule oder Freizeit verstanden.
1b) Ankerbeispiele:

- *„Wenn in einem Sportverein darüber gestritten wird, wer in der ersten Mannschaft spielt und das zu einer Prügelei führt."*
- *„Beim Fußballspielen wird immer der gleiche gehackt, weil er schwach ist und nach dem Sport wird er gejagt."*
- *„(...) während einem Match kann es schon mal vorkommen, dass man sich gegenseitig (absichtlich) anrempelt."*
- *„Beim Fußballspielen vertragen sich zwei Leute nicht und gehen mit dem Messer aufeinander los."*
- *„Mein Freund hatte ein Fußballspiel, das er mit seinem Fußballclub gewann. Als er dann mit dem Velo nach Hause fuhr, wurde er von einem Gegenspieler angehalten und niedergeschlagen."*
- *„Es treffen zwei verschiedene Fangruppen aufeinander. Da jeder behauptet, seine Mannschaft wäre die beste, fangen sie eine Schlägerei an."*
- *„Man ist an einem Fußballmatch und verfolgt den Match. Plötzlich kommen zwei Typen, die einem herumschupsen."*
- *„Ein Kollege von mir spielt mit Kollegen Streetball. Dann kommt ein Türke, der Ball fliegt ihm direkt ins Gesicht und er gibt dann die Schuld meinem Kollegen."*

1c) Kodierregel(n):
a) Freizeitbetätigungen wie Skaten werden *nicht* der Kategorie „Gewalt im Sport und im Zusammenhang mit Sport" zugeordnet (Beispiel: „Ich skate ziemlich oft auf dem Theaterplatz und wenn mich einer nervt, dann gibt es meistens Prügel").
b) Ebenfalls *nicht* der Kategorie „Gewalt im Sport und im Zusammenhang mit Sport" zugeordnet werden Aktivitäten im Schwimmbad (Beispiel: „Wenn im Schwimmbad die Jungen die Mädchen ins Wasser werfen").

2) Feinkategorie: *Sportspezifischer Kontext* (V41)

2a) Code und Ausprägung:
1 Gewalt zwischen Sportausübenden
2 Gewalt zwischen Sportausübenden und Nicht-Sportausübenden
3 Gewalt zwischen Nicht-Sportausübenden am Rande des Sportgeschehens
4 Anderes

2b) Definition(en):
- Unter „Gewalt zwischen Sportausübenden" wird eine Situation verstanden, in welcher sich während oder nach einem *Spiel/einer sportlichen Aktivität* Gewalt zwischen zwei oder mehreren Sportausübenden ereignet.
- Unter „Gewalt zwischen Sportausübenden und Nichtsportausübenden" wird eine Situation verstanden, in welcher sich Gewalt zwischen zwei oder mehreren sport- und nichtsportausübenden Personen im Kontext *nicht-organisierten Sports* ereignet.
- Unter „Gewalt zwischen Nicht-Sportausübenden" wird eine Situation verstanden, in welcher sich Gewalt zwischen zwei oder mehreren, nicht-sportausübenden Personen im Rahmen einer *Sportveranstaltung* ereignet.

2c) Ankerbeispiele:

(1) Gewalt zwischen Sportausübenden
- *„Wenn man Fußball spielt und man einen foult und er wütend wird, kann es zu Schlägereien kommen."*

(2) Gewalt zwischen Sportausübenden und Nicht-Sportausübenden
- *„Auf einem Fußballfeld spielt eine Gruppe. Da kommt eine andere Gruppe und will auch auf dem Feld spielen. Doch die anderen gehen nicht weg und es kommt zu einer Massenschlägerei."*
- *„Als ich einmal mit meinem Freund Fußball spielen ging, kamen nach einiger Zeit ein paar Typen. Sie nahmen uns den Ball weg und schossen ihn weit weg."*

(3) Gewalt zwischen Nicht-Sportausübenden am Rande des Sportgeschehens
- *„Man ist an einem Fußballmatch und verfolgt den Match. Plötzlich kommen Typen, die einem herumschupsen."*
- *„Vielleicht an einem Fußballmatch. Fans einer Mannschaft prügeln mit den Fans der anderen Mannschaft."*

(4) Anderes
- *„Eine Gruppe Fußballer (Ausländer) pöbeln eine andere Person an, nur weil diese eine andere Sportart ausübt als die Gruppe."*

E. Variable „sexuelle Gewalt" (V50)

1) Hauptkategorie: *sexuelle Gewalt*

1a) Definition(en):
Unter „sexueller Gewalt" werden die folgenden Handlungen verstanden (Handlungen a) bis e) beziehen sich auf das Schweizerische Strafgesetzbuch 1997:67ff):

a) *Sexueller Missbrauch von Kindern* (Art. 187): „sexuelle Handlungen mit Kindern")
b) *Vergewaltigung* (Art. 190)
c) *Sexuelle Nötigung* (Art. 189): Jemanden „zur Duldung einer beischlafsähnlichen oder einer anderen sexuellen Handlung nötigen, namentlich indem er sie bedroht, Gewalt anwendet, sie unter psychischen Druck setzt oder zum Widerstand unfähig macht (...)".
d) *Exhibitionismus* (Art. 194): Jemand entblößt und stellt seine Geschlechtsteile in der Öffentlichkeit zur Schau (vgl. Duden: Fremdwörterbuch 1990).
e) *Sexuelle Belästigungen* (Art. 198): a) Jemanden „tätlich oder in grober Weise durch Worte sexuell belästigen" oder b) vor jemandem, der „dies nicht erwartet, sexuelle Handlungen vornehmen".
f) *Sexuelle Ausnützung:* Jemanden für seine eigenen, sexuellen Zwecke in Anspruch nehmen.

1b) Feinkategorie(n): Die genannten Handlungen der Hauptkategorie „sexuelle Gewalt" werden zugleich als *Feinkategorien* verwendet.

1c) Code und Ausprägung:
1 sexueller Missbrauch von Kindern und Jugendlichen
2 Vergewaltigung
3 sexuelle Nötigung
4 sexuelle Belästigung
5 Exhibitionismus
6 sexuelle Ausnützung

1d) Ankerbeispiele:

(1) sexueller Missbrauch von Kindern und Jugendlichen
- *„(...), dass Mädchen sexuell missbraucht werden."*
- *„Ich wurde schon von Kinderbelästiger belästigt, und ich finde, dies gehört eigentlich auch zu Gewalt, denn der Körper gehört dir."*

(2) Vergewaltigung
- *„Eine Vergewaltigung auf dem (...)."*

(3) sexuelle Nötigung
- *„Einmal habe ich (...) mitbekommen, dass ein Mädchen gezwungen wurde, mit einem Jungen zu gehen."*
- *„Der Freund von Susi will, dass sie mit ihm schläft, sie aber will nicht und er das nicht versteht, gebrauchte er Gewalt."*

(4) sexuelle Belästigung
- *„Wenn ein Schüler mich betatscht, ohne dass ich das will."*
- *„Eine Kollegin von mir wurde am Samstag von irgendeinem Typ blöd angemacht. (...), nannte er sie eine Schlampe und beschimpfte sie."*
- *„(...) in Paris pfiff mich ein Mann an und onanierte in meine Richtung. Er wollte, dass ich zu ihm komme, mein Herz blieb stehen."*
- *„Wenn zum Beispiel im Schwimmbad die Jungen die Mädchen ins Wasser werfen oder sie anfassen."*
- *„Wir liefen und dann stießen mich diese zwei Knaben zu Boden. Und sie hatten die Hosen runter. Sie haben mir nichts getan, weil dann die anderen drei Mädchen kamen."*

(5) Exhibitionismus
- *„Als ich einmal alleine von einer Eis-Disco heimkam, hörte ich ein Geklimper. Da es schon dunkel war, bekam ich Angst und schaute hin. Dort war ein Mann am Onanieren. Er sah mich nicht."*

(6) sexuelle Ausnützung
- *„Es gibt Knaben, die nützen die Mädchen aus. Sie nehmen die Mädchen zu ihrem Haus, etwa zwei Wochen schlafen sie mit ihnen, lügen sie an. Nach zwei Wochen verlassen sie sie und sagen 'Verreis, ich will nicht mehr mit dir zusammen sein.'"*

1e) Kodierregel(n):
„Anmache" und „Anpöbeln" werden dann der sexuellen Belästigung zugeordnet, wenn es sich bei den Tätern um männliche Jugendliche oder Männer, bei den Opfern um weibliche Jugendliche oder Frauen handelt.

F. Variable „Umgang mit Wut" (V60)
(Frage 59: „Was machst du, wenn du so richtig wütend auf jemanden bist?")

1) Hauptkategorie: *Handlungsoptionen im Falle von Wut*
1a) Code und Ausprägung(en):
Direkte Reaktionen
    11 Physische Gewalt gegen Frustrationsauslöser
    12 Nicht-physische Gewalt gegen Frustrationsauslöser
    13 Zusammen mit Frustrationsauslöser Lösung suchen
    14 Dem Frustrationsauslöser ausweichen
Indirekte Reaktionen
    21 Aggression gegen eigene Person
    22 Aggressive Ersatzhandlung
    23 Nicht-aggressive Ersatzhandlung
    24 Bewusste Bewältigung
Anderes
    31 Personen-/Kontextabhängigkeit
    32 weiß nicht

1b) Ankerbeispiele:

(11) Physische Gewalt gegen Frustrationsauslöser
- „verprügle ihn", „geb ihr eine Ohrfeige", „greife ihn an"

(12) Nicht-physische Gewalt gegen Frustrationsauslöser
- „schreie ihn an", „beschimpfe ihn", „mit Wörter runtermachen", „tu ihm etwas Schlechtes"

(13) Zusammen mit dem Frustrationsauslöser Lösung suchen
- „versuche mit ihr zu sprechen"

(14) Dem Frustrationsauslöser ausweichen
- „geh ihm aus dem Weg", „spiele beleidigt"

(21) Aggression gegen eigene Person
- „weine", „fresse es in mich hinein", „tu mir etwas an", „fresse mich voll"

(22) Aggressive Ersatzhandlung
- „schlage in die Wand", „schmeiße Sachen herum", „spiele Volleyball", „lasse meine Wut an einem Kissen aus", „höre laut Musik"

(23) Nicht-aggressive Ersatzhandlung
- „verziehe mich nach Hause und schaue TV", „zähle auf 100", „spiele Geige"

(24) Bewusste Bewältigung
- „schreibe Wörter auf ein Blatt, das was ich von ihm halte", „spreche mit meiner Mutter darüber"

(31) Personen-/Kontextabhängigkeit
- „Das kommt darauf an, ob ich mit der Person gut oder gar nicht befreundet bin"

G. Variable „Gewalt weiblicher Jugendlicher untereinander" (V70)

1) Hauptkategorie: *Gewalt weiblicher Jugendlicher untereinander*

1a) Definition:
Unter „Gewalt weiblicher Jugendlicher untereinander" werden Gewalthandlungen physischer und psychischer Art verstanden, welche von weiblichen Jugendlichen ausgeübt werden und sich gegen weibliche Jugendliche richten. Die Gewalthandlungen können ein- oder gegenseitig sein.

1b) Ankerbeispiele:

- „Vor dem Pausenhof schnauzt ein Mädchen ein anderes Mädchen an. Sie ziehen sich an den Haaren."
- „Wenn ich (Realschülerin, die Verfasserin) mit meiner Freundin eine Schlägerei mache."
- „Petra sagt zu einem anderen Mädchen: 'He du, gib mir dein Päckchen Zigaretten.'"
- „Wenn eine Kollegin mit der anderen Meinungsverschiedenheit hat oder einem die Freundin weggenommen wird, dann wird der andere böse."

Appendix II: Fragebogen

SOZIOLOGISCHES INSTITUT DER UNIVERSITÄT ZÜRICH
lic. phil. M. von Felten

SchülerInnenbefragung

Mit Genehmigung des Erziehungsdepartements des Kantons Basel-Stadt
vom 21. März 1997

Liebe Schülerin,
lieber Schüler

Ich arbeite an einer Untersuchung über das Leben der Jugendlichen in der Stadt Basel. Mit diesem Fragebogen möchte ich etwas über Gewalt unter Jugendlichen deines Alters erfahren. Es interessiert mich, was du dazu denkst.

Dieser Fragebogen ist keine Prüfung! Es gibt somit keine falschen oder richtigen Antworten!
Deine Antworten werden anonym behandelt, das heisst, du musst deinen Namen nicht angeben. Niemand wird je erfahren, wie du die Fragen beantwortet hast.

Bitte beantworte die Fragen möglichst genau und ehrlich der Reihe nach und ohne langes Nachdenken. Ich danke dir im voraus für das Ausfüllen des Fragebogens und wünsche dir viel Spass dabei.

Mirjam von Felten

> *Zuerst kommen ein paar allgemeine Fragen zu Schule und Freizeit.*

1. Wie wohl fühlst du dich in deiner Klasse? Kreuze bitte das zutreffende Gesicht an.

2. Bist du mit deinen schulischen Leistungen zufrieden?

    O sehr zufrieden   O ziemlich zufrieden   O ziemlich unzufrieden
    O sehr unzufrieden

3. Sind deine schulischen Leistungen so, wie es dein Vater oder deine Mutter von dir erwarten?

    O ja, genau so   O ja, sind sogar besser   O nein, sind schlechter
    O weiss nicht

4. Wie stark fühlst du dich durch das belastet, was in der Schule von dir verlangt wird?

    O sehr stark   O ziemlich   O eher weniger   O gar nicht

5. Wie sicher oder unsicher bist du dir, dass du den Schul- beziehungsweise Ausbildungsabschluss erreichen wirst, den du haben möchtest?

    O ganz sicher   O ziemlich sicher   O ziemlich unsicher
    O ganz unsicher

6. Ist es für dich wichtig, im Leben mehr zu erreichen als deine Freunde?

    O ja   O nein   O weiss nicht

7. Gehörst du zu einer Freundesgruppe (mehr als zwei Personen), die sich öfter oder regelmässig trifft und die sich zusammengehörig fühlt?

    O ja, wir treffen uns ziemlich oft
    O nein, ich bin in keiner solchen Gruppe   --> fahre bitte bei *Frage 13* weiter

8. Ordnest du deine Gruppe einer bestimmten Richtung zu (z.B. Skins, Technoszene, Punks usw.)?

    O ja, nämlich _____   O nein

9. Wie sieht es in deiner Gruppe aus? Bitte kreuze in jeder Zeile ein Kästchen an.

	stimmt völlig	stimmt eher	stimmt eher nicht	stimmt gar nicht
Wer sich nicht vollständig mit unserer Gruppe identifiziert, ist kein richtiges Gruppenmitglied.	O	O	O	O
Abweichler und Kritiker werden in unserer Gruppe nicht geduldet.	O	O	O	O
Um die Ziele und Interessen unserer Gruppe durchzubringen, setzen wir auch mal aufs Ganze.	O	O	O	O
In unserer Gruppe kann nur mitmachen, wer sich voll dafür einsetzt.	O	O	O	O
In unserer Gruppe wird das gemacht, was die Mehrheit beschliesst.	O	O	O	O
Neue Mitglieder sind in unserer Gruppe willkommen.	O	O	O	O

10. Wie wichtig ist es dir, dieser Gruppe anzugehören?

    O sehr wichtig   O ziemlich wichtig   O eher weniger wichtig
    O gar nicht wichtig

11. Wie wichtig ist es dir, dass du in dieser Gruppe angesehen bist?

    O sehr wichtig   O ziemlich wichtig   O eher weniger wichtig
    O gar nicht wichtig

12. Aus wie vielen Mitgliedern besteht diese Gruppe?

    Anzahl Knaben: _____   Anzahl Mädchen: _____

Wenn du so nachdenkst, kommen dir sicher viele Fälle in den Sinn, in denen Gewalt vorkommt. Im Folgenden möchte ich dich bitten, zu den Bereichen Schule, Freizeit und Familie je ein Beispiel zu schildern, zu denen du sagen könntest:

"Das ist für mich Gewalt."

Du kannst eine Situation frei erfinden oder einen Fall aufschreiben, den du selber schon erlebt hast.

13. Beschreibe hier *möglichst genau* eine Gewaltsituation, die sich in der **Schule** abspielt.

_____
_____
_____
_____
_____
_____
_____

14. Beschreibe hier *möglichst genau* eine Gewaltsituation, die sich in der **Freizeit** abspielt.

_____
_____
_____
_____
_____
_____
_____

15. Beschreibe hier *möglichst genau* eine Gewaltsituation, die sich in der **Familie** abspielt.

_____
_____
_____
_____
_____
_____
_____

Die folgenden sechs Situationen aus dem Alltag von Jugendlichen deines Alters haben sich so abgespielt. Lies bitte zuerst den Text durch und versuch dir die Situation genau vorzustellen. Beantworte dann die dazugehörigen Fragen.

Situation 1

Ein Jugendlicher versucht ein Fahrrad zu demolieren. Während er gerade daran ist, den Pneu zu zerstechen, wird er von Yves, dem Besitzer des Fahrrads, auf frischer Tat ertappt. Yves gerät in Wut und schlägt auf den Jugendlichen ein.

16. Würdest du auch so reagieren wie Yves?

    O ja, auf alle Fälle
    O ja, aber nur, wenn ich ihm körperlich überlegen bin
    O nein   O weiss nicht

17. Hast du in einer ähnlichen Situation – jemand hat dir absichtlich etwas zerstört – auch schon so reagiert wie Yves?

    O ja   O nein   O ich bin nie in so einer Situation gewesen

18. Findest du es in Ordnung, wie Yves reagiert hat?

    O ja   O ja und nein   O nein   O weiss nicht

19. Wenn du die Möglichkeit hättest, den Jugendlichen, der das Fahrrad demoliert hat, zu bestrafen, wie würdest du ihn bestrafen? Bitte nur eine Antwort ankreuzen.

    O keine Strafe
    O beschimpfen
    O eine Ohrfeige geben
    O verprügeln
    O ihn bei der Polizei anzeigen
    O Gefängnisstrafe
    O anderes: _____

20. Wie beurteilst du die beschriebene Situation? Kreuze ein Kästchen auf der Seite an, die deiner Meinung nach eher zutrifft. Mit den Kästchen dazwischen kannst du dein Urteil abstufen.

    Ich finde sie harmlos = O   O   O   O   O   O   O = sehr schlimm

21. Hast du manchmal Angst davor, dass dir jemand etwas zerstören könntest?

    O ja, oft   O ja, ab und zu   O nein, nie   O weiss nicht

---

Situation 2
Marielle befindet sich allein auf dem Heimweg vom Jugendtreff. Plötzlich steht ein drogensüchtiger Jugendlicher mit einer Spritze in der Hand vor ihr und droht: "Gib mir dein Geld oder ich steche zu!" Marielle gelingt es wegzurennen.

22. Würdest du auch so reagieren wie Marielle?

    O ja, auf alle Fälle
    O ja, aber nur, wenn ich ihm körperlich überlegen bin
    O nein   O weiss nicht

23. Hast du in einer ähnlichen Situation – jemand versucht dich zu erpressen – auch schon so reagiert?

    O ja   O nein   O ich bin nie in so einer Situation gewesen

24. Findest du es in Ordnung, wie Marielle reagiert hat?

    O ja   O ja und nein   O nein   O weiss nicht

25. Wenn du die Möglichkeit hättest, den drogensüchtigen Jugendlichen zu bestrafen, wie würdest du ihn bestrafen? Bitte nur eine Antwort ankreuzen.

    O keine Strafe
    O beschimpfen
    O eine Ohrfeige geben
    O verprügeln
    O ihn bei der Polizei anzeigen
    O Gefängnisstrafe
    O anderes: _____

26. Wie beurteilst du die beschriebene Situation? Kreuze ein Kästchen auf der Seite an, die deiner Meinung nach eher zutrifft. Mit den Kästchen dazwischen kannst du dein Urteil abstufen.

    Ich finde sie harmlos = O   O   O   O   O   O = sehr schlimm

27. Hast du manchmal Angst davor, dass dich wie in diesem Beispiel jemand erpressen könnte?

    O ja, oft   O ja, ab und zu   O nein, nie   O weiss nicht

Situation 3

Es ist Jugendsporttag. Petra steht an einem Getränkestand, um sich einen Eistee zu kaufen. Manuela, die hinter Petra steht, zischt plötzlich grundlos zu Petra: "Geh weg, du blöde Kuh!" Für diese Beleidigung gibt ihr Petra einen heftigen Stoss.

28. Würdest du auch so reagieren wie Petra (heftigen Stoss geben)?

    O ja, auf alle Fälle
    O ja, aber nur, wenn ich ihr körperlich überlegen bin
    O nein   O weiss nicht

29. Hast du in einer ähnlichen Situation – jemand hat dich grundlos beleidigt – auch schon so reagiert?

    O ja   O nein   O ich bin nie in so einer Situation gewesen

30. Findest du es in Ordnung, wie Petra reagiert hat?

    O ja   O ja und nein   O nein   O weiss nicht

31. Wenn du die Möglichkeit hättest, Manuela zu bestrafen, wie würdest du sie bestrafen? Bitte nur eine Antwort ankreuzen.

    O keine Strafe
    O beschimpfen
    O eine Ohrfeige geben
    O verprügeln
    O anderes: _____

32. Wie beurteilst du die beschriebene Situation? Kreuze ein Kästchen auf der Seite an, die deiner Meinung nach eher zutrifft. Mit den Kästchen dazwischen kannst du dein Urteil abstufen.

    Ich finde sie harmlos = O   O   O   O   O   O   O = sehr schlimm

33. Hast du manchmal Angst davor, dass dich wie in diesem Beispiel jemand grundlos beleidigen könnte?

    O ja, oft   O ja, ab und zu   O nein, nie   O weiss nicht

Situation 4

Robi hat von seiner Tante eine neue Jacke mit der Aufschrift "Rangers" bekommen. Am ersten Tag, als er die Jacke trägt, wird er auf der Strasse von einigen Jugendlichen angehalten: "Hey Typ! Du trägst den Namen unserer Bande auf deiner Jacke. Das gefällt uns gar nicht! Wenn du je wieder diese Jacke trägst, machen wir dich fertig! Klaro?" Robi rennt davon und hängt seine Jacke zu Hause in den Schrank, um sie nicht mehr hervorzunehmen.

34. Würdest du auch so reagieren wie Robi?

    O ja   O nein   O weiss nicht

35. Hast du in einer ähnlichen Situation – jemand versucht dich zu nötigen – auch schon so reagiert?

    O ja   O nein   O ich bin nie in so einer Situation gewesen

36. Findest du es in Ordnung, wie Robi reagiert hat?

    O ja   O ja und nein   O nein   O weiss nicht

37. Wenn du die Möglichkeit hättest, die Jugendlichen zu bestrafen, wie würdest du sie bestrafen? Bitte nur eine Antwort ankreuzen.

    O keine Strafe
    O beschimpfen
    O ihnen eine Ohrfeige geben
    O verprügeln
    O sie bei der Polizei anzeigen
    O anderes: _____

38. Wie beurteilst du die beschriebene Situation? Kreuze ein Kästchen auf der Seite an, die deiner Meinung nach eher zutrifft. Mit den Kästchen dazwischen kannst du dein Urteil abstufen.

    Ich finde sie harmlos = O   O   O   O   O   O   O = sehr schlimm

39. Hast du Angst davor, dass dich wie in diesem Beispiel jemand nötigen könnte?

    O ja, oft   O ja, ab und zu   O nein, nie   O weiss nicht

Situation 5

Jan ist Mitglied einer Clique, die aus fünf Jugendlichen des Quartiers Bodenau besteht. Er ist stolz darauf, dieser Clique anzugehören. Eines Tages wird eine Sache beschlossen, die Jan nicht gefällt. Darauf zwingen ihn die Jugendlichen der Clique: "Wenn du nicht mitmachst, schliessen wir dich aus der Clique aus." Jan gibt nach und macht mit.

40. Würdest du auch so reagieren wie Jan?

   O ja   O nein   O weiss nicht

41. Hast du in einer ähnlichen Situation – Freunde zwingen dich zu etwas – auch schon so reagiert?

   O ja   O nein   O ich bin nie in so einer Situation gewesen

42. Findest du es in Ordnung, wie Jan reagiert hat?

   O ja   O ja und nein   O nein   O weiss nicht

43. Wenn du die Möglichkeit hättest, die Jugendlichen zu bestrafen, wie würdest du sie bestrafen? Bitte nur eine Antwort ankreuzen.

   O keine Strafe
   O beschimpfen
   O ihnen eine Ohrfeige geben
   O verprügeln
   O sie bei der Polizei anzeigen
   O anderes: _____

44. Wie beurteilst du die beschriebene Situation? Kreuze ein Kästchen auf der Seite an, die deiner Meinung nach eher zutrifft. Mit den Kästchen dazwischen kannst du dein Urteil abstufen.

   Ich finde sie harmlos = O   O   O   O   O   O   O = sehr schlimm

45. Hast du Angst davor, dass dich wie in diesem Beispiel Freunde zu etwas zwingen könnten?

   O ja, oft   O ja, ab und zu   O nein, nie   O weiss nicht

Situation 6

Drei Primarschüler rufen Dominik, einem älteren Jugendlichen, Schlötterligs nach: "Du bist ein Arschloch, ha, ha, ha!" Dominik wird wütend und muss seine Wut loswerden. Er rennt ihnen nach und schreit zurück: "Selber Arschlöcher!", was ihn wieder beruhigt.

46. Würdest du auch so reagieren wie Dominik?

    O ja   O nein   O weiss nicht

47. Hast du in einer ähnlichen Situation – jemand hat dich beleidigt – auch schon so reagiert?

    O ja   O nein   O ich bin nie in so einer Situation gewesen

48. Findest du es in Ordnung, wie Dominik reagiert hat?

    O ja   O ja und nein   O nein   O weiss nicht

49. Wenn du die Möglichkeit hättest, die drei Primarschüler zu bestrafen, wie würdest du sie bestrafen? Bitte nur eine Antwort ankreuzen.

    O keine Strafe
    O beschimpfen
    O ihnen eine Ohrfeige geben
    O verprügeln
    O anderes: _____

50. Wie beurteilst du die beschriebene Situation? Kreuze ein Kästchen auf der Seite an, die deiner Meinung nach eher zutrifft. Mit den Kästchen dazwischen kannst du dein Urteil abstufen.

    Ich finde sie harmlos = O   O   O   O   O   O   O = sehr schlimm

51. Hast du Angst davor, dass dich wie in diesem Beispiel Schüler beleidigen könnten?

    O ja, oft   O ja, ab und zu   O nein, nie   O weiss nicht

---

Jetzt kommt eine Liste von Dingen, die man ab und zu macht.

52. Wie oft hast *du selbst* in den *letzten 12 Monaten* diese Sachen gemacht? Bitte gib zu jedem Beispiel eine *ehrliche* Antwort. Niemand wird je erfahren, was du geantwortet hast.

	6 mal u. mehr	2 - 5 mal	1 mal	nie
Unerlaubt Graffiti oder Wörter gesprayt (z.B. auf eine Mauer oder an einer Bushaltestelle)	O	O	O	O
Sachen absichtlich beschädigt oder angezündet (z.B. eine Strassenlampe oder Schulmobiliar)	O	O	O	O
Zum Stehlen eingebrochen (z.B. in Gebäude, ein Auto oder einen Automaten)	O	O	O	O
Eine Person mit Worten unter Druck gesetzt, um von ihr etwas zu erhalten	O	O	O	O
Eine Person mit Worten unter Druck gesetzt, damit sie etwas Bestimmtes macht	O	O	O	O
Eine Person geschlagen oder mit Waffen bedroht, um ihr Geld oder sonst etwas wegzunehmen	O	O	O	O
Eine Person mit einer Waffe verletzt	O	O	O	O
Allein eine Person verprügelt	O	O	O	O
In einer Gruppe eine einzelne Person verprügelt	O	O	O	O
An einer Schlägerei mit einer anderen Gruppe teilgenommen	O	O	O	O
Eine Person bei einer Prügelei verletzt	O	O	O	O
Über andere Personen Unwahrheiten verbreitet	O	O	O	O
Andere Personen beschimpft oder beleidigt	O	O	O	O
Eine Person sexuell belästigt	O	O	O	O
Sachen von anderen absichtlich kaputt gemacht	O	O	O	O
Jemandem eine Sache mit Gewalt weggenommen	O	O	O	O
Eine andere Gruppe angegriffen	O	O	O	O

> *Manchmal kommt es auch vor, dass man selbst das Opfer von Handlungen anderer ist.*

53. Wie oft sind dir in den **letzten 12 Monaten** die folgenden Dinge passiert, ohne dass du es gewollt hast? Bitte gib wieder *ehrliche* Antworten.

	6 mal u. mehr	2 - 5 mal	1 mal	nie
Die (Stief-/Heim-)Eltern haben mich geschlagen, ohne dass ich verletzt wurde.	O	O	O	O
Die (Stief-/Heim-)Eltern haben mich geschlagen, so dass ich verletzt wurde (z.B. blaue Flecken).	O	O	O	O
Die (Stief-/Heim-)Eltern haben mir gedroht (z.B. "Wenn du nicht gehorchst, gibt's kein TV").	O	O	O	O
Die (Stief-/Heim-)Eltern haben mich beleidigt oder ausgelacht (z.B. "Du bist ja blöd!").	O	O	O	O
Die (Stief-/Heim-)Eltern haben nicht mehr mit mir geredet.	O	O	O	O

--> Die nächsten vier Beispiele musst du nur ausfüllen, wenn du mit Geschwistern oder im Heim mit anderen Kindern zusammenwohnst!

Die Geschwister haben mich geschlagen, ohne dass ich verletzt wurde.	O	O	O	O
Die Geschwister haben mich geschlagen, so dass ich verletzt wurde (z.B. geblutet).	O	O	O	O
Die Geschwister haben mir gedroht (z.B. "Gib mir dein Fahrrad oder ich schlage dich!").	O	O	O	O
Die Geschwister haben mich beleidigt oder ausgelacht (z.B. "Du kannst ja nicht einmal lesen!").	O	O	O	O

Achtung: Die folgenden Dinge betreffen *nicht* deine Familie (Eltern oder Geschwister), sondern beziehen sich auf Handlungen, welche von *Jugendlichen* in der Schule oder in der Freizeit begangen wurden!

	6 mal u. mehr	2 - 5 mal	1 mal	nie
Jemand hat mich ausgestossen.	O	O	O	O
Jemand hat Unwahrheiten über mich verbreitet.	O	O	O	O
Jemand hat mich beschimpft oder beleidigt.	O	O	O	O
Jemand hat mich mit Worten unter Druck gesetzt, damit ich etwas gebe.	O	O	O	O
Jemand hat mich mit Worten unter Druck gesetzt, damit ich etwas Bestimmtes mache.	O	O	O	O
Jemand hat mich sexuell belästigt.	O	O	O	O
Jemand hat mich bedroht und mir etwas weggenommen.	O	O	O	O
Jemand hat mich mit einer Waffe verletzt.	O	O	O	O
Jemand hat mich verprügelt.	O	O	O	O
Eine Gruppe hat mich verprügelt.	O	O	O	O
Eine Gruppe hat mit meiner Gruppe gekämpft.	O	O	O	O
Ich bin bei einer Prügelei verletzt worden.	O	O	O	O
Jemand hat Sachen von mir absichtlich zerstört.	O	O	O	O

Nun noch ein paar andere Fragen...

54. Was denkst du, welche Gruppe von Schülerinnen oder Schülern übt am meisten Gewalt aus? Kreuze bitte nur ein Kästchen an.

    Knaben des Gymnasiums   O
    Mädchen des Gymnasiums   O
    Knaben der Realschule   O
    Mädchen der Realschule   O
    Knaben der Sekundarschule O
    Mädchen der Sekundarschule O
    Knaben der Kleinklasse   O
    Mädchen der Kleinklasse   O

55. Hast du Angst, dass dir deine Freunde oder Freundinnen Gewalt antun könnten?

    O oft   O manchmal   O selten   O nie   O weiss nicht

56. Hast du Angst, dass dir Schülerinnen oder Schüler deiner Schule Gewalt antun könnten?

    O oft   O manchmal   O selten   O nie   O weiss nicht

57. Hast du Angst, dass dir andere Jugendliche in der Freizeit Gewalt antun könnten?

    O oft   O manchmal   O selten   O nie   O weiss nicht

58. Hast du Angst, dass dir Erwachsene Gewalt antun könnten?

    O oft   O manchmal   O selten   O nie   O weiss nicht

59. Was machst du, wenn du so richtig wütend auf jemanden bist?

    _____
    _____
    _____
    _____
    _____
    _____

Jetzt bist du bald am Ende des Fragebogens angelangt. Es folgen noch ein paar Fragen zu deiner Person und deiner Familie.

60. Dein Geschlecht ist:

    O weiblich   O männlich

61. In welchem Jahr bist du geboren?

    O 1979   O 1980   O 1981   O 1982   O 1983   O 1984

62. Welches ist dein Heimatland?

    O Schweiz   O Deutschland   O Österreich   O Frankreich
    O Ex-Jugoslawien   O Spanien   O Türkei   O Italien
    O anderes, nämlich: _____

63. Wohnst du in der Stadt Basel?

    O ja   O nein

64. Wer wohnt mit dir zusammen? Bitte kreuze nur das an, was für dich zutrifft.

    O Mutter   O Stiefmutter   O Freundin des Vaters
    O Vater   O Stiefvater   O Freund der Mutter
    O Anzahl Schwestern (auch Stiefschwestern): ____ (ohne dich mitzuzählen)
    O Anzahl Brüder (auch Stiefbrüder): ____ (ohne dich mitzuzählen)
    O andere Personen in deinem Haushalt lebend (z. B. Tante), nämlich: _____
    O andere Familienverhältnisse (z. B. Pflegeltern, bei Grosseltern lebend, Heim), nämlich: _____

Die folgenden zwei Fragen beziehen sich auf die Personen, mit denen du zusammenwohnst. Wenn du in einem Heim lebst, musst du die Fragen nicht beantworten.

---

65. Was ist der Beruf deiner (Pfleg-)Mutter, Stiefmutter oder der Freundin deines Vaters?

    Sie ist _____

66. Was ist der Beruf deines (Pfleg-)Vaters, Stiefvaters oder des Freundes deiner Mutter?

    Er ist _____

Diese letzten Zeilen sind leer. Sie stehen dir zur Verfügung, falls es noch etwas gibt, das du noch nicht gesagt hast, und das du gerne noch sagen möchtest:

Nochmals herzlichen Dank für deine Mitarbeit!

Appendix III: Synopse empirischer Untersuchungen zum Thema Jugendgewalt in Deutschland und der Schweiz von 1980 bis 1995

Die **Zusammenstellung dieser Synopse** entstand aufgrund eigener Recherchen sowie mit Hilfe der folgenden Dokumentationen:

1) Kühnel, St. & Rohlinger, H. (1988, 1993, 1994, 1995). *Empirische Sozialforschung 1988, 1993, 1994, 1995*. Eine Dokumentation des Zentralarchivs für Empirische Sozialforschung der Universität Köln in Zusammenarbeit mit dem Informationszentrum Sozialwissenschaften. Frankfurt; New York: Campus.
2) Oberwittler, D. (1993). *Gewalt und Jugend*. In: Schönfeld, G. (Hrsg.). Gewalt in der Gesellschaft. Eine Dokumentation zum Stand der sozialwissenschaftlichen Forschung seit 1985. Bonn: Informationszentrum Sozialwissenschaften. 370–400.
3) Schnabel, K. U. (1993). *Ausländerfeindlichkeit bei Jugendlichen in Deutschland*. Eine Synopse empirischer Befunde seit 1990. In: Zeitschrift für Pädagogik. Vol. 39. 799–822.

a) Studien zur Jugendgewalt

1) *Studie zu vandalistischem Verhalten in Jugendfreizeitzentren*

Sample:	270 14- bis 17-jährige BesucherInnen, 35 TrägerInnen und 20 LeiterInnen von Jugendfreizeitzentren
Projektdauer:	1985–1987
Erhebungsort(e):	Nürnberg
Methode(n):	Einzelinterview, Expertengespräch, postalische Befragung
Literatur:	1) Projektbeschreibung in: Oberwittler, D. (1993). Gewalt und Jugend. In: Schönfeld, G. (Hrsg.). Gewalt in der Gesellschaft. Eine Dokumentation zum Stand der sozialwissenschaftlichen Forschung seit 1985. Bonn: Informationszentrum für Sozialwissenschaften. 396f. 2) Klockhaus, R. & Trapp-Michel, A. (1988). Vandalistisches Verhalten Jugendlicher. Göttingen: Hogrefe.

2) *Studie zu den Entstehungsbedingungen von Jugendbanden in Großstädten*

Sample:	60 Jugendliche
Projektdauer:	1992/1993
Erhebungsort(e):	4 Großstädte (München, Frankfurt, Berlin, Dresden oder Leipzig)
Methode(n):	standardisiertes Interview, Expertengespräch

Literatur bzw. Projektbeschreibung: Oberwittler, D. (1993). Gewalt und Jugend. In: Schönfeld, G. (Hrsg.). Gewalt in der Gesellschaft. Eine Dokumentation zum Stand der sozialwissenschaftlichen Forschung seit 1985. Bonn: Informationszentrum für Sozialwissenschaften. 392f.

3) *Studie zu den Gewalteinstellungen Jugendlicher in Ostdeutschland*

Sample:	442 SchülerInnen der 8. bis 10. Klassen
Erhebungsjahr(e):	1993
Erhebungsort(e):	Leipzig
Methode(n):	schriftliche Befragung mittels standardisiertem Fragebogen (Klassenbefragung)
Literatur:	Hoff, A.; Jenkel, D.; Tüchelmann, A. & Zölssmann, I. (1993). Einstellungen Jugendlicher zu Gewalt und Autorität. Leipzig.

4) Studie zu Gewalttätigkeiten Jugendlicher im Umfeld von Fußballspielen

Sample: ZuschauerInnen von Fußballspielen, Fußballfans, Fan-Gruppen, Polizei- und Zeitungsberichte
Erhebungsjahr(e): 1983
Erhebungsort(e): Fußballstadion Hannover
Methode(n): Einzelinterview, teilnehmende Beobachtung, Inhaltsanalyse

Literatur: 1) Pilz, G. A. & Silberstein, W. (1985). Besucherstruktur im Berufsfußball. Eine empirische Studie im Rahmen der Fußballprojekte. Hannover.
2) Pilz, G. A. & Silberstein, W. (1986). Gesellschaftliche, – sportive – und Fan-Gewalt. Eine zivilisationstheoretische Betrachtung der Ursachen und Bedingungen der Gewalttätigkeit Jugendlicher im Umfeld von Fußballspielen. Hannover.
3) Pilz, G. A.; Schippert, D. & Silberstein, W. (1989). Das Fußballprojekt Hannover. Ergebnisse und Perspektiven aus praktischer Arbeit und wissenschaftlicher Begleitung. Münster; Hamburg: Lit-Verlag.

5) Studie zur Perzeption von Gewalt bei Jugendlichen

Sample: 152 SchülerInnen der 8. Klassen
Erhebungsjahr(e): 1993
Erhebungsort(e): Brugg
Methode(n): schriftliche Befragung mittels standardisiertem Fragebogen (Klassenbefragung)

Literatur: 1) Felten, M. von & Wüest, U. (1994). Jugend und Gewalt. Zur Gewaltperzeption Jugendlicher. Forschungsbericht über eine empirische Studie an den 3. Klassen der Oberstufe Brugg (Kanton Aargau). Soziologisches Institut der Universität Zürich.
2) Felten, M. von (1995). Gewaltperzeption im Jugendalter unter besonderer Berücksichtigung des Faktors Geschlecht. Eine empirische Untersuchung an den 3. Klassen der Oberstufe Brugg (AG). Lizentiatsarbeit am Soziologischen Institut der Universität Zürich.
3) Felten, M. von (1998). Geschlechtsspezifische Perzeption von Gewalt im Jugendalter. In: Eisner, M. & Manzoni, P. (Hrsg.). Gewalt in der Schweiz. Studien zu Entwicklung, Wahrnehmung und staatlicher Reaktion. Chur; Zürich: Rüegger. 93–119.

6) Langzeitstudie zur Jugendgewalt in Ostdeutschland

Sample:	1300 9- bzw. 11–12-jährige SchülerInnen; seit 1991 Erweiterung um 450 SchülerInnen
Erhebungsjahr(e):	1985/86 bis 1993
Erhebungsort(e):	Leipzig; seit 1991 auch ländliches Gebiet (Landkreis Grimma)
Methode(n):	schriftliche Befragung mittels standardisiertem Fragebogen (Klassen- und postalische Befragung)
Bemerkung:	Von 1991 bis 1993 spezielles Projekt zur Risikoproblematik
Literatur:	Kuhnke, R. (1995). Gewalttätige Jugendliche. In: Lamnek, S. (Hrsg.). Jugend und Gewalt. Devianz und Kriminalität in Ost und West. Opladen: Leske und Budrich.

7) Studie zur Gruppengewalt Jugendlicher

Sample:	Keine Angabe
Erhebungsjahr(e):	1990
Erhebungsort(e):	Berlin
Methode(n):	Aktenauswertung, offenes Interview
Literatur:	1) Projektbeschreibung in: Oberwittler, D. (1993). Gewalt und Jugend. In: Schönfeld, G. (Hrsg.). Gewalt in der Gesellschaft. Eine Dokumentation zum Stand der sozialwissenschaftlichen Forschung seit 1985. Bonn: Informationszentrum für Sozialwissenschaften. 391.
	2) Ohden, C. (1991). Gewalt durch Gruppen Jugendlicher. Eine empirische Untersuchung am Beispiel Berlins. Berlin.

8) Studie zur Jugendgewalt in Deutschland

Sample:	Westdeutschland: 1709 Jugendliche, Ostdeutschland: 1692 Jugendliche; Alter: 15 bis 22 Jahre (u.a. auch arbeitslose Jugendliche)
Erhebungsjahr(e):	1992/93
Erhebungsort(e):	Westdeutschland (Frankfurt a. Main, Osnabrück, Höxter) Ostdeutschland (Leipzig, Cottbus, Strausberg)
Methode(n):	schriftliche Befragung mittels standardisiertem Fragebogen (Klassen- und Einzelbefragung)
Literatur:	Heitmeyer, W. et al. (1996). Gewalt. Schattenseiten der Individualisierung bei Jugendlichen aus unterschiedlichen Milieus. 2. Auflage. Weinheim; München: Juventa.

9) Studie zu den Lebensstilen Jugendlicher und Gewalt

Sample:	804 SchülerInnen der 10. bis 13. Klassen in Haupt- und Realschule, Gymnasium und Berufsschule (1. bis 3. Lehrjahr)
Projektdauer:	1994–1997
Erhebungsort(e):	alte Bundesländer der Bundesrepublik Deutschland
Methode(n):	schriftliche Befragung mittels standardisiertem Fragebogen (Klassenbefragung)

Literatur bzw. Projektbeschreibung in: Kühnel, St. & Rohlinger, H. (1995). Empirische Sozialforschung. Frankfurt; New York: Campus. 72.

---

10) Studie zu Biographien gewalttätiger Jugendlicher

Sample:	110 Jugendliche
Projektdauer:	1994–1998
Erhebungsort(e):	keine Angabe
Methode(n):	rekonstruktives Interview

Literatur bzw. Projektbeschreibung in: Kühnel, St. & Rohlinger, H. (1995). Empirische Sozialforschung. Frankfurt; New York: Campus. 177.

---

b) Studien zur fremdenfeindlichen Gewalt und Rechtsextremismus Jugendlicher

1) Studie zur Ausländerfeindlichkeit und Gewaltbereitschaft bei Jugendlichen in Deutschland und der Schweiz

Sample:	1750 deutsche und 698 schweizerische Jugendliche im Alter von 15 bis 17 Jahren
Erhebungsjahr(e):	1983 (Deutschland), 1992 (Schweiz, Paralleluntersuchung)
Erhebungsort(e):	Landkreis Odenwald und Frankfurt (Deutschland), Kantone St. Gallen und Zürich (Schweiz)
Methode(n):	schriftliche Befragung mittels standardisiertem Fragebogen
Literatur:	Fend, H. (1994). Ausländerfeindlich-nationalistische Weltbilder und Aggressionsbereitschaft bei Jugendlichen in Deutschland und der Schweiz – kontextuelle und personale Antecedensbedingungen. In: Zeitschrift für Sozialisationsforschung. Vol. 14 (2). 131–162.

2) *Studie zu Rechtsextremismus, Fremdenfeindlichkeit und Gewalt in Ostdeutschland*

Sample:	2794 Jugendliche und junge Erwachsene (SchülerInnen der Jahrgangsstufen 7 bis 12, Lehrlinge des ersten und zweiten Lehrjahres, StudentInnen, junge ArbeitnehmerInnen)
Erhebungsjahr(e):	1990
Erhebungsort(e):	Sachsen
Methode(n):	schriftliche Befragung mittels standardisiertem Fragebogen

Literatur:
1) Friedrich, W. et al. (1991). Ostdeutsche Jugend. Ihr Verhältnis zu Ausländern und zu einigen aktuellen politischen Problemen. Leipzig: Freudenberg-Stiftung.
2) Friedrich, W. & Schubarth, W. (1991). Ausländerfeindliche und rechtsextreme Orientierungen bei ostdeutschen Jugendlichen. Eine empirische Studie. In: Deutschland-Archiv. 24. 1052–1065.
3) Schnabel, K. U. (1993). Ausländerfeindlichkeit bei Jugendlichen in Deutschland. Eine Synopse empirischer Befunde seit 1990. In: Zeitschrift für Pädagogik. Vol. 39. 807f.

<u>Teilreplikation</u>

Sample:	4300 Jugendliche im Alter von 14 bis 25 Jahren (Freistaat Sachsen) sowie 14- bis 18-jährige SchülerInnen der Klassen 8 bis 12 (Sachsen-Anhalt)
Erhebungsjahr(e):	1992
Erhebungsort(e):	Sachsen und Sachsen-Anhalt
Methode(n):	schriftliche Befragung mittels standardisiertem Fragebogen
Bemerkung:	Themenschwerpunkte dieser Untersuchung waren politische Einstellungen, Rechtsextremismus und allgemeine Lebenslage.

Literatur:
1) Förster, P. et al. (1993). Jugend Ost: Zwischen Hoffnung und Gewalt. Opladen: Leske und Budrich.
2) Schnabel, K. U. (1993). Ausländerfeindlichkeit bei Jugendlichen in Deutschland. Eine Synopse empirischer Befunde seit 1990. In: Zeitschrift für Pädagogik. Vol. 39. 808ff.

---

3) *Studie zur Gewalt und Fremdenfeindlichkeit im Bezirk Horgen*

Sample:	221 Jugendliche im Alter von 13 bis 18 Jahren
Erhebungsjahr(e):	1994
Erhebungsort(e):	Bezirk Horgen (ZH)
Methode(n):	schriftliche Befragung mittels standardisiertem Fragebogen

Literatur: Jugendkommission des Bezirks Horgen (1994). Gewalt und Fremdenfeindlichkeit: (k)ein Thema? Alltägliche Gewalterlebnisse und deren Wahrnehmung sowie die Einstellung gegenüber Fremden bei Jugendlichen im Bezirk Horgen. Horgen.

4) Studie zur Entwicklung rechtsextremistischer Einstellungen bei Frauen

Sample: 6 in Ausbildung stehende Frauen im Alter von 18 und 25 Jahren
Erhebungsjahr(e): 1994/95
Erhebungsort(e): Göttingen
Methode(n): problemzentriertes Interview

Literatur: 1) Siller, G. (1994). Frauen und Rechtsextremismus. In: Kowalsky, W. & Schröder, W. (Hrsg.). Rechtsextremismus. Einführung und Forschungsbilanz. Opladen.
2) Siller, G. (1995). Wie entwickeln Frauen rechtsextremistische Orientierungen? Ein theoretischer Ansatz und empirische Befunde. In: Engel, M. & Menke, B. (Hrsg.). Weibliche Lebenswelten – gewaltlos? Münster: Agenda. 44–63.

5) Studie zu Rechtsextremismus und Gewalt Jugendlicher

Sample: Jugendliche bzw. Männer und Frauen im Alter von 14 bis 24 Jahren
Erhebungsjahr(e):
Erhebungsort(e): Nordrhein-Westfalen
Methode(n):

Bemerkung: Der Studie werden methodische Mängel angelastet, „da bei einigen Fragen nicht Einstellungen ermittelt werden, sondern durch einzelne Fragestellungen rassistische bzw. rechtsextremistische Denkweisen vorgegeben wurden" [Schmitz, A. (1995). Frauen und Rechtsextremismus. Eine kommentierte Auswahlbiographie. In: Engel, M. & Menke, B. (Hrsg.). Weibliche Lebenswelten – gewaltlos? Münster: Agenda. 255f].

Literatur: Utzmann-Krombolz, H. (1994). Rechtsextremismus und Gewalt: Affinitäten und Resistenzen von Mädchen und jungen Frauen. Ergebnisse einer Studie im Auftrag des Ministeriums für die Gleichstellung von Frau und Mann des Landes Nordrhein-Westfalen. Düsseldorf.

6) Studie zu den Ursachen rechtsextremistischer Einstellungen und Gewalt bei Jugendlichen

Sample: 1396 Jugendliche im Alter von 16 bis 21 Jahren
Erhebungsjahr(e): 1991
Erhebungsort(e): West- und Ostberlin (Gymnasien und Berufsschulen des Baugewerbes)
Methode(n): schriftliche Befragung mittels standardisiertem Fragebogen

Literatur: 1) Oesterreich, D. (1993a). Autoritäre Persönlichkeit und Gesellschaftsordnung. Der Stellenwert psychischer Faktoren für politische Einstellungen – eine empirische Untersuchung von Jugendlichen in Ost und West. Weinheim; München.
2) Oesterreich, D. (1993b). Jugend in der Krise. Ostdeutsche Jugendliche zwischen Apathie und politischer Radikalisierung. Eine Vergleichsuntersuchung an Ost- und Westberliner Jugendlichen. In: Aus Politik und Zeitgeschichte. Vol. 43. 21–31.
3) Oesterreich, D. (1993c). Identitätsprobleme Jugendlicher Ostberliner. Ergebnisse einer Vergleichsuntersuchung an Ost- und Westberliner Jugendlichen. In: Deutsche Jugend. (5). 222–229.
4) Schnabel, K. U. (1993). Ausländerfeindlichkeit bei Jugendlichen in Deutschland. Eine Synopse empirischer Befunde seit 1990. In: Zeitschrift für Pädagogik. Vol. 39. 812f.

---

7) Studie zur politischen Einstellung gewaltbereiter Jugendlicher in Ostdeutschland

Sample: Jugendliche aus der rechten und linken gewaltbereiten Szene
Erhebungsjahr(e): 1994
Erhebungsort(e): Ostdeutschland
Methode(n): mehrstündiges, leitfadengestütztes Interview

Literatur: Markus, U. (1995). Wie 'rechts' und 'links' sind gewaltbereite ostdeutsche Jugendliche? In: Lamnek, S. (Hrsg.). Jugend und Gewalt. Devianz und Kriminalität in Ost und West. Opladen: Leske und Budrich. 75–80.

---

8) Studie zu Rechtsextremismus und Gewalt in Westdeutschland

Teil 1
Sample: 1357 männliche Jugendliche im Alter von 16 und 17 Jahren
Erhebungsjahr(e): 1985
Erhebungsort(e): Bielefeld
Methode(n): schriftliche Befragung mittels standardisiertem Fragebogen

Teil 2
Sample: 31 männliche Jugendliche im Alter von 17 Jahren
Erhebungsjahr(e): 1985–1990
Erhebungsort(e): Bielefeld
Methode(n): problemzentriertes Interview

Literatur: Heitmeyer, W. et al. (1992). Die Bielefelder Rechtsextremismus-Studie. Erste Langzeituntersuchung zur politischen Sozialisation männlicher Jugendlicher. Weinheim; München: Juventa.

9) *Langzeitstudie zur Gruppengewalt in Jugendszenen und Fremdenfeindlichkeit in Ostdeutschland*

1. Untersuchung

Sample: 1644 Jugendliche im Alter von 14 bis 18 Jahren, 40 Jugendliche der rechten Szene, 10 Experten
Erhebungsjahr(e): 1991
Erhebungsort(e): Brandenburg
Methode(n): schriftliche Befragung mittels standardisiertem Fragebogen, strukturiertes Interview

Literatur: 1) Sturzenbecher, D. & Dietrich, P. (1993). Jugendliche in Brandenburg – Signale einer unverstandenen Generation. In: Aus Politik und Zeitgeschichte. Vol. 43. 33–43.
2) Institut für Familien- und Kindheitsforschung an der Universität Potsdam (Hrsg.) (1992). Abschlussbericht zur Feldstudie „Jugendszene und Jugendgewalt im Land Brandenburg". Potsdam.
3) Schnabel, K. U. (1993). Ausländerfeindlichkeit bei Jugendlichen in Deutschland. Eine Synopse empirischer Befunde seit 1990. In: Zeitschrift für Pädagogik. Vol. 39. 814f.

2. Untersuchung: Replikation

Sample: 2500 Jugendliche im Alter von 14 bis 18 Jahren, 21 Jugendliche aus gewaltaffinen Gruppen, 7 MitarbeiterInnen der Jugendhilfe
Erhebungsjahr(e): 1993
Erhebungsort(e): Brandenburg
Methode(n): schriftliche Befragung mittels standardisiertem Fragebogen, Interview

Literatur: 1) Projektbeschreibung in: Kühnel, St. & Rohlinger, H. (1994). Empirische Sozialforschung. Frankfurt; New York: Campus. 350.
2) Sturzenbecher, D. et al. (1994). Jugend in Brandenburg 93. Schriftenreihe zur Politischen Bildung. Potsdam: Landeszentrale für Politische Bildung.

3. Untersuchung: Teilreplikation der Untersuchungen von 1991 und 1993

Sample: 2500 13- bis 18-jährige Jugendliche, 20 14- bis 18-jährige Jugendliche
Erhebungsjahr(e): 1995
Erhebungsort(e): Brandenburg
Methode(n): schriftliche Befragung mittels standardisiertem Fragebogen, Interview

Literatur bzw. Projektbeschreibung in: Kühnel, St. & Rohlinger, H. (1995). Empirische Sozialforschung. Frankfurt; New York: Campus. 355.

---

10) Studie zu den Orientierungsmustern Jugendlicher

Sample: 833 Jugendliche aus Ost- und Westdeutschland
Erhebungsjahr(e): 1992
Erhebungsort(e): Ost- und Westdeutschland
Methode(n): schriftliche Befragung mittels standardisiertem Fragebogen, Gruppendiskussion

Bemerkung: Es wurden Einstellungen zu Bundeswehr und Wehrdienst, die politische Orientierung sowie rechtsextreme Einstellungen und Rechtsorientierungen erfasst.

Literatur: Kohr, H.-U. (1993). Rechts zur Bundeswehr, links zum Zivildienst? Orientierungsmuster von Heranwachsenden in den alten und neuen Bundesländern Ende 1992. SOWI-Arbeitspapier. Nr. 77. Berichte aus dem Sozialwissenschaftlichen Institut der Bundeswehr.

---

11) Studie zur „Sozialen Konstruktion des politischen Extremismus in Thüringen"

1. Untersuchung

Sample: 1000 SchülerInnen im Alter von 13 bis 21 Jahren
Erhebungsjahr(e): 1992
Erhebungsort(e): Jena
Methode(n): schriftliche Befragung mittels standardisiertem Fragebogen

2. Untersuchung

Sample:	1177 SchülerInnen im Alter von 14 bis 21 Jahren
Erhebungsjahr(e):	1993
Erhebungsort(e):	sechs Orte in Thüringen
Methode(n):	schriftliche Befragung mittels standardisiertem Fragebogen

Literatur: Frindte, W. (Hrsg.) (1995). Jugendlicher Rechtsextremismus und Gewalt zwischen Mythos und Realität. Münster; Hamburg: Lit-Verlag.

3. Untersuchung

Teil A: *Individuelle Wirklichkeitskonstruktionen von Gewalt rechter Jugendlicher*

Sample:	5 männliche Jugendliche im Alter von 17 bis 23 Jahren, Mitglieder einer rechten Jugendclique
Erhebungsjahr(e):	1994
Erhebungsort(e):	Club in Thüringen, der bekannt ist als Treffpunkt rechter Jugendlicher
Methode(n):	narratives Interview

Literatur: Neumann, J. (1995). Individuelle Wirklichkeitskonstruktionen von Gewalt. In: Frindte, W. (Hrsg.). Jugendlicher Rechtsextremismus und Gewalt zwischen Mythos und Realität. Münster; Hamburg: Lit-Verlag. 98–137.

Teil B: *Erkundung des „Sinnraums" rechter Jugendlicher*

Sample:	6 männliche Jugendliche, Mitglieder einer rechten Jugendclique
Erhebungsjahr(e):	1994
Erhebungsort(e):	Club in Thüringen, der bekannt ist als Treffpunkt rechter Jugendlicher
Methode(n):	narratives Interview, Beobachtertagebuch

Literatur: Jabs, K. (1995). Vom Sinn, in einer rechten Clique zu sein. In: Frindte, W. (Hrsg.). Jugendlicher Rechtsextremismus und Gewalt zwischen Mythos und Realität. Münster; Hamburg: Lit-Verlag. 192–211.

Teil C: *Der mädchenspezifische Umgang mit Gewalt innerhalb rechter Jugendgruppen*

Sample:	5 weibliche Jugendliche im Alter von 16 und 17 Jahren, Mitglieder einer rechten Jugendclique
Erhebungsjahr(e):	1994

Erhebungsort(e):	Club in Thüringen, der bekannt ist als Treffpunkt rechter Jugendlicher
Methode(n):	narratives Interview, Beobachtertagebuch
Literatur:	1) Niebergall, B. (1994). Erkundungsstudie zum frauenspezifischen Umgang mit Gewalt bei Thüringer Jugendlichen. Diplomarbeit. Universität Jena. 2) Niebergall, B. (1995). Der mädchenspezifische Umgang mit Gewalt innerhalb rechter Jugendgruppen. In: Frindte, W. (Hrsg.). Jugendlicher Rechtsextremismus und Gewalt zwischen Mythos und Realität. Münster; Hamburg: Lit-Verlag. 3) Niebergall, B. (1995). Der mädchenspezifische Umgang mit Gewalt innerhalb rechter Jugendgruppen. „...wenn Jungs das könn', warum könn' Mädchen das nich'?" In: Engel, M. & Menke, B. (Hrsg.). Weibliche Lebenswelten – gewaltlos? Analysen und Praxisbeiträge für die Mädchen- und Frauenarbeit im Bereich Rechtsextremismus, Rassismus, Gewalt. Münster: Agenda. 87–106.

12) *Studie zu Rechtsextremismus bei Jugendlichen im Geschlechtervergleich*

Sample:	279 Auszubildende und VollzeitschülerInnen im Alter von ca. 18 bis über 30 Jahren
Erhebungsjahr(e):	1992
Erhebungsort(e):	Göttingen (südliches Niedersachsen)
Methode(n):	schriftliche Befragung mittels standardisiertem Fragebogen sowie Gruppeninterview
Literatur:	Birsl, U. (1994). Rechtsextremismus: weiblich – männlich? Eine Fallstudie. Opladen: Leske und Budrich.

c) Studien mit Jugendgewalt als Teilaspekt

1) *Studie zur Lebenssituation und Perzeption von Gewalt Jugendlicher*

Sample:	572 SchülerInnen der 5. bis 12. Klassen
Erhebungsjahr(e):	1992
Erhebungsort(e):	Leipzig
Methode(n):	Assoziationstest, Gruppendiskussion, Einzelinterview

| Bemerkung: | Die SchülerInnen wurden aufgefordert, schriftlich zu den folgenden Fragen Stellung zu nehmen: 1) Was fällt Dir zum Begriff Gewalt ein?, 2) Hast Du schon einmal Gewalt gesehen?, 3) Hast Du schon einmal Gewalt erlebt? und 4) Hast Du schon einmal Gewalt ausgeübt? |
| Literatur: | 1) Roski, G.; Starke, U. & Winkler, K. (1994). Jugend vor und nach der Wende. Zur Situation Jugendlicher in einer ostdeutschen Großstadt. Berlin: trafo verlag dr. wolfgang weist. 2) Starke, U. (1993). Gewalt bei ostdeutschen Schülerinnen und Schülern. In: Schubarth, W. & Melzer, W. (Hrsg.). Schule, Gewalt und Rechtsextremismus. Opladen: Leske und Budrich. 80–92. |

2) *Studie zur selbstberichteten männlichen Jugenddelinquenz*

Sample:	117 delinquente Jugendliche, 104 Jugendliche, die offiziell nicht als delinquent registriert sind
Erhebungsjahr(e):	1981/82
Erhebungsort(e):	keine Angaben
Methode(n):	Gruppenbefragung
Literatur:	Seitz, W. & Pater, A. (1983). Beziehungen von Persönlichkeitsmerkmalen zu offiziell registrierter und selbstberichteter Delinquenz bei männlichen Jugendlichen. In: Kerner, H. J. et al. (Hrsg.). Deutsche Forschungen zur Kriminalitätsentstehung und Kriminalitätskontrolle. Köln: Heymanns. 532–565.

3) *Studie zum nationalen Selbstbild und Gewalt junger Türken*

Sample:	15 männliche Türken im Alter von 13 bis 21 Jahren; 10 deutsche und türkische Lehrkräfte, Geistliche, Betriebsleiter, 9 türkische Familien
Projektdauer:	1984/85
Erhebungsort(e):	Hamburg
Methode(n):	Einzelinterview, Expertengespräch, teilnehmende Beobachtung

Literatur bzw. Projektbeschreibung in: Oberwittler, D. (1993). Gewalt und Jugend. In: Schönfeld, G. (Hrsg.). Gewalt in der Gesellschaft. Eine Dokumentation zum Stand der sozialwissenschaftlichen Forschung seit 1985. Bonn: Informationszentrum für Sozialwissenschaften. 376f.

4) Studie zur selbstberichteten Delinquenz bei Jugendlichen in der Schweiz

Sample:	970 Jugendliche im Alter von 14 bis 21 Jahren
Erhebungsjahr(e):	1992/1993
Erhebungsort(e):	Schweiz
Methode(n):	schriftliche Befragung mittels standardisiertem Fragebogen, Beobachtungen der InterviewerInnen, Einzelbefragung
Bemerkung:	Diese Untersuchung bildet einen Teil des International Self-Report Projects, an dem elf weitere Länder beteiligt sind.
Literatur:	1) Killias, M.; Villettaz, P. & Rabasa, J. (1994). Self-Reported Juvenile Delinquency in Switzerland. In: Junger-Tas, J. et al. Delinquent Behavior among Young People in the Western World. First Results of the International Self-Report Delinquency Study. Amsterdam. 186–211. 2) Killias, M. (1995). Situative Bedingungen von Gewaltneigungen Jugendlicher. Zur Rolle von physisch-materiellen Voraussetzungen der Gewalt unter Jugendlichen im Lichte der schweizerischen Untersuchung zur selbstberichteten Delinquenz. In: Lamnek, S. (Hrsg.). Jugend und Gewalt. Devianz und Kriminalität in Ost und West. Opladen: Leske und Budrich. 189–206.

5) Studie zur selbstberichteten Delinquenz bei Jugendlichen in der Stadt Zürich

Sample:	594 Jugendliche der 9. Klassen
Erhebungsjahr(e):	1994
Erhebungsort(e):	Stadt Zürich
Methode(n):	schriftliche Befragung mittels standardisiertem Fragebogen (Klassenbefragung)
Literatur:	1) Eisner, M.; Branger K. & Liechti, F. (1994). Delinquenz, Gewalt und Opfererfahrungen von Jugendlichen in der Stadt Zürich. Erste Ergebnisse einer Befragung von 594 SchülerInnen der 9. Klassen der Stadt Zürich. ETH Zürich. Professur für Soziologie. Unveröffentlicht. 2) Branger, K. & Liechti, F. (1995). Jugenddelinquenz in der Stadt Zürich. Lizentiatsarbeit. Soziologisches Institut der Universität Zürich. 3) Branger, K. & Liechti, F. (1998). Jugendgewalt und Freizeit. In: Eisner, M. & Manzoni, P. (1998). Gewalt in der Schweiz. Studien zu Entwicklung, Wahrnehmung und staatlicher Reaktion. Chur; Zürich: Rüegger. 69–91.

6) Studie zu Jugenddevianz und Gruppenprozessen in der Großstadt

Sample:	36 Jugendliche aus vier verschiedenen Gruppen im Alter von 16 bis 23 Jahren
Erhebungsjahr(e):	1993
Erhebungsort(e):	Großsiedlungsgebiet Berlin-Marzahn
Methode(n):	unstrukturierte teilnehmende Beobachtung, problemzentriertes Interview (unter anderem auch Verfahren der Netzwerkanalyse)
Literatur:	Kühnel, W. & Matuschek, I. (1995). Gruppenprozesse und Devianz, Risiken jugendlicher Lebensbewältigung in großstädtischen Monostrukturen. Weinheim; München: Juventa.

7) Studie zu außen- und innengerichteten Formen der Problemverarbeitung Jugendlicher

Sample:	3669 SchülerInnen (1583 im Alter von 13-17 Jahren, 2086 SchülerInnen im Alter von 17–22 Jahren)
Erhebungsjahr(e):	1986–1991
Erhebungsort(e):	Essen, Bielefeld, ländliche Region (Kreis Lippe)
Methode(n):	schriftliche Befragung mittels standardisierten Fragebögen
Literatur:	Mansel, J. & Hurrelmann, K. (1994). Außen- und innengerichtete Formen der Problemverarbeitung Jugendlicher. Aggressivität und psychosomatische Beschwerden. In: Soziale Welt. Vol. 15 (2). 147–179.

d) Studien zur Gewalt an Schulen

1) Studie zu Vandalismus an Schulen in Nürnberg

Sample:	2000 SchülerInnen im Alter von 15 bis 17 Jahren an verschiedenen Schulstufen; 50 SchulleiterInnen
Projektdauer:	1981–1985
Erhebungsort(e):	Nürnberg
Methode(n):	Expertengespräch, schriftliche Befragung mittels standardisiertem Fragebogen

Literatur: 1) Projektbeschreibung in: Oberwittler, D. (1993). Gewalt und Jugend. In: Schönfeld, G. (Hrsg.). Gewalt in der Gesellschaft. Eine Dokumentation zum Stand der sozialwissenschaftlichen Forschung seit 1985. Bonn: Informationszentrum für Sozialwissenschaften. 379f.
2) Klockhaus, R. & Habermann-Morbey, B. (1986). Psychologie des Schulvandalismus. Göttingen: Hogrefe.

2) Studie zur Gewalt an Schulen in Bochum

Sample: 123 SchulleiterInnen; 208 Lehrkräfte; SekretärInnen und HausmeisterInnen; 934 SchülerInnen aller Altersklassen
Erhebungsjahr(e): 1993
Erhebungsort(e): Bochum
Methode(n): schriftliche Befragung mittels standardisierten Fragebögen (Klassen- und postalische Befragung)

Literatur: 1) Schwind, H.-D. et al. (Hrsg.) (1995). Gewalt im Rahmen der Schule – am Beispiel von Bochum. Mainz.
2) Schwind, H.-D. (1995). Gewalt in der Schule – am Beispiel Bochum. Überblick über ein Forschungsprojekt. In: Lamnek, S. (Hrsg.). Jugend und Gewalt. Devianz und Kriminalität in Ost und West. Opladen: Leske und Budrich. 99–118.

3) Studie zur Gewalt an Schulen in Kiel und Umgebung

Sample: 20 SchülerInnen allgemeinbildender Schulen, 10 Lehrkräfte und SchulleiterInnen an allgemeinbildenden Schulen, 5 VertreterInnen der Schulträger und von Versicherungsverbänden, 150 Schulleitungen an allen Schulen in Kiel und Landkreis Ostholstein, 560 SchülerInnen an 9 allgemeinbildenden Schulen
Projektdauer: 1983–1986
Erhebungsort(e): Kiel und Landkreis Ostholstein
Methode(n): mündliches Interview, schriftliche Befragung mittels standardisiertem Fragebogen, teilnehmende Beobachtung

Literatur bzw. Projektbeschreibung in: Oberwittler, D. (1993). Gewalt und Jugend. In: Schönfeld, G. (Hrsg.). Gewalt in der Gesellschaft. Eine Dokumentation zum Stand der sozialwissenschaftlichen Forschung seit 1985. Bonn: Informationszentrum für Sozialwissenschaften. 397.

4) Studie zur Gewalt an Schulen in Kriens (Luzern)

Sample:	947 SchülerInnen, alle Lehrkräfte
Erhebungsjahr(e)	1993
Erhebungsort(e):	Kriens (Luzern)
Methode(n):	schriftliche Befragung mittels standardisiertem Fragebogen, mündliche Befragung

Literatur: Kretz, P. (1993). Manche Kinder sind oft schon viel 'abgebrühter' als die Erwachsenen. LNN vom 23. März. 13.

---

5) Studie zur Gewalt an Schulen in Deutschland und der Schweiz

Sample:	400 SchülerInnen im Alter von 12 bis 18 Jahren; 400 Eltern der SchülerInnen
Projektdauer:	1986–1988
Erhebungsort(e):	Süddeutschland und Ostschweiz
Methode(n):	Einzelinterview und postalische Befragung mittels standardisiertem Fragebogen

Literatur bzw. Projektbeschreibung in: Oberwittler, D. (1993). Gewalt und Jugend. In: Schönfeld, G. (Hrsg.). Gewalt in der Gesellschaft. Eine Dokumentation zum Stand der sozialwissenschaftlichen Forschung seit 1985. Bonn: Informationszentrum für Sozialwissenschaften. 383.

---

6) Studie zur Eruierung von Maßnahmen gegen zunehmende Gewalttätigkeit an Schulen in Deutschland

Sample:	300 SchülerInnen und 300 Lehrkräfte aller Schularten
Projektdauer:	1982–1987
Erhebungsort(e):	Bundesrepublik Deutschland
Methode(n):	postalische Befragung, teilnehmende Beobachtung und Inhaltsanalyse

Literatur: Bäuerle, S. (Hrsg.) (1985). Schülerfehlverhalten – Lehrtraining zum Abbau von Schülerfehlverhalten in Theorie und Praxis. Regensburg: Wolt.

7) Studie zu Gewaltintervention und -prävention im Zusammenhang mit Schulqualität

Sample:	14 (je Schule 7) Gruppendiskussionen mit SchülerInnen der 7. bis 9. Klassen
Erhebungsjahr(e):	1994
Erhebungsort(e):	Mittelschule in einem kleinen Neubaugebiet einer sächsischen Großstadt, von der bekannt war, dass Anstrengungen gegen Gewalt unternommen worden waren. Mittelschule in einem Neubaugebiet einer sächsischen Großstadt, an der keine Aktivitäten gegen Gewalt bekannt waren.
Methode(n):	Gruppendiskussion (bei den SchülerInnen), Einzelinterview (bei Lehrkräften und SchulleiterInnen)
Literatur:	Schubarth, W. & Stenke, D. (1996). Gewaltintervention und -prävention als Merkmale von Schulqualität: Zwei Schulbeispiele. In: Schubarth, W. et al. (Hrsg.). Gewalt an Schulen. Ausmaß, Bedingungen und Prävention. Opladen: Leske und Budrich. 173–204.

8) Studie zur Gewalt an Schulen in Sachsen-Anhalt

Sample:	66 SchülerInnen aus 10 Schulen (davon 32 Einzelfallanalysen von 11- bis 15-jährigen Schülern, die sich bereits gewaltförmig verhielten (N=21), die diesbezüglich gefährdet waren (N=6) und solche, die sich in Bezug auf Gewaltverhalten unauffällig zeigten (N=5), sowie 350 LehrerInnen aus 350 Schulen
Erhebungsjahr(e):	1994
Erhebungsort(e):	Sachsen-Anhalt
Methode(n):	unstrukturiertes Interview mit SchülerInnen, deren Eltern und Lehrkräften, teilnehmende Verhaltensbeobachtung
Literatur:	1) Knopf, H. et al. (1994). Gewalt in Schulen Sachsen-Anhalts. Zusammenfassender Bericht über Ergebnisse empirischer Studien und theoretischer Analysen im Rahmen eines Forschungsauftrages des Kultusministerium des Landes Sachsen-Anhalt. Halle. 2) Knopf, H. (1996). Gewaltauffällige Schüler – eine Charakterisierung anhand von Einzelfallstudien. In: Schubarth, W. et al. (Hrsg.). Gewalt an Schulen. Ausmaß, Bedingungen und Prävention. Opladen: Leske und Budrich. 149–169.

9) Studie zur Gewalt an Schulen in Frankfurt am Main

Sample: 158 Schulen
Erhebungsjahr(e): 1990
Erhebungsort(e): Frankfurt a. Main
Methode(n): schriftliche Befragung mittels standardisiertem Fragebogen

Literatur: 1) Staatliches Schulamt für die Stadt Frankfurt am Main (1991). Die Gewaltdiskussion in der Öffentlichkeit und die Situation an Frankfurter Schulen – Bestandsaufnahme und Handlungsperspektiven. Frankfurt.
2) Spreiter, M. (Hrsg.) (1993). Gewalt an Schulen. Weinheim; Basel: Beltz.

10) Studie zur Gewalt an Hamburger Schulen

Sample: 169 Schulen (40 Prozent aller staatlichen Schulen), 22 SchulleiterInnen
Erhebungsjahr(e): 1992
Erhebungsort(e): Hamburg
Methode(n): schriftliche Befragung mittels standardisiertem Fragebogen (Klassenbefragung), Leitfadeninterview (SchulleiterInnen)

Literatur: Vieluf, U. (1993). Gewalt an Schulen? Ergebnisse einer Schulbefragung in Hamburg. In: Zeitschrift für Pädagogik. (3). 28–30.

11) Studie zur Gewalt an Schulen in Berlin

Sample: 2553 SchülerInnen der 7. und 10. Klassen
Erhebungsjahr(e) 1991/92
Erhebungsort(e): Ost und Westberlin
Methode(n): schriftliche Befragung mittels standardisiertem Fragebogen (Klassenbefragung)

Literatur: 1) Dettenborn, H. (1993). Gewalt aus Sicht der Schüler. In: Zeitschrift für Pädagogik. (3). 31–33.
2) Dettenborn, H. & Lautsch, E. (1993). Aggression in der Schule aus der Schülerperspektive. In: Zeitschrift für Pädagogik. (5). 745–774.

12) Studie zu Gewalt und Aggression in schleswig-holsteinischen Schulen

Sample: 1186 SchülerInnen, 559 Lehrkräfte (davon 59 SchulleiterInnen), 637 Eltern
Erhebungsjahr(e): 1992
Erhebungsort(e): Schleswig-Holstein
Methode(n): schriftliche Befragung mittels standardisierten Fragebögen

Literatur: Niebel, G.; Hanewinkel, R. & Ferstl, R. (1993). Gewalt und Aggression in schleswig-holsteinischen Schulen. In: Zeitschrift für Pädagogik. (5). 775–798.

---

13) Studie zur Gewalt an Schulen in Kassel

Sample: 1077 SchülerInnen im Alter von 8 bis 20 Jahren; 261 Lehrkräfte aus 9 Schulen
Erhebungsjahr(e): 1993
Erhebungsort(e): Kassel
Methode(n): schriftliche Befragung mittels standardisierten Fragebögen (Klassen- und postalische Befragung), Analyse der Unfallmeldestatistik

Literatur: Greszik, B.; Hering, F. & Euler, H.-A. (1995). Gewalt in den Schulen. Ergebnisse einer Befragung in Kassel. In: Zeitschrift für Pädagogik. Vol. 41 (2). 265–284.

---

14) Studie zur Gewalt an Schulen in Thüringen

Sample: 129 SchulleiterInnen der Regelschule, der Förder- und Berufsschulen und des Gymnasiums
Erhebungsjahr(e): 1994
Erhebungsort(e): Thüringen
Methode(n): schriftliche Befragung mittels standardisiertem Fragebogen

Literatur: Weishaupt, H. (1996). Der Einfluss schulorganisatorischer Bedingungen auf Gewalt an Schulen – Befunde zur Situation in Thüringen. In: Schubarth, W. et al. (Hrsg.). Gewalt an Schulen. Ausmaß, Bedingungen und Prävention. Opladen: Leske und Budrich. 71–82.

15) Studie zur Gewalt an Schulen in Niedersachsen

Sample:	500 SchülerInnen der 8. bis 10. Klassen, 205 Lehrkräfte, einige Eltern
Erhebungsjahr(e):	1993/1995
Erhebungsort(e):	Niedersachsen
Methode(n):	SchülerInnenaufsätze, schriftliche Befragung mittels standardisiertem Fragebogen, mündliches Interview, Beobachtung, Gruppendiskussion mit SchülerInnen

Literatur bzw. Projektbeschreibung in: Kühnel, St. & Rohlinger, H. (1995). Empirische Sozialforschung. Frankfurt; New York: Campus. 177.

---

16) Studie zur Gewalt an Schulen in Köln

Sample:	1400 SchülerInnen, 100 Lehrkräfte
Erhebungsjahr(e):	1994
Erhebungsort(e):	Großstadtgebiet Köln
Methode(n):	schriftliche Befragung mittels standardisierten Fragebögen

Literatur: Harnischer, R. (Hrsg.) (1995). Gewalt an Schulen: Theorie und Praxis des Gewaltphänomens. Bornheim-Roisdorf: Hanseatischer Fachverlag für Wirtschaft. 85–181.

---

17) Studie zur Gewalt an Schulen in Nürnberg

Sample:	1458 SchülerInnen der 7., 8. und 9. Jahrgangsstufen
Erhebungsjahr(e):	1994
Erhebungsort(e):	Nürnberg
Methode(n):	schriftliche Befragung mittels standardisiertem Fragebogen (Klassenbefragung)

Literatur: 1) Funk, W. (Hrsg.) (1995). Nürnberger Schüler Studie 1994: Gewalt an Schulen. Regensburg: S. Roderer.
2) Funk, W. (1995). Gewalt an Schulen: Ergebnisse aus dem Nürnberger Schüler Survey. In: Lamnek, S. (Hrsg.). Jugend und Gewalt. Devianz und Kriminalität in Ost und West. Opladen: Leske und Budrich. 119–138.

18) Studie zur Gewalt an Schulen in Hessen – Problemanalyse und schulpädagogische Prävention

Sample: SchülerInnen der 6., 8. und 9./10. Klassen, Lehrkräfte aus 24 ausgewählten Schulen, SchulleiterInnen
Projektdauer: 1994–1996
Erhebungsort(e): Hessen
Methode(n): schriftliche Befragung mittels standardisiertem Fragebogen, qualitative Interviews mit LehrerInnen- und SchülerInnengruppen

Literatur bzw. Projektbeschreibung in: Kühnel, St. & Rohlinger, H. (1995). Empirische Sozialforschung. Frankfurt; New York: Campus. 71f.

---

19) Studie zur Gewalt am Gymnasium in Ingelheim

Sample: 900 SchülerInnen der Jahrgangsstufen 5 bis 13 des Gymnasiums
Erhebungsjahr(e): 1994
Erhebungsort(e): Ingelheim am Rhein (24 000 EinwohnerInnen)
Methode(n): schriftliche Befragung mittels standardisiertem Fragebogen (Klassenbefragung), Analyse der Unfallstatistik

Literatur: 1) Diehl, F. & Sudek, R. (1995). Gewalt und Aggressivität in der Schule. Ergebnisse einer Befragung von Gymnasiasten. Pädagogik zeitgemäß. Schriftenreihe des Pädagogischen Zentrums des Landes Rheinland-Pfalz. (7). Bad Kreuznach.
2) Diehl, F. & Sudek, R. (1995). Gewalt unter Schülern. Eine Fallstudie an einem Gymnasium. In: Harnischer, R. (Hrsg.). Gewalt an Schulen: Theorie und Praxis des Gewaltphänomens. Bornheim-Roisdorf: Hanseatischer Fachverlag für Wirtschaft. 85–181.

---

20) Studie zum Modellversuch „Schule ohne Gewalt"

Sample: ca. 1600 SchülerInnen der 5. bis 9. Klassen
Projektdauer: 1994–1996
Erhebungsort(e): Lahn-Dill-Kreis
Methode(n): schriftliche Befragung mittels standardisiertem Fragebogen

Literatur bzw. Projektbeschreibung in: Kühnel, St. & Rohlinger, H. (1995). Empirische Sozialforschung. Frankfurt; New York: Campus. 149.

21) Studie zu gewalttätigem und gewaltfreiem Konfliktverhalten von SchülerInnen

Sample:	1000 SchülerInnen der 7. und 8. Klassen, 60 SchülerInnen derselben Stichprobe, ca. 20 Lehrkräfte
Projektdauer:	1994–1996
Erhebungsort(e):	keine Angabe
Methode(n):	schriftliche Befragung mittels standardisiertem Fragebogen, Interview, psychologischer Test, Rollenspiel

Literatur bzw. Projektbeschreibung in: Kühnel, St. & Rohlinger, H. (1995). Empirische Sozialforschung. Frankfurt; New York: Campus. 313.

---

22) Studie zur Gewalt an Schulen in Sachsen

Sample:	ca. 4000 SchülerInnen an Mittelschulen und Gymnasien im Alter von 12 bis 16 Jahren (6. bis 9. Klasse)
Erhebungsjahr(e):	1995
Erhebungsort(e):	Sachsen
Methode(n):	schriftliche Befragung mittels standardisiertem Fragebogen

Literatur: Melzer, W. & Rostampour, P. (1996). Schulische Gewaltformen und Täter-Opfer-Problematik. In: Schubarth, W. et al. (Hrsg.). Gewalt an Schulen. Ausmaß, Bedingungen und Prävention. Opladen: Leske und Budrich. 131–148.

---

e) Studien zur fremdenfeindlichen Gewalt und Rechtsextremismus an Schulen

1) Studie zu Gewalt und Fremdenfeindlichkeit an der Schule

Sample:	ca. 480 bis 500 SchülerInnen zwischen 12 und 18 Jahren (28 SchülerInnendiskussionen); 190 Lehrkräfte (13 Lehrerdiskussionen)
Erhebungsjahr(e):	1993/94
Erhebungsort(e):	Trier
Methode(n):	Gruppendiskussion

Literatur: Würtz, St. et al. (1996). Gewalt und Fremdenfeindlichkeit in der Erfahrung von Schülern und Lehrern. In: Schubarth, W. et al. (Hrsg.). Gewalt an Schulen. Ausmaß, Bedingungen und Prävention. Opladen: Leske und Budrich. 85–130.

f) Studien mit Gewalt an Schulen als Teilaspekt

1) Schülerstudie 91 zu Lebensbefindlichkeiten, Ausländerfeindlichkeit und Gewaltbereitschaft

Sample: 1445 SchülerInnen im Alter von 14 Jahren
Erhebungsjahr(e): 1991
Erhebungsort(e): Sachsen
Methode(n): keine Angaben

Literatur: 1) Pollmer, K. et al. (1992). Ergebnisse der Jugendforschung in den neuen Bundesländern. In: Recht der Jugend und des Bildungswesens. Vol. 40. 335–344.
2) Schnabel, K. U. (1993). Ausländerfeindlichkeit bei Jugendlichen in Deutschland. Eine Synopse empirischer Befunde seit 1990. In: Zeitschrift für Pädagogik. Vol. 39. 813f.

2) Studie zu abweichendem Verhalten in Schulen aus der Sicht der badenwürttembergischen SchulleiterInnen

Sample: SchulleiterInnen in Baden-Württemberg
Erhebungsjahr(e):
Erhebungsort(e): Baden-Württemberg
Methode(n): schriftliche Befragung mittels standardisiertem Fragebogen

Bemerkung: In dieser Untersuchung wird unter anderem auch auf die Frage nach dem Einfluss der Schulform auf Gewalt näher eingegangen.

Literatur: 1) Kolbe, F.-U. (1995). Forschungsbericht „Abweichendes Verhalten in Schulen in der Perspektive baden-württembergischer Schulleitungen". Heidelberg.
2) Kolbe, F.-U. (1996). Schulspezifische Belastung durch abweichendes Verhalten in bundeslandeigener Problemkonstellation – Ergebnisse einer vergleichenden Schulleiterbefragung. In: Schubarth, W. et al. (Hrsg.). Gewalt an Schulen. Ausmaß, Bedingungen und Prävention. Opladen: Leske und Budrich. 48–82.

3) Studie zu abweichendem Verhalten von SchülerInnen in Hessen

Sample:	SchulleiterInnen von 430 Haupt- und Realschulen, Gesamtschulen, Gymnasien und Schulen für Lernhilfe
Erhebungsjahr(e):	1993/94
Erhebungsort(e):	Hessen
Methode(n):	schriftliche Befragung mittels standardisiertem Fragebogen
Literatur:	Schubarth, W. (1995). Gewalt an Schulen im Spiegel aktueller Schulstudien. In: Lamnek, S. (Hrsg.). Jugend und Gewalt. Devianz und Kriminalität in Ost und West. Opladen: Leske und Budrich. 139–154.

4) Studie zu abweichendem Verhalten in der Schule in Nordrhein-Westfalen

Sample:	759 SchülerInnen
Erhebungsjahr(e):	1982–1984
Erhebungsort(e):	Nordrhein-westfälische Großstädte Düsseldorf und Duisburg
Methode(n):	schriftliche Befragung mittels standardisiertem Fragebogen (Klassenbefragung)
Literatur:	1) Fend, H. & Schneider, G. (1984). Schwierige Schüler – schwierige Klassen. Abweichendes Verhalten, Sucht und Delinquenzbelastung im Kontext der Schule. In: ZSE. Vol. 4. (1). 123–142. 2) Holtappels, H. G. (1987). Schulprobleme und abweichendes Verhalten aus der Schülerperspektive. Bochum. 3) Holtappels, H. G. (1993). Aggression und Gewalt als Schulproblem – Schulorganisation und abweichendes Verhalten. In: Schubarth, W. & Melzer, W. (Hrsg.). Schule, Gewalt und Rechtsextremismus. Analyse und Prävention. Opladen: Leske und Budrich. 116–146.

5) Internationale Studie zur subjektiven Befindlichkeit von SchülerInnen

Sample:	1200 SchülerInnen der 9. und 11. Klassen in Rostock, 1200 SchülerInnen der 9. und 11. Klassen in Frankfurt a. Main, SchülerInnen in Brünn und Utrecht
Projektdauer:	1994–1997
Erhebungsort(e):	Rostock, Frankfurt a. Main, Brünn, Utrecht, Riga, ev. Graz
Methode(n):	schriftliche Befragung mittels standardisiertem Fragebogen (Klassenbefragung)

Literatur bzw. Projektbeschreibung in: Kühnel, St. & Rohlinger, H. (1995). Empirische Sozialforschung. Frankfurt; New York: Campus. 127.

6) Studie zu abweichendem Verhalten von SchülerInnen in Sachsen

Sample:	SchulleiterInnen von 586 Schulen (Mittelschulen, Gymnasien, Förderschulen für Lernbehinderte und Erziehungshilfe, Berufsschulzentren)
Erhebungsjahr(e):	1993
Erhebungsort(e):	Sachsen
Methode(n):	schriftliche Befragung mittels standardisiertem Fragebogen

Literatur: 1) Schubarth, W. & Melzer, W. (1994). Gewalt an Schulen. Ergebnisse einer Schulleiterbefragung zum abweichenden Verhalten an Schulen in Sachsen. Forschungsbericht. TU Dresden.
2) Schubarth, W. (1995). Gewalt an Schulen im Spiegel aktueller Schulstudien. In: Lamnek, S. (Hrsg.). Jugend und Gewalt. Devianz und Kriminalität in Ost und West. Opladen: Leske und Budrich. 139–154.
3) Melzer, W. & Schubarth, W. (1993). Das Rechtsextremismussyndrom bei Schülerinnen und Schülern in Ost- und Westdeutschland. In: Schubarth, W. & Melzer, W. (Hrsg.). Schule, Gewalt und Rechtsextremismus. Opladen: Leske und Budrich. 57–79.

---

7) Studie zum Schulalltag und Belastung von SchülerInnen in verschiedenen Schweizer Kantonen

Sample:	854 SchülerInnen der 4. bis 9. Klassen
Erhebungsjahr(e):	1994
Erhebungsort(e):	Köniz (BE), Sierre (VS), Sion (VS), Solothurn (SO)
Methode(n):	schriftliche Befragung mittels standardisiertem Fragebogen (Klassenbefragung)

Literatur: Flammer, A. et al. (1994). Schulalltag und Belastung von Schülerinnen und Schülern in der Schweiz und in Norwegen. Forschungsgesuch. Institut für Psychologie. Bern.

g) Weitere Studien zur Gewalt

1a) Bevölkerungsbefragung zur Schwereeinschätzung von Gewalt (Mehrthemenumfrage)

Sample: 3000 Personen, aufgeteilt in drei Splits zu je 1000 Personen, darunter Jugendliche ab 14 Jahren
Erhebungsjahr(e): 1985
Erhebungsort(e): Bundesrepublik Deutschland
Methode(n): Interview mittels standardisiertem Fragebogen

Literatur: Plate, M. & Schneider, H. (1989). Schwereeinschätzung von Gewalthandlungen. Ergebnisse zweier repräsentativer Bevölkerungsbefragungen. Wiesbaden.

1b) Replikation der Bevölkerungsbefragung zur Schwereeinschätzung von Gewalt (Mehrthemenumfrage)

Sample: 3097 Personen, aufgeteilt in drei Splits zu 1062, 1009 und 1026 Personen, darunter Jugendliche ab 14 Jahren
Erhebungsjahr(e): 1988
Erhebungsort(e): Bundesrepublik Deutschland
Methode(n): Interview mittels standardisiertem Fragebogen

Literatur: Plate, M. & Schneider, H. (1989). Schwereeinschätzung von Gewalthandlungen. Ergebnisse zweier repräsentativer Bevölkerungsbefragungen. Wiesbaden.

Die Shell Jugendstudie 2000

- Thematisch setzt sich die 13. Shell Jugendstudie zwei Schwerpunkte:
  Zum einen werden Lebensplanung, biographische Entwürfe und Zukunftsperspektiven von Jugendlichen an der Schwelle zu einem neuen Jahrtausend untersucht.
  Zum anderen soll die Studie erstmals verläßliche Aussagen über die Lebenssituation, Vorstellungen und Wünsche ausländischer Jugendlicher in Deutschland machen. Konsequenterweise spricht die neue Shell Studie daher nicht mehr von der „deutschen Jugend", sondern von der „Jugend in Deutschland".

- „Jugend 2000" wird die bewährten Methoden der letzten Shell Studien beibehalten, allerdings mit einer wesentlich größeren Stichprobe (4.000-5.000 Befragte) arbeiten. Ausgerichtet wird die Erhebung auf die Altersgruppe der 15-24jährigen.

- Die 13. Shell Jugendstudie erscheint im März 2000.

Herausgeber: Deutsche Shell

Konzeption und Durchführung:
Arthur Fischer, Yvonne Fritzsche,
Werner Fuchs-Heinritz, Richard Münchmeier

**Zwei Bände. 891 Seiten. Kart.
Zusammen in Kassette 29,80 DM
ISBN (Kassetten-Nr.) 3-8100-2579-8**

Leske + Budrich . Gerhart-Hauptmann-Str. 27 . 51379 Leverkusen
Tel.: 02171/4907-0 . Fax: 02171/4907-11
E-Mail: lesbudpubl@aol.com . www.leske-budrich.de